中国建投 ｜ 远见成就未来

中国建投研究丛书·报告系列
JIC Institute of Investment Research Books · Report

中国工业制造投资发展报告
(2021)

ANNUAL REPORT ON THE DEVELOPMENT OF
INDUSTRIAL MANUFACTURE INVESTMENT IN CHINA(2021)

主编 / 建投投资有限责任公司

社会科学文献出版社
SOCIAL SCIENCES ACADEMIC PRESS (CHINA)

总　序

　　一千多年前，维京海盗抢掠的足迹遍及整个欧洲。南临红海，西到北美，东至巴格达，所到之处无不让人闻风丧胆，所经之地无不血流成河。这个在欧洲大陆肆虐整整三个世纪的悍匪民族却在公元1100年偃旗息鼓，过起了恬然安定的和平生活。个中缘由一直在为后人猜测、追寻，对历史的敬畏与求索从未间歇。2007年，在北约克郡哈罗盖特（曾属维京人居住领域）的山谷中出土了大量来自欧洲各国的货币，各种货币发行时间相差半年，"维京之谜"似因这一考古圈的重大发现而略窥一斑——他们的财富经营方式改变了，由掠夺走向交换；他们懂得了市场，学会了贸易，学会了资金的融通与衍生——而资金的融通与衍生改变了一个民族的文明。

　　投资，并非现代社会的产物；借贷早在公元前1200年～公元前500年的古代奴隶社会帝国的建立时期便已出现。从十字军东征到维京海盗从良，从宋代的交子到犹太人的高利贷，从郁金香泡沫带给荷兰的痛殇到南海泡沫树立英国政府的诚信丰碑，历史撰写着金融发展的巨篇。随着现代科学的进步，资金的融通与衍生逐渐成为一国发展乃至世界发展的重要线索。这些事件背后的规律与启示、经验与教训值得孜孜探究与不辍研习，为个人、企业乃至国家的发展提供历久弥新的助力。

　　所幸更有一批乐于思考、心怀热忱的求知之士勤力于经济、金融、投资、管理等领域的研究。于经典理论，心怀敬畏，不惧求索；于实践探索，尊重规律，图求创新。此思索不停的精神、实践不息的勇气当为勉励，实践与思索的成果更应为有识之士批判借鉴、互勉共享。

　　调与金石谐，思逐风云上。"中国建投研究丛书"是中国建银投资有限责任公司组织内外部专家在回顾历史与展望未来的进程中，深入地体察和研究市场发展及经济、金融之本性、趋向和后果，结合自己的职业活动，精制而成。本"丛书"企望提供对现代经济管理与金融投资多角度的认知、借鉴与参考。如果能够引起读者的兴趣，进而收获思想的启迪，即是编者的荣幸。

是为序。

张睦伦

2012 年 8 月

编辑说明

中国建银投资有限责任公司（以下简称集团）是一家综合性投资集团，投资覆盖金融服务、工业制造、文化消费、信息技术等行业领域，横跨多层次资本市场及境内外区域。集团下设的投资研究院（以下简称建投研究院）重点围绕国内外宏观经济发展趋势、新兴产业投资领域，组织开展理论与应用研究，促进学术交流，培养专业人才，提供优秀的研究成果，为投资研究和经济社会发展贡献才智。

"中国建投研究丛书"（以下简称"丛书"）收录建投研究院组织内外部专家的重要研究成果，根据系列化、规范化和品牌化运营的原则，按照研究成果的方向、定位、内容和形式等将"丛书"分为报告系列、论文系列、专著系列和案例系列。报告系列为行业年度综合性出版物，汇集集团各层次的研究团队对相关行业和领域发展态势的分析与预测，对外发表年度观点。论文系列为建投研究院组织业界知名专家围绕市场备受关注的热点或主题展开深度探讨，强调前沿性、专业性和理论性。专著系列为内外部专家针对某些细分行业或领域进行体系化的深度研究，强调系统性、思想性和市场深度。案例系列为建投研究院对国内外投资领域案例的分析、总结和提炼，强调创新性和实用性。希望通过"丛书"的编写和出版，为政府相关部门、企业、研究机构以及社会各界读者提供参考。

本研究丛书仅代表作者本人或研究团队的独立观点，不代表中国建投集团的商业立场。文中不妥及错漏之处，欢迎广大读者批评指正。

《中国工业制造投资发展报告(2021)》编辑委员会

主　　　编：杜鹏飞
常务副主编：何文进
副　主　编：喇绍华
执 行 主 编：张璐璐
特 别 鸣 谢：（按姓氏笔画）
　　　　　　文远华　汪家道　张　轶　陈　戈　周　明
　　　　　　贺智威　盛　林

建投投资有限责任公司、
建投华文投资有限责任公司简介

建投投资有限责任公司（以下简称建投投资）、建投华文投资有限责任公司（以下简称建投华文）是中国建投集团旗下专业的投资和运营平台。建投投资与建投华文（以下合并简称公司）合并运营、合署办公，实行"一套人马、两块牌子"。

公司主要从事直接股权投资和股权基金业务，重点关注技术进步和消费升级两大主题，投资领域涵盖工业制造、医疗健康、文化传媒、消费品及服务。截至 2020 年 6 月末，资产管理规模达 188.7 亿元。

公司总部设在北京，在上海、安徽、香港和法兰克福均设有分支机构，目前拥有建投拓安（安徽）股权投资管理有限公司、建投文远（北京）投资基金管理有限公司两家基金管理公司。

目　录

宏观篇

展望"中国制造2025"，期待制造强国的到来……………曹曼文／003

行业篇

中国印刷电路板行业发展特点和投资趋势 ………段童琳　刘泰然／019

中国新能源汽车产业链发展特点和投资趋势 ……………薛　凡／037

中国风电行业发展特点和投资趋势 ………………………袁春健／063

中国红外设备行业发展特点和投资趋势

………………………………………王　枫　汪　浩　刘　菠／093

中国智能安防行业发展特点和投资趋势 …………………王子韬／105

中国装配式装修行业发展特点和投资趋势 ………曹润骁　赵　顺／133

中国玻璃制造行业发展特点和投资趋势 …………………袁春健／157

中国柔性电路板行业发展特点和投资趋势 ………………程佳琳／185

企业篇

中冀投资：自主可控，高端制造产业的核心机会 ………… 谭润沾／217

富士康：加速转型升级，布局未来产业 ……………… 曹曼文／227

创维：发展智能人居产业，推动家电制造业转型 ………… 陈　戈／241

坎德拉科技：分体式机器人多场景赋能的发展路径 ……… 殷　切／253

华康同邦：科技引领，数据驱动，打造智慧医疗新型健康产业

……………………………………………………………… 盛　林／263

宏观篇

展望"中国制造2025",期待制造强国的到来　／003

展望"中国制造2025",期待制造强国的到来

曹曼文

制造业是国民经济的主体，是立国之本、兴国之器、强国之基。18世纪中叶第一次工业革命、19世纪中叶第二次工业革命以来，世界强国的兴衰史一再证明，没有强大的制造业，就没有国家和民族的强盛。新中国成立后，尤其是改革开放以来，我国制造业持续快速发展，建成了门类齐全、独立完整的产业体系，推动了工业化和现代化进程，显著增强了综合国力。然而，与世界先进水平相比，中国工业制造业仍然存在大而不强的问题，在自主创新能力、资源利用效率、产业结构水平、智能交互能力等方面存在明显差距，自主可控、转型升级的任务紧急而艰巨。2020年是极不平凡的一年，全球新冠肺炎疫情下，我国供应体系的安全性与稳定性凸显。随着我国加入区域全面经济伙伴关系协定（RCEP），签署"中欧投资协定"，稳步推行"一带一路"倡议，在国内国际双循环的大背景下，我国全面迎来了工业制造崛起、智能制造高质量发展的时代。

一 中国工业制造行业的政策环境

1. "中国制造2025"打造制造强国的战略目标

《中国制造2025》是中国政府实施制造强国战略的第一个十年行动纲领，于2015年5月正式发布。该行动纲领的目标：第一步，到2025年迈入制造强国行列；第二步，到2035年中国制造业整体达到世界制造强国阵营中等水平；第三步，到新中国成立100年时，综合实力进入世界制造强国前列。"中国制造2025"是在新的国际国内环境下，中国政府立足国际产业变革大势，做出的全面提升中国制造业发展质量和水平的重大战略部署。其根本目标在于改变中国制造业"大而不强"的局面，通过10年的努力，使中国迈入制造强国行列，为到2045年将中国建成具有全球引领力和影响力的制造强国奠定坚实基础。

2. "十三五""十四五"规划持续强调建设制造强国，产业政策为工业制造业发展提供支持

近年来，我国出台了一系列旨在促进高端装备、智能制造发展的政策，为机械行业转型升级创造了宽松良好的政策环境。在"中国制造2025"战略提出后，我国先后出台了《智能制造发展规划（2016—2020年）》《"十三五"国家战略性新兴产业发展规划》《高端智能再制造行动计划（2018—2020年）》《促进新一代人工智能产业发展三年行动计划（2018—2020年）》等重要规划，并以此形成了制造强国战略政策体系。

"十四五"时期是我国全面建成小康社会、实现第一个百年奋斗目标之后，乘势而上开启全面建设社会主义现代化国家新征程、向第二个百年奋斗目标进军的第一个五年。2020年10月29日，中国共产党第十九届中央委员会第五次全体会议通过了《中共中央关于制定国民经济和社会发展第十四个五年规划和二〇三五年远景目标的建议》，提出"坚持把发展经济着力点放在实体经济上，坚定不移建设制造强国、质量强国、网络强国、数字中国，推进产业基础高级化、产业链现代化，提高经济质量效益和核心竞争力"。中国制造业未来发展的政策主线主要集中在以下两条：自主可控和转型升级。

（1）自主可控：提升产业链供应链现代化水平

"十四五"规划提出：保持制造业比重基本稳定，巩固壮大实体经济根基。坚持自主可控、安全高效，分行业做好供应链战略设计和精准施策，推动全产业链优化升级。锻造产业链供应链长板，立足我国产业规模优势、配套优势和部分领域先发优势，打造新兴产业链，推动传统产业高端化、智能化、绿色化，发展服务型制造。完善国家质量基础设施，加强标准、计量、专利等体系和能力建设，深入开展质量提升行动。促进产业在国内有序转移，优化区域产业链布局，支持老工业基地转型发展。补齐产业链供应链短板，实施产业基础再造工程，加大重要产品和关键核心技术攻关力度，发展先进适用技术，推动产业链供应链多元化。优化产业链供应链发展环境，强化要素支撑。加强国际产业安全合作，形成具有更强创新力、更高附加值、更安全可靠的产业链供应链。

（2）转型升级：发展战略性新兴产业

"十四五"规划提出：加快壮大新一代信息技术、生物技术、新能源、新材料、高端装备、新能源汽车、绿色环保以及航空航天、海洋装备等产业。推动互联网、大数据、人工智能等同各产业深度融合，推动先进制造业集群发展，构建一批各具特色、优势互补、结构合理的战略性新兴产业增长引擎，培育新技术、新产品、新业态、新模式。促进平台经济、共享经济健康发展。鼓励企业兼并重组，防止低水平重复建设。

二 中国工业制造发展情况回顾

1. "十三五"时期中国工业制造相关指标基本达标，研发投入仍不达预期

从"十三五"时期中国经济社会发展主要指标完成情况（见表1）来看，每万人发明专利拥有量、科技进步贡献率、互联网普及率均可达到目标。只有研究与试验发展经费投入强度（R&D经费支出占GDP比重）较为滞后，与预期目标有一定差距。在过去几年中，制造业面临的"卡脖子"问题亟待解决。世界银行统计数据显示，2019年我国的R&D经费支出占GDP比重已增长到2.19%，美国的R&D经费支出占GDP比重约为2.8%，而以色列和韩国的R&D经费支出占GDP比重高达4.5%。我国的研究与试验发展经费投入强度相对于发达经济体还有一定差距。

指标	2015年情况	2020年目标	完成情况	是否可实现
研究与试验发展经费投入强度（%）	2.1	2.5	2019年：2.19	有一定难度
每万人发明专利拥有量（件）	6.3	12	2019年：13.3	提前实现

表1 "十三五"时期中国经济社会发展主要指标完成情况（创新驱动部分）

续表

指标		2015年情况	2020年目标	完成情况	是否可实现
科技进步贡献率（%）		55.3	60	2019年：59.3	可实现
互联网普及率	固定宽带家庭普及率（%）	40	70	2018年：86.1	提前实现
	移动宽带用户普及率（%）	57	85	2018年：93.6	提前实现

资料来源：《"十三五"规划纲要》，中国银行研究院。

2. 2020年新冠肺炎疫情下，中国工业制造业整体回升，工业制造各细分领域在资本市场表现较好

2020年初，由于疫情的影响，制造业增速曾跌入深度负值区间，但自复工复产以来，我国制造业整体，包括制造业盈利和制造业投资均进入稳定复苏的状态。值得注意的是，虽然行业盈利情况不错，制造业投资表现仍然低于预期。2020年12月制造业固定资产投资增速回升至同比降低2.2%（见图1）。

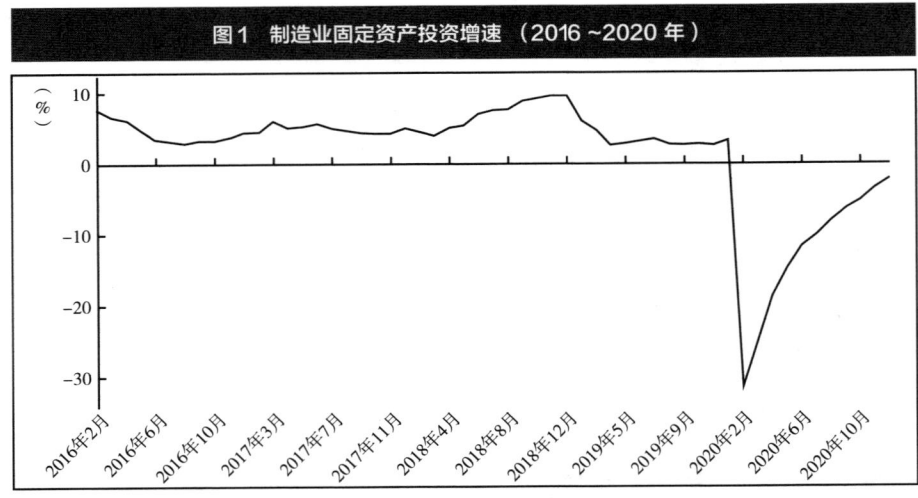

图1 制造业固定资产投资增速（2016～2020年）

资料来源：Wind。

在海外疫情不断反复的情况下，国内各行各业持续复苏，制造业出现回暖。欧美等主要经济体在疫情肆虐的情况下大幅增加财政货币支出，其需求下滑缓慢，但长期的停工停产和封闭措施严重影响其生产供应能力，打乱了供需平衡，对医疗物资和电子设备等需求旺盛，促进了我国制造业出口增加。与此同时，我国制造业背靠国内广阔的内部市场，在经济整体回暖的情况下，叠加财政政策和货币政策利好，刺激了国内制造业投资和需求，制造业整体盈利情况明显改善，甚至超过了疫情前的水平。

2020年，工业制造相关领域"国防军工""电气设备""电子""汽车""机械设备"在A股表现较好（见图2），这种良好的表现来源于业绩的支撑，A股"电气设备""国防军工""机械设备""电子"归母净利润增速排名靠前（见表2）。

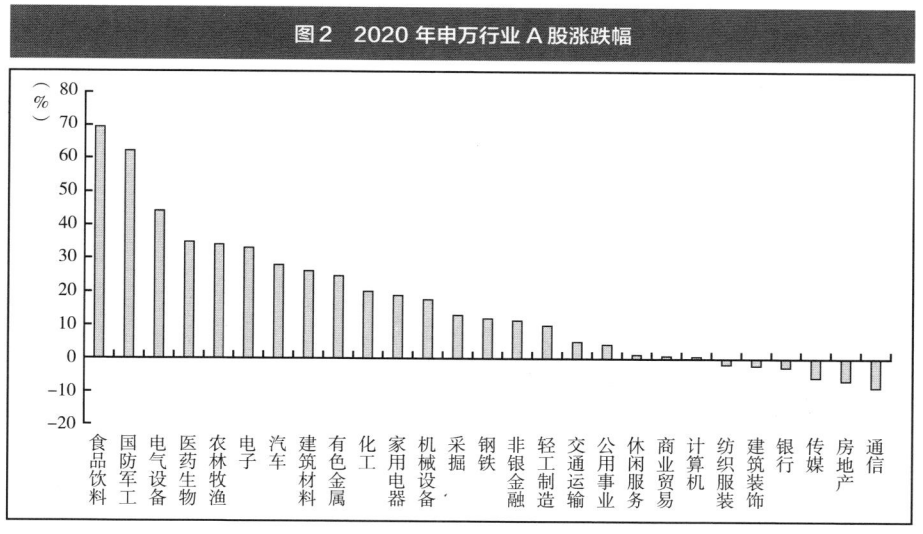

图2 2020年申万行业A股涨跌幅

资料来源：Wind。

表2 2020年前三季度申万行业营业总收入和归母净利润及其增速（按归母净利润增速排序）

板块	营业总收入（算术平均）（亿元）	同比增长（%）	归母净利润（算术平均）（亿元）	同比增长（%）
通信	48.2	-2.1	1.6	288.8
农林牧渔	54.5	25.2	6.8	145.2

续表

板块	营业总收入（算术平均）（亿元）	同比增长(%)	归母净利润（算术平均）（亿元）	同比增长(%)
电气设备	38.9	11.9	2.9	44.3
国防军工	35.2	−0.1	2.0	28.2
机械设备	25.6	−0.8	1.9	14.8
公用事业	65.5	−1.3	6.9	14.3
电子	59.2	−6.8	3.2	13.4
医药生物	38.4	−9.2	3.7	11.7
食品饮料	55.7	2.1	10.4	5.8
传媒	23.9	−14.0	1.7	4.7
建筑材料	65.9	2.8	8.1	2.2
轻工制造	26.4	−3.7	1.7	−1.2
建筑装饰	322.8	7.3	8.6	−2.5
汽车	99.5	−6.5	3.2	−6.8
房地产	121.4	9.8	9.6	−7.5
非银金融	375.3	3.4	39.4	−10.3
银行	1117.3	3.6	356.5	−10.6
有色金属	114.2	5.0	2.2	−12.8
钢铁	341.7	−9.1	11.7	−17.8
家用电器	126.9	−8.7	8.4	−20.2
化工	82.5	−25.8	3.1	−23.9
纺织服装	20.2	−12.5	1.1	−26.5
采掘	366.4	−14.0	13.8	−30.8
计算机	19.7	−10.4	0.8	−40.6
商业贸易	122.3	−4.0	2.1	−47.8
交通运输	159.6	−4.4	2.4	−73.6
休闲服务	17.6	−43.4	0.4	−87.3

资料来源：Wind。

3. 从细分领域看，高端技术制造业增速领先

2020年制造业整体均有明显增长，但从细分领域看，高端技术制造业的增速和前景均领先于传统制造业。一方面，高端技术制造业的产业趋势更明确，是具有高技术含量和高附加值的产业，代表着生产力的不断升级和进步。从2018年开始，高端技术制造业投资增速始终保持在15%以上，且投资额占全部制造业比重也增加到19%，高端技术制造业对投资增速的贡献度不断提高，其实际增加值和投资增速均明显高于制造业整体平均水平，预计在2021年这一趋势还将继续保持。根据国家统计局2021年1月18日公布的数据，2020年全年全国规模以上工业增加值比上年增长2.8%。高技术制造业和装备制造业增加值分别比上年增长7.1%、6.6%。从产品产量看，工业机器人、新能源汽车、集成电路、微型计算机设备同比分别增长19.1%、17.3%、16.2%、12.7%。

另一方面，国家对高端技术制造业的扶持力度也在不断加大。根据工信部2016年印发的《关于完善制造业创新体系，推进制造业创新中心建设的指导意见》文件，到2025年，我国要形成40家左右国家制造业创新中心，加速科技成果商业化和产业化，推动制造业向价值链中高端跃升。根据2021年两会代表披露的信息，截至目前，我国已布局建设了17家国家制造业创新中心，这17家创新中心涉及的产业领域包括新能源、先进材料、智能制造和大装备、核心电子元器件、农业装备、医疗器械等。

三 中国工业制造领域2021年潜力投资赛道

1. 光伏、风能是碳中和背景下的爆发性赛道

光伏、风能就是能源的革命。光伏的度电成本低于石化能源，光伏产业必然蓬勃发展；关于风电，在国补退坡之后，各省的省补政策开始接上。光伏和风能是中国摆脱原油依赖的关键手段，因为大国要崛起，能源必须独立，对于我国来说，首先就要摆脱对石油的依赖。

据新华社报道，2020年12月16日至18日举行的中央经济工作会议提出："做好碳达峰、碳中和工作。我国二氧化碳排放力争2030年前达到峰值，力争2060年前实现碳中和。要抓紧制定2030年前碳排放达峰行动方案，支持有条件的地方率先达峰。要加快调整优化产业结构、能源结构，推动煤炭消费尽早达峰，大力发展新能源，加快建设全国用能权、碳排放权交易市场，完善能源消费双控制度。要继续打好污染防治攻坚战，实现减污降碳协同效应。要开展大规模国土绿化行动，提升生态系统碳汇能力。"以上体现了中央对碳减排相关工作的高度重视，清洁能源发电和新能源汽车等行业长期发展前景向好。在2021年的两会上，政府工作报告将"扎实做好碳达峰、碳中和各项工作"列为重点工作之一。

随着环境问题越发受到重视，碳中和已经成为众多国家和地区的政策目标之一。使用绿色电能替代化石燃料是实现碳中和的有效途径，已经被众多国家采用，主要思路是以电能替代热能、机械能，包括用能端和供能端的措施，在用能端使用电力设备替换热机与燃气设施做功，在供能端使用清洁能源发电替换化石燃料供能。考虑我国实际国情，风电、光伏、核电和水电是主流清洁能源发电形式，而新能源汽车是用能端电能替代的重要形式。两相结合，对于交通等重要应用领域用能全过程清洁化具有重要意义。

基于我国能源政策与产业发展情况，我们判断，我国发电装机结构将持续优化。东兴证券研究所预计，暂不考虑进一步超预期的因素，2021年中国大陆将分别新增风电并网30GW、光伏并网43GW；到2030年底，中国大陆风电与光伏的合计装机容量将达到1284GW，在电力总装机中的占比将达到39.7%，大幅超过2019年水平（合计20.6%）。到2030年，太阳能发电将占中国大陆发电装机量的22.6%（2019年为10.18%），风电发电量将占17.12%（2019年为10.45%），而火电将从2019年的59.21%下降至2030年的45.08%。

展望未来，技术进步、产业化水平提升等因素将持续促进风电和光伏制造环节降本提质，进一步提高新能源发电经济性，扩大"平价"普及范围，利好行业长久发展。

2. 新能源车和汽车产业链是汽车产业复苏背景下的确定性赛道

新能源车也是中国摆脱石油依赖的重要一环，且新能源车产业链中的很多关键公司在中国必然得到全面发展。任何一个行业的长远发展，光有国家政策是没用的，还得靠用户需求。新能源车得到发展的关键点是全新的"移动生活娱乐空间"的诞生。

从全球范围看，新能源汽车行业仍处于生命周期的成长期早期阶段，在政策的推动和优质供给的引领下，新能源汽车需求将持续呈现高速增长的态势，带动上游产业不断发展。

国内市场与欧洲市场、美国市场成为三大增长极。国内市场正在进入2C市场主导的新阶段，产品力取代补贴力度成为影响新能源汽车市场销量的主要因素；欧洲市场主要的驱动力是交通碳排放法案，消费侧刺激政策起到"锦上添花"的作用，欧洲市场政策目标坚定，有望长期成长；对于美国市场而言，拜登就任总统后于消费侧刺激、基础投资、供给侧推动等领域或将推出相关利好政策，加之大众、通用、丰田等知名车企的电动化战略将美国视作重要市场并有一定产业化储备，而根植美国的特斯拉在过去几年发挥了新能源汽车消费理念培育的作用，因此美国市场有望迎来快速增长。

2020年11月，由中国汽车工程学会牵头、在工信部指导下编制的《节能与新能源汽车技术路线图》2.0版本更新发布，详细指出了中国燃油车的退出时间。文件显示，预计到2035年，传统能源动力乘用车将全面转化为混合动力，新能源汽车将成为主流，销量占比将达50%以上。也就是说，传统燃油车将慢慢转变为混合动力乘用车，到2035年，市面上只会出现混合动力乘用车和新能源乘用车两种类型的车辆，而没有采用混动技术的纯粹的燃油汽车将全面退出我国汽车历史舞台。

目前，新能源汽车市场正呈现以下特征：从供给端看，入市车型越来越丰富；从消费端看，随着补贴进一步退坡，市场属性进一步强化，外资品牌、合资品牌、传统自主品牌和本土造车"新势力"品牌之间的竞争将加剧，不同区域、不同消费购买力细分市场的热销车型出现一定分化。2020年，上海产特斯拉持续热销，对新能源乘用车市场产生一定"鲇鱼效应"。

3. 工程机械是产业升级趋势下的优质赛道

受疫情影响，全球很多产业受到冲击，工程机械行业在此大背景下也发生了变革。2020年1~9月数据显示，欧美、日本企业的工程机械制造商销售额出现大面积的下滑，降幅普遍超过20%，而中国主流制造商的销售额普遍出现增长，增幅整体超过20%。《中国工程机械》总编、全球工程机械T50峰会组委会秘书长孙哲在2020年全球工程机械50强峰会暨中国建造科技创新大会上表示，10年前中国主流制造商的海外销售额占比只有3%，而2019年这个数字达到了20%甚至30%，未来中国工程机械产品在全球市场还有更大的发展空间。2019年中国挖掘机产销量在全球的占比达到了62%，2020年可能突破70%。此外，中国起重机销量在全球的占比已经达到70%；中国装载机和混凝土设备的销量在全球占比一直保持在65%以上。构建以国内大循环为主体、国内国际双循环相互促进的新发展格局，将进一步扩大中国工程机械市场的空间，会推动贯通中国本地全产业链体系，同时会进一步强化中国在全球产业的地位。

在新增需求、存量更新和出口需求支撑下，工程机械仍是优质赛道。挖掘机行业目前经历了两轮较为显著的上行周期，2008~2011年的上行周期呈现明显的投资驱动特征，2016年以来的本轮上行周期中，除地产投资外，基建投资并未出现明显加速。随着挖掘机保有量的持续增长，存量替代、人工替代、环保等因素在挖掘机行业需求中起到的作用持续提升。

4. 国防军工是建军百年目标下的黄金赛道

在2027年建军百年奋斗目标和"十四五"规划的推动下，先进新型武器装备采购数量有望显著提升，更新换代进程加快，整个军工产业链有望受益。在"十四五"规划中，专门提到了2027年要确保实现的建军百年奋斗目标：提高国防和军队现代化质量效益，促进国防实力和经济实力同步提升。此前曾提出在2035年实现国防和军队现代化，这一全新百年目标将时间节点进一步提前。在此目标的基础上，"十四五"规划提出"加快武器装备现代化，聚力国防科技自主创新、原始创新，加速战略性前沿性颠覆性技术发展,加速武器装备升级换代和智能化武器装备发展"。

2021年3月5日,两会政府工作报告出炉。根据预算草案,中国2021年的国防支出为13553.43亿元人民币,同比增长6.8%。军费增速略高于2020年6.6%的军费增速,显著高于2020年2.3%的GDP增速。但是,相较其他国家,我国军费支出还有一定差距。从数量上看,2020年美国国防预算为我国2020年国防预算的4.2倍;从GDP占比看,我国2020年的国防预算支出占2020年GDP的1.3%,而美国国防预算占GDP的比重常年高于3%(见图3)。目前国际地缘局势不断紧张,全球性防务支出快速增长趋势明显,预计我国军费将保持稳定增长。在军工细分领域中,核心主机厂、核心零部件(如发动机)、上游电子元器件、上游材料和国防信息化赛道都将受益。

图3 2008~2020年中美国防预算及其占GDP的比重对比

注:中国国防预算数据采用我国历年两会公布的中央本级国防预算数据,美国国防预算数据中,2009年采用了众议院通过的《国防授权法案》披露的国防支出预算,其余年份均采用总统签署《国防授权法案》披露的国防支出预算,中美货币换算汇率采用当年年度美元兑人民币平均汇率。

资料来源:Wind,国防科技信息网等,中航证券研究所整理。

行业篇

中国印刷电路板行业发展特点和投资趋势　／019

中国新能源汽车产业链发展特点和投资趋势　／037

中国风电行业发展特点和投资趋势　／063

中国红外设备行业发展特点和投资趋势　／093

中国智能安防行业发展特点和投资趋势　／105

中国装配式装修行业发展特点和投资趋势　／133

中国玻璃制造行业发展特点和投资趋势　／157

中国柔性电路板行业发展特点和投资趋势　／185

中国印刷电路板行业发展特点和投资趋势

段童琳　刘泰然

PCB（Printed Circuit Board），中文名称为印刷电路板，作为所有电子元器件的关键互连件，是电子元器件产业链的重要细分领域。PCB产品品类繁多，下游应用广阔，几乎覆盖全部的电子电气产品，同时技术和资本密集，要求精益管理，近年来行业整体呈现稳健增长并且具备良好的赢利能力。

一 PCB行业概述

从行业视角来看，根据Prismark统计，2019年PCB全球市场的规模约为613亿美元，属于一个高度分散的市场，高端领域存在较高的进入壁垒。自2009年起高端PCB的需求主要是由智能手机推动的，但随着智能手机出货量增长逐渐放缓甚至呈现下滑趋势，未来5G以及物联网可以说将成为PCB行业发展最大的驱动力。

由于PCB是绝大多数电子设备和产品的必需部件，因此它也被人们称为电子系统产品之母，它的产业发展水平反映和影响着一个国家电子信息产业的发展水平。历史上PCB行业的发展和创新主要是由欧美国家驱动的，但随着我国电子行业的不断成长，PCB也逐渐成为我国重点发展的产业。

纵览整个电子元器件产业链，如图1，其战略意义不言而喻，发展本土的高端电子元器件符合中国制造业转型升级的整体趋势。从供给端来看，高端元器件长期掣肘中国制造业的发展，也是新时代大国博弈的焦点之一。从需求端来看，国内新基建、5G、数据中心的发展方兴未艾，持续释放需求动力。

将电子元器件产业链铺陈展开，不仅环节众多，各环节的进入壁垒、竞争格局等要素也差异巨大，因此需要核心关注各环节在产业链的具体地位和价值，这样才能审慎评估其投资价值。产业链上游围绕集成电路，覆盖了设计、制造、封测等多个环节，元器件本身则包括分立器件和被动元件，以及作为连接和承载主体的PCB等。再向下游则是EMS，即电子制造服务，主要厂商包括富士康、伟创力等，能够提供专业的电子代工服务。最下游的应用终端则可以覆盖通信、消费、汽车、工控、国防等多个领域。

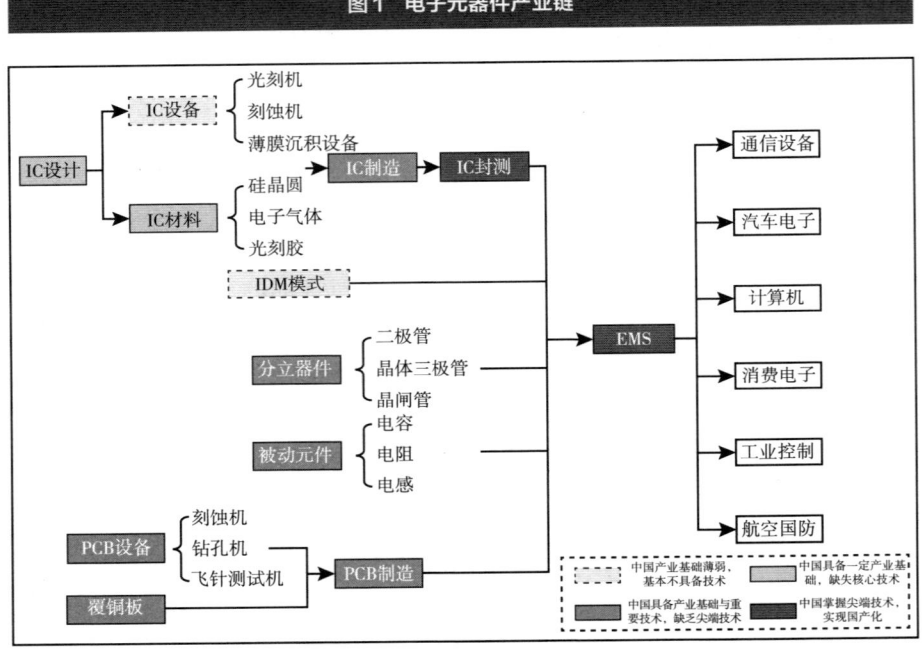

图1 电子元器件产业链

如若换成以中国视角审视产业链的各个环节，即根据国内产业基础和技术实力对各细分领域进行区分，则可以绘制出另一幅崭新的坐标图。第一类行业是中国相关产业基础薄弱，且基本不具备技术实力，如IC设备、IDM模式。以IC设备中的光刻机为例，这一领域在全球范围内被阿斯麦等领先厂商垄断，其在高端光刻机市场（14～7nm）的份额超过70%，新品EUV（超紫外线）光刻机研发成本巨大，售价高达1亿美元却仍供不应求。第二类则是中国具备一定的产业基础，但缺失核心技术，如IC设计和IC材料。虽然已涌现出海思半导体这样的优秀企业，但产业整体实现技术跨越仍需时日。第三类则是中国具备产业基础，且已掌握重要技术，但缺乏尖端技术，如 IC 制造、分立器件、被动元件、PCB 制造等。这些领域中，中国已涌现出一批优秀企业，但仍有进一步的技术升级和市场扩容的空间。最后一类则是中国已具备完备的产业基础并掌握核心技术，包括 IC 封测和 EMS，后续发展空间相对有限。

必须承认的是，附加值最高、进入壁垒最高的第一类行业（IC 设备、IDM 模式），长期被外资龙头垄断，是我国国产化进程中最薄弱的环节。但由于技术垄断等因素存在，并且要依托本国深厚的产业基础和多项核心技术予以支持，因此短期内本土企业实现快速突围可能性很低。考虑到尖端技术嫁接国内市场的难度，以及国内产业基础形成所需的周期，聚焦我国已经具备一定产业基础且掌握重要技术的第三类领域，通过投资国内领军企业，协助其实现资源对接和产业整合，以期获取相对稳定的投资回报，则是更为理性的赛道选择。而 PCB 行业正是属于上述领域，作为万物互联时代的核心连接部件，具有较高的技术、工艺和资本壁垒。中国在全球 PCB 产业链已经具备重要地位，2019 年中国 PCB 行业产值占全球的 53.7%，内资头部企业成长迅速，业绩表现优秀，少数企业已实现了高端产品的突破。因此，作为投资机构，若能为国内优秀的 PCB 企业提供资本支持，将有助于实现 PCB 行业的技术革新，更有利于推动 IC 产业整体的技术升级。

在具体投资标的筛选环节，由于中国大陆的领军企业主要为 A 股上市公司，财务数据相对完整。根据行业本身的特点，考虑到规模效益、成长显著、盈利稳健是优质企业的重要标志，因此设定三个维度的筛选指标，分别是收入规模（2019 年营业收入）、成长性（2016～2019 年的收入 CAGR）和赢利性（2016～2019 年的 ROE 均值）。图 2 展示了在这三个维度下主要 PCB 企业所处的位置，可以发现深南电路具备更强的竞争优势。深南电路成立于 1984 年，具备规模和技术优势，其核心产品涵盖高密度多层板（应用于通信基站）以及封装基板（应用于半导体封测），是华为 5G

基站 PCB 的主要供应商；同时在财务方面表现出良好的成长性与赢利性，具有一定的投资价值。

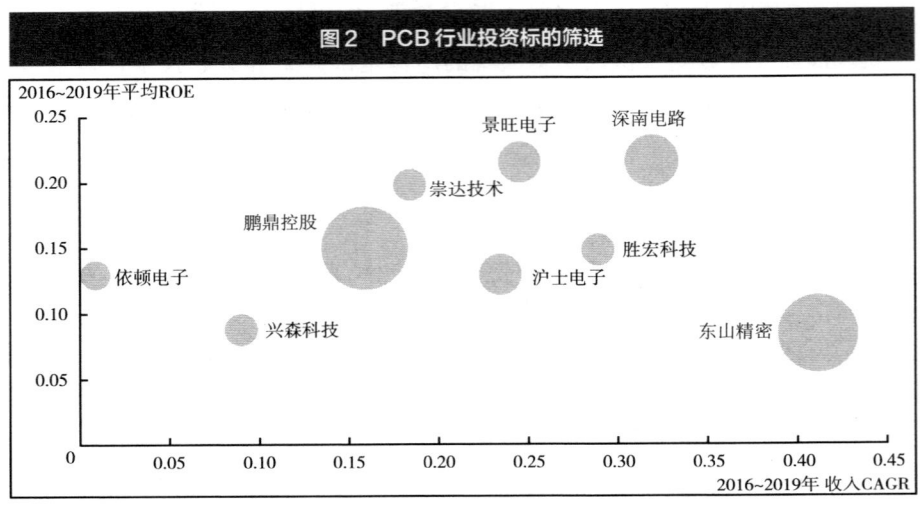

图 2　PCB 行业投资标的筛选

注：图中圆圈大小代表各公司 2019 年营业收入规模。

二　PCB 产业链分析

从产业链看，PCB 的最主要原材料为覆铜板，由铜箔、玻纤布等加工而成。下游则对应几乎所有的电子产品，包括通信设备、计算机、汽车电子、消费电子、工控与航天的电子系统等。

（一）PCB 原材料

原材料方面，原料成本占 PCB 生产成本的一半以上。其中最主要的原材料为覆铜基板，占 PCB 生产成本 30%～35%。设备方面，PCB 是一个重资产的行业，建设年产能 50 万平方米的高端 HDI 生产线，期初投资 20 亿～25 亿元。满产情况下平均折旧费用占生产成本的 5%～8%。

（二）PCB 生产工艺

工艺方面，PCB 的生产过程就是将电路图形转移到一层层电路板上并进行压合。每张电路板需要经过压膜、曝光、显影、蚀刻、去膜、打孔等十多道工艺，高阶多层板层数已经达到了 10 层以上，这样一块电路板就需要经过上百道工艺。而 PCB 的生产过程对于线路的精度具有极高的要求，中间任何一个环节出现错误将导致最终产品的不合格。因此，PCB 制造对厂家的工艺流程把控有极高的要求。

PCB 最关键的线路制程工艺分成三种：减成法、半加成法以及加成法。其中减成法普遍采用线路制作工艺，通过蚀刻方法将多余铜层去除而形成印制线路，技术成熟稳定；半加成法是指将薄铜箔按照设计图形进行加厚，然后进行精确差分蚀刻的方法；加成法是指基于裸基板按照设计图形加厚铜线路，工艺流程短，但成本高昂，工艺尚不成熟。这三种工艺的生产精度和成本逐渐提升。目前大部分的 PCB 使用的是减成法，而连接芯片与 PCB 的封装基板使用的是加成法。PCB 业内最先进的产品类载板（SLP）使用的则是半加成法，这也是目前 PCB 工艺发展的一个趋势。

历史上，欧美和日本等企业凭借历史的积累，在高端技术与产品上占据优势，而中国内资企业凭借对成本的控制在中低端领域逐渐成熟并占据一个主要的市场地位，在高阶 HDI 及以上的高端产品领域份额仍然较小，这两年中国内资企业不断向上突破并催生了部分优秀的龙头企业。

（三）PCB 下游应用

PCB 的应用整体分为企业端与消费端。企业端应用对应的是通信、工控、航空航天等领域，这些领域对产品可靠性具有高要求。而消费端应用对应的则主要是计算机、移动终端、消费电子等，这些领域对产品最大的要求来自体积的缩小。汽车电子则兼具企业端与消费端的特征。当前，通信领域为 PCB 最主要的应用领域，其中最大的子类别为手机，2019 年手机领域 PCB 应用占总体比例约为 22%，但在未来汽车电子和物联网则预期贡献更高。

三　PCB 产品分类

PCB 的产品种类及主要应用如表 1 所示。

表 1　PCB 产品分类

	产品种类			主要应用
刚性板	单面板		在绝缘基材上仅一面具有导电图形的印制电路板	普通家电、遥控器、传真机等
	双面板		在绝缘基材的正反两面都形成导体图形的印制电路板	消费电子、游戏机、家用电器、汽车电子等
	多层板	普通多层板	内层由 4、6、8 层导电图形与绝缘材料压制而成	消费电子、个人电脑、笔记本、汽车电子等
		高层数板	10 层以上	通信设备、高端服务器、工控医疗、军事等
		背板	板材大而厚重，16 层以上，板厚 2~4mm，厚径比 >8	基站设备、高端服务/存储器、交互系统、超级计算机等
		高速多层板	由多层导电图形和低介电损耗的高速材料压制而成的印制电路板	通信设备、服务/存储器等
		高频微波板	采用特殊的高频材料（如聚四氟乙烯等）进行加工制造而成的印制电路板	通信基站、微波传输、卫星通信、导航雷达等
		积层多层板 HDI	一阶	智能手机、平板电脑、数码相机、可穿戴设备等消费类电子产品，在通信设备、航空航天、工控医疗等领域亦增长较快
			二阶	
			高阶	
			任意层（目前多为 10~12 层）	
		积层多层板 类载板（SLP）	在 HDI 技术的基础上，采用 M-SAP 制程，可进一步细化线路	高端智能手机率先应用

续表

产品种类			主要应用
刚性板	多层板	金属基板	由金属基材、绝缘介质层和电路层三部分构成的复合印制线路板	通信无线基站、微波通信、大功率小尺寸 LED 等
		厚铜板	使用厚铜箔（铜厚在 3OZ 及以上）或成品的任何一层铜厚为 3OZ 及以上的印制电路板	通信电源、医疗设备电源、工业电源、新能源汽车等
柔性板（FPC）	单面 FPC		单面软性 PCB	智能手机、平板电脑、可穿戴设备等移动智能终端
	双面 FPC		双面软性 PCB，有两层导体	
	多层 FPC		软性多层 PCB，采用多层层压技术	
刚柔结合板（RFPC）	根据刚性部分定制需求产品各异		软板和硬板相结合，是将薄层状的柔性底层和刚性底层结合，再层压入一个单一组件	通信设备、计算机、工控医疗、航空航天、汽车电子、消费电子等
封装基板（IC 载板）	有机刚性封装基板	刚性 CSP		半导体芯片封装
		PBGA		
		Cavity PBGA		
		FC-PBGA		
		FC-PPGA		
	柔性封装基板	Film CSP		液晶显示类电子产品的驱动 IC 封装
		Tape BGA		
	陶瓷封装基板	陶瓷 BGA		光通信模块、小功率大尺寸 LED 等产品的封装
		陶瓷 PGA		
		陶瓷 CSP		

资料来源：国泰君安。

根据表1，产品类型上，PCB 根据材质、结构具有众多的分类。按照材质可以分为刚性板、柔性板、刚柔结合板。按照结构可以分为单/双面板、多层板、HDI（高密度互联板）、SLP（类载板）以及封装基板。单/双面板主要用于传统的家电，低多层板主要用于工控医疗、汽车电子等领域，高多层板主要用于通信设备、数据中心等通信领域。HDI 通过微盲埋孔技术来实现层数的提升与线路连接的优化，主要用于消费电子，在对 PCB 体积有高要求的其他领域也在提升渗透率。SLP 则是在 HDI 的基础上使用半加成法进行线路的制作，代表了目前 PCB 业内最尖端的技术，当前只被用在最高端的智能手机。而封装基板通常用于连接芯片与PCB，也就是半导体封装，具有更高的线路密度和精度以及不同的生产工艺，所以也有人认为其不属于传统的PCB范畴。

业内认为，高端PCB相比于普通PCB将拥有以下几大优势：更小的线宽线距、微孔、小型化、高可靠性。而从产品生命周期来看，传统的低端产品比如单面或双面板处于一个衰退的阶段，而高阶HDI同封装基板处于成长期。SLP是苹果在Iphonex中最先采用的产品，当前还处于一个引入期。通过使用SLP能够实现更高密度的布线，减小体积从而留出更多的空间给电池，提升续航能力，这也是手机用户较为关心的一个问题。

2000年至今，PCB行业正随着下游行业的发展经历结构上的变化，高端产品如HDI、封装基板等相比于普通的单/双面板等低端产品拥有更高的产品单价以及增速，未来预期将进一步提升其市场份额。

四 PCB市场结构

（一）按产品分类

根据Prismark统计，2019年全球PCB市场规模约为613.1亿美元，主要可以分为五类：多层板39%，柔性板20%，HDI15%，单/双面板13%，封装基板13%。目前多层板占有最大的市场份额，HDI、封装基板与柔性板具有更高的技术难度和更高的单价，代表着未来发展的方向。

（二）按企业分类

PCB市场是一个较为分散的市场，根据Prismark统计，2019年全球前

10 大 PCB 企业市场占比约为 36%，前 20 大企业市场占比约为 53%。从长期来看，PCB 市场集中度处于一个缓慢提高的过程，CR20 从 2011 年的 46% 提升至 2019 年的 53%。虽然从企业上看市场结构变动不大，但从地区上看，随着电子产业的转移，中国地区的产值占比一直在不断增加，从 2008 年的 31% 提升至 2019 年的 54%。之前，中国市场主要被外资企业占据，但目前有少量的领先企业通过自主研发或者并购的方式实现产品的突破，在高端产品领域享有更多的话语权。

五 PCB 行业增长与驱动力

（一）PCB 行业增速

行业增长方面，根据 PCB 研究机构 Prismark 的分析与预测，2009~2019 年全球 PCB 市场规模增速约为 4.1%，预期 2019~2024 年全球 PCB 市场规模增速将达到 4.3%。由于 PCB 下游对应的是整个电子产业，非常庞大，所以不同时期的增长主要由不同的因素来驱动，2009~2017 年 PCB 的增长主要由智能手机的普及驱动。但是现在智能手机已经结束了行业高速发展的红利期，整个市场的驱动因素其实从消费端转向了企业端。比如 5G 通信网络的建设、工业 4.0 的发展以及汽车电子化的趋势，这些是未来几年 PCB 行业增长最主要的驱动力。同时随着 PCB 的生产技术不断提高，产品单位面积的附加值也会逐渐提升，从而促进 PCB 市场保持增长。

（二）PCB 行业驱动力

5G 通信网络：5G 是近期 PCB 增长最主要的驱动力。说到 5G，大家首先想到的可能是通信速度的提高，比如几秒就下载完一部电影。但这只是5G的一个特点——增强移动宽带，而5G的其他两个特点——海量机械通信和低延时将给我们的生活带来更大的变化。海量机械通信能够大大增加同一区域内网络连接数量，这就使得大规模的物联网成为可能，未来我们可能只需要通过手机就能操纵家里所有的智能电器，甚至实现和城市内各个智能设备的高度交互。而低延时通信则使得5G可以被应用在对时效性要求极高的智能驾驶和工业制造上，因为这两个领域一旦出现操作延时就可能导致事故。这些在过去是无法实现的。5G网络的建设是分为前中后端的，前端就是大家比较熟悉的5G基站，我国已经开始大规模建设了，直到2022年还会保持高速的增长，主要供应商就是华为和中兴。但还得对网络形成的信息进行处理和存储，这就产生了后端的需求，也就是数据中心。此外，还有各类应用终端，比如我们熟悉的5G手机等。这些都属于电子设备的范围，分别会给不同的PCB带来增量需求。

数据中心：近两年无论是海外的谷歌、亚马逊还是国内的阿里、腾讯、华为都在加大数据中心的投入。因为信息化对社会各个环节不断渗透以及云计算不断普及，尤其现在的5G网络会带来比以往更具有爆炸性的信息量，所以必须有终端来承载这些海量的信息，这就是数据中心的存在意义，未来数据中心还会以接近30%的速度增长。而数据中心的服务器、交换器和存储器均采用了大量的PCB板，主要是高阶的多层板，这就给PCB市场带来大量的需求。

5G基站与5G终端设备：运营商的5G基站建设规划以及各智能手机厂商对5G手机的发展规划在2019年逐渐推出，在2020年开始大规模落实。以5G基站为例，2019年全国建设5G基站数量约11万个，2020年建设数量已经超过60万个，工信部预计我国到2025年累计完成760万个基站的建设。

可穿戴设备：过去十年，PCB行业增长最重要的驱动力来自智能手机的不断放量，但随着智能手机逐渐普及，行业的驱动力也发生轮换，从智能手机转向了可穿戴设备，主要是无线耳机、智能手环、智能手表三类。以无线耳机为例，过去几年基本都是保持翻倍的增长速度，最常见的就是苹果的 AirPods，国内做 AirPods 代工的企业立讯和歌尔，这几年的业绩都是保持 50% 以上的增长。如此之高的增速对于这种体量的公司是非常难得的，这也侧面反映了可穿戴设备市场的繁荣。所以，我们认为未来在消费电子领域可穿戴设备就是 PCB 增长的最重要驱动力。

汽车电子：近来推出的汽车的智能化程度不断提高，已经从常见的车身控制（如门锁、车灯等）拓展到了自动驾驶、周围环境监测、电池管理等高级功能。而新能源汽车的推出更是增加了电子元器件在汽车当中的使用。10 年前电子元件占汽车总成本的比重仅为 15%，而目前的新能源汽车中，电子元件的成本占比已经达到 65%。虽然新冠肺炎疫情对汽车产业链产生了一定波动，但整体汽车智能化的趋势不会改变，未来汽车电子还是推动 PCB 增长的重要因素。

六 疫情影响

2020 年全球市场最关注的一个话题就是疫情。根据 Prismark 统计，整体上看 2020 年 PCB 市场规模基本跟 2019 年持平，但是市场内在的结构发生了比较大的变化。首先，疫情的隔离要求导致了人们居家活动的增加，消费者把户外服务上的预算转移到了耐用消费品也就是电子设备上，这增加了对应的封装基板、HDI 和柔性板的需求。其次，居家隔离导致的云活动增长带来了数据量的增加，网络商必须建设更多数据中心来满足这些数据的处理需求，这就导致了封装基板和高多层板的需求增加。再次，企业生产方面，一些传统行业的生产活动比较依靠人力，比如传统工业和汽车，而隔离导致这些行业复工延迟，所以对应的原材料也就是 PCB 需求减少。最后，一些下游厂商担忧疫情导致供应链波动，因此提前备货，将部分三季度的订单提早到二季度,导致了PCB厂商的Q2的业绩整体不错,相对于2019年二季度保持了10%左右的增长,但在三季度有回落。整体上看,最亮眼的增长就是用于半导体封测的封装基板,由消费电子和数据中心的建设推动,而用于传统家电的单/双面板则有明显下滑。

七 市场竞争格局

PCB市场竞争格局见表2。PCB行业的一个大背景就是产业转移。整个PCB产业链在过去近30年中经历了欧美-日本-中国台湾-中国大陆的转移过程,2000年中国大陆PCB产值占全球的8%,2019年占比已经超过50%,成为全球最大的PCB生产国。可以说,当前全球的PCB产业由中国台湾和大陆主导,而且中国台湾正在往大陆转移产能,这是因为大陆有着充足的生产要素和完善的配套上下游产业链。大陆企业前几年还是集中于中低端领域,但这两年已经有企业通过自主研发或者并购的方式开始在细分领域处于领先地位了。

表2 PCB市场竞争格局

	多层板	柔性/刚柔结合板	HDI/高阶HDI/SLP	IC封装载板
欧美日韩企业产值占比(%)	48	63	53	60
台湾企业产值占比(%)	31	22	38	38
大陆企业产值占比(%)	21	15	9	2
代表性外资企业	奥特斯、TTM、旗胜、永丰	旗胜、永丰	奥特斯、TTM	奥特斯、TTM
代表性台湾企业	臻鼎、欣兴、华通电脑、沪士电子	臻鼎	臻鼎、欣兴、华通电脑	臻鼎、欣兴
代表性大陆企业	深南电路、依顿电子、胜宏科技、景旺电子、崇达技术	东山精密	无	深南电路

续表

	多层板	柔性/刚柔结合板	HDI/高阶HDI/SLP	IC封装载板
能力	部分内资厂商技术和产能均达到国际先进水平，成功进入戴尔、惠普、华为等企业的核心供应链	进入苹果等国际领先大厂核心供应链的主要为日、台（中国）、韩企业；大陆企业中仅东山精密因对MFLEX的收购跻身其中	进入苹果等高端智能手机核心供应链的均为欧、美、日、台（中国）、韩企业；少数内资厂商初步具备生产能力，但无法进入高端智能手机供应链	IC封装载板是目前技术含量最高的PCB品种之一，日本、韩国及部分中国台湾厂商占领技术制高点，大陆企业中仅深南电路有能力实现规模量产

表3是2019年中国前10大PCB企业的份额对比，反映了当时内资企业主要集中于在多层板领域。但这两年各个内资企业已经提升技术水平，开始做高附加值的高多层板，甚至向更高密度的HDI领域布局。

表3 2019年中国前10大PCB企业

排名	企业名称	所在国家/地区	2019年中国营业收入（亿元）	2019年中国营收增速（%）	2019年中国市场份额（%）
1	臻鼎	中国台湾	266.15	2.94	11.55
2	东山精密	中国大陆	148.38	44.97	6.44
3	健鼎科技	中国台湾	118.07	3.33	5.12
4	深南电路	中国大陆	105.24	38.44	4.57
5	华通电脑	中国台湾	94.9	—	4.12
6	建滔集团	中国香港	88.99	—	3.86
7	旗胜	日本	75.03	5.36	3.26
8	欣兴	中国台湾	74.86	13.75	3.25
9	沪士电子	中国台湾	71.29	29.69	3.09
10	奥特斯	奥地利	65	−1.99	2.82

表4是2019年全球前10大PCB企业的产值及市场份额情况，两年前上榜的还没有一家内资企业，现在已经出现了两家，也就是东山精密和深南电路。它们是通过不同的途径做大做强的，比如东山是通过并购

美国的柔性板企业，深南电路是走自主研发的路线，深耕通信用 PCB，研发 10 年做出了封装基板的产品。有代表性龙头企业的出现也佐证了内资 PCB 企业的逐渐崛起，从原先主要承接低端产能到开始向高端产能渗透。

表 4　2019 年全球前 10 大 PCB 企业

排名	企业名称	所在国家/地区	2019 年产值（亿美元）	2019 年产值增长率(%)	2019 年全球市场份额(%)
1	臻鼎	中国台湾	38.89	−0.50	6.34
2	欣兴	中国台湾	27.81	6.10	4.54
3	TTM	美国	26.89	−5.50	4.39
4	旗胜	日本	25.55	−10.50	4.17
5	东山精密	中国大陆	21.40	19.60	3.49
6	华通电脑	中国台湾	18.20	8.20	2.97
7	健鼎科技	中国台湾	17.63	2.10	2.88
8	深南电路	中国大陆	15.21	32.90	2.48
9	瀚宇博德	中国台湾	13.96	−5.60	2.28
10	三星电机	韩国	13.46	4.83	2.20

八　市场进入壁垒

PCB 市场的进入壁垒主要有以下几点。

资金壁垒：项目建设成本高，持续投入大；定制化生产成本高；快速供货和交付能力要求布局良好的生产网络。

技术壁垒：产品细分繁复，不同类型产品之间技术和设备差别均较大；工艺过程复杂，对团队技术和经验要求高；技术进步快，企业需要有持续研发、紧跟市场需求的能力，如苹果等领先企业通常会与 PCB 供应商进行合作研发，以满足其最新产品的要求。

客户认证壁垒：PCB产品质量直接影响电子产品的性能和寿命，客户通常对供应商能力具有严格要求；大型客户在供应商甄选过程中，对产品性能、技术能力、管理能力、生产程序、环保措施乃至社会责任方面设定严格标准，认证程序复杂，耗时长，认证周期通常为一年以上；由于认证周期较长，大型客户通常与供应商之间具有较强的业务黏性。

环保合规壁垒：PCB行业涉及重金属污染源，同时需要耗用大量的资源和能源，产生的废弃物处理难度较大，形成较大的环保投入。

供应链和运营壁垒：电子信息行业极为注重供货的周期和时效；成功的PCB企业通常有高效的安排和精确的生产管理能力，以满足苛刻的供货要求；PCB行业定制化程度高，对供应链管理提出了更大挑战。

总的来说，PCB行业具有资金和技术密集型的特征，并且有走向自然垄断的倾向，这从之前行业集中度缓慢提高的过程就可以看出来。我们较为看好在当前已经形成一定规模并在细分领域具有竞争优势的企业，比如深南电路，这类企业预期在未来能够实现超出行业平均水平的增长。

中国新能源汽车产业链发展特点和投资趋势

薛 凡

一 新能源汽车概述

新能源汽车从定义角度而言，是指使用非常规的燃料及动力装置作为动力来源的汽车；从直观角度而言，可以认为所有不使用化石燃料与内燃机作为唯一或主要动力来源的汽车，都属于新能源汽车。

根据中国当前的政策法规，新能源汽车一般包括插电式混合动力汽车、纯电动汽车与燃料电池汽车三种。普通的混合动力汽车被认定为节能型燃油汽车，不属于新能源汽车的范畴。传统汽车与新能源汽车的划分见图1。

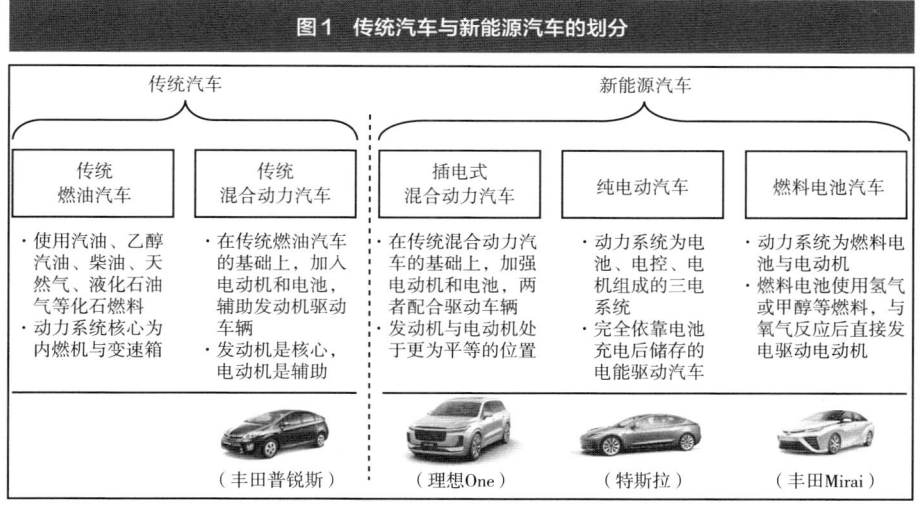

图1 传统汽车与新能源汽车的划分

从市场角度，纯电动汽车是当前新能源汽车销售的主流。根据中国汽车工业协会发布的数据，2020年全国新能源汽车总销量为136.7万辆，其中81.6%为纯电动汽车，18.4%为插电式混合动力汽车，燃料电池汽车销量则在1千辆左右，占比非常小。未来一段时间内，纯电动汽车仍将是新能源汽车领域最核心的产品。

此外，还可以从车型的角度对新能源汽车进行分类，见图2。

图2 主要的汽车车型

在我国政府的大力扶植下,新能源汽车在乘用车、客车以及中轻型卡车领域的应用,已经取得了长足的发展:新能源乘用车2020年的市场渗透率已经达到了6.2%,再创历史新高;大中型客车的市场渗透率在2018年与2019年均超过了50%(2020年相关数据暂未披露);新能源物流车、环卫车等中型卡车产品,也预计将在国家新一轮政策的推动下快速达到80%以上的渗透率。

与之相比,当前新能源汽车渗透率较低的是重型卡车与工程机械领域:2020年纯电动重型卡车的市场渗透率低于0.5%,工程机械则更低。由于重型卡车与工程机械的污染物排放量非常大、环保治理压力大,因此未来将是国家进一步推动车辆电动化的重点关注领域。

二 新能源汽车行业的整体投资逻辑框架

站在当前时间节点,我们认为,新能源汽车行业的发展,建立在其较高国家战略价值与较大市场空间的基础之上,依靠政策、技术、产业链三方面的共同推进实现产业和企业的快速发展,在成长过程中培育出一批新的龙头企业并提供较为优质的投资机会,见图3。

政策、技术、产业链是支撑新能源汽车行业发展的三大支柱,其发展主线是通过短期政策扶持,以销量的提升实现技术迭代与产业链成熟,并

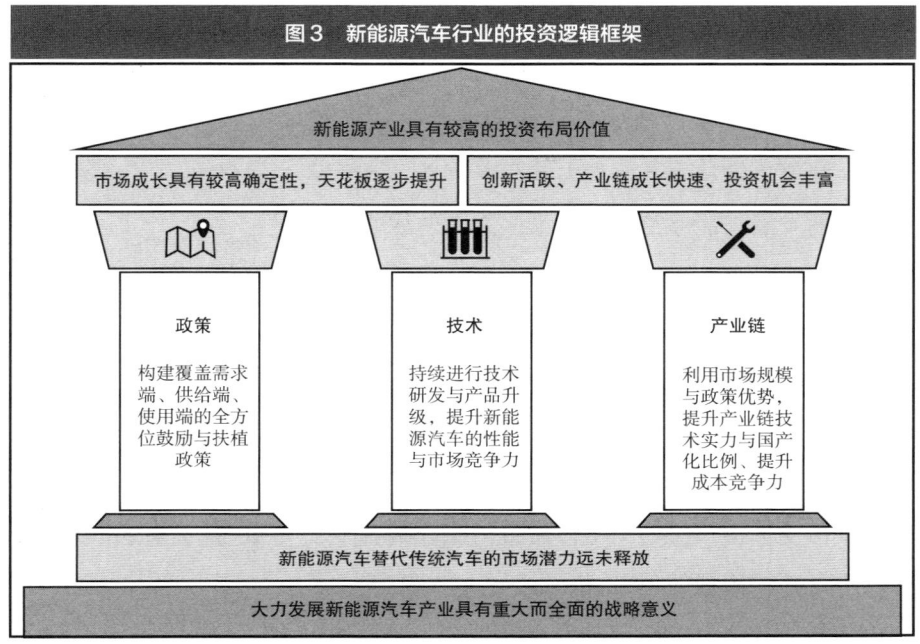

图3 新能源汽车行业的投资逻辑框架

最终提升新能源汽车产品力,使之能够与传统燃油汽车正面竞争,逐步摆脱对政策的依赖。

总体而言,新能源汽车行业的投资吸引力来自其高度的发展确定性、可观的成长空间、高度活跃的技术创新以及快速成长的产业链,四者结合能够在创造丰富投资机会的同时,提供较大的安全边际,因此具有较高的投资布局价值。而政策、技术与产业链,也是进行新能源汽车领域投资时,需要把握的三条主线。

三 行业政策环境与规模增速

首先需要明确,当前以及未来一段时间内,新能源汽车产业都会是高度依靠政策拉动的行业,行业规模的增速与天花板,很大程度上取决于政策的力度。因此,行业政策环境与行业规模高度相关。

1. 发展新能源汽车是明确的国家战略

新能源汽车产业的发展，并不单纯是汽车产品和技术的又一轮升级，而是同时具备了更广泛的外部性和战略价值，并且正是这些外部战略价值，让政府决定从零开始大力扶植新能源汽车产业。具体而言，新能源汽车产业的发展，能够给中国带来多方面的战略意义。

・能源安全：2019 年中国对外石油依存度超过 72%[①]；2017 年中国的石油消费中，成品油消费占到 53%[②]。

・统一能源：将机动车与工业的主要能源进行统一，即 V2G（Vehicle-to-Grid）类应用，实现电能在电网与车辆间的双向流动，提升综合能量利用效率。

・环境保护：机动车尾气污染与碳排放占到总排放量的较大比例，长期以来是环保治理的重点。

・产业升级：依靠驱动方式的转变，实现中国自主车企在产品与技术方面的"弯道超车"。

2. 全方位鼓励政策直接拉动新能源汽车行业发展

新能源汽车已经在中国经历十余年的发展，但当前电动汽车在扩大应用、提升市场份额方面的最大短板，仍是技术、产品、产业链等方面的相对不成熟。当前大部分新能源汽车的产品力与性价比，均无法与同级别的燃油汽车正面竞争。在远期中，通过技术与产业链方面的进步，新能源汽车的产品力将得到持续和根本性的提升，届时新能源汽车才能够与燃油汽车开展全方位的市场化竞争，新能源汽车的市场潜力才能够得到真正释放。

在二者之间的过渡时期，仍需要使用政策工具，从多个维度为新能源汽车赋予额外的特殊优势，在短期中提升其市场竞争力与市场份额。因

---

① 王志刚等主编《中国油气产业发展分析与展望报告蓝皮书（2019–2020）》，中国石化出版社，2020。
② 中国石油化工集团公司经济技术研究院、中国国际石油化工联合有限责任公司、中国社会科学院数量经济与技术经济研究所编《中国石油产业发展报告（2018）》，社会科学文献出版社，2018。

此，新能源汽车行业长期享受政府的全方位"政策大礼包"，从2009年至今从未间断，见图4。

图4 新能源汽车鼓励政策

3. 在政策的推动下中国新能源汽车行业实现了高速成长

在全方位鼓励政策的拉动下，中国新能源汽车行业实现了跨越式发展，销量与市场渗透率实现了明显提升。即使在汽车行业整体下行的2019年与2020年，新能源汽车的市场表现也强于大盘，渗透率得到持续提升。2020年，在汽车市场遭受疫情影响较大的情况下，新能源汽车成为市场中最亮眼的板块之一，销售量同比提升明显，见图5。

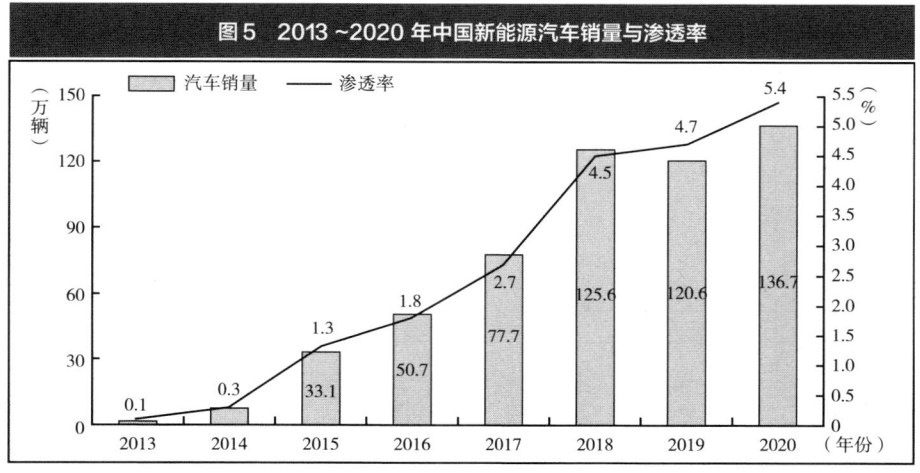

图5 2013~2020年中国新能源汽车销量与渗透率

资料来源：中国汽车工业协会。

2020年下半年，因上半年疫情压抑的需求集中得到释放，并有多款竞争力较强的新车型投放市场，新能源汽车销售在2C市场的拉动下呈现"井喷式发展"，销量同比大幅提升。2020年全年，根据中国汽车工业协会初步统计，实现新能源汽车销售约137万辆、渗透率约5.4%，双双创历史新高。

4. 未来5年新能源汽车行业将保持高增速

国家对新能源汽车的产业支持政策，还将在未来进一步加强，为行业的发展注入新的增长动能。2020年11月2日，国务院办公厅正式对外发布《新能源汽车产业发展规划（2021—2035年）》，作为对2012年发布的《节能与新能源汽车产业发展规划（2012—2020年）》的延续。此次新规划的目标依然是"推动新能源汽车产业高质量发展，加快建设汽车强国"，并继续提出"坚持电动化、网联化、智能化发展方向，深入实施发展新能源汽车国家战略"。新的发展规划，为中国新能源汽车产业下一阶段发展提出了明确的愿景，到2025年，新能源汽车新车销售量达到汽车新车销售总量的20%左右。在上述愿景下，新能源汽车行业在未来的5年中，规模增速还将得到进一步提升，复合年均增长率（CAGR）高达约36%，见图6。

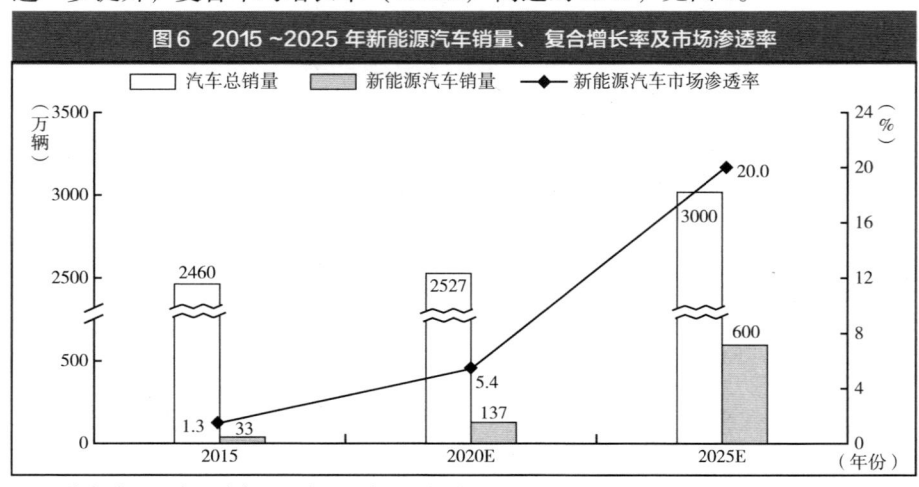

资料来源：中国政府网，中国汽车工业协会。

未来，在延续前期的补贴与牌照等政策的基础上，双积分政策将成为调控汽车产销量结构的重要工具，并且将从乘用车领域延伸到商用车领域，进一步提升对汽车产业电动化的促进力度，推动 2025 年新能源汽车渗透率达成规划目标。

5. 欧洲新能源汽车市场异军突起，成为行业新的增长点

一方面，2020 年，为应对新冠肺炎疫情对经济的冲击，欧洲各国开始实施大规模经济刺激/复苏计划，并且新能源汽车产业是各国经济刺激计划中的重要组成部分。在各国的刺激计划中，都对购置纯电动汽车给予了高额的补贴，部分国家补贴力度甚至超过中国。此外，欧洲各国正在商讨对零排放汽车免征增值税，相当于给予车价 20%～25% 的补贴，若最终落地将产生非常显著的效果。

另一方面，欧洲正在用燃油车碳排放标准及罚款，倒逼汽车企业生产和销售更多新能源汽车：

·欧盟 2021 年设定尾气 CO_2 排放标准为 95g/km，几乎达到燃油车技术瓶颈；

·欧盟对于碳排放不达标车企的惩罚是直接罚款，大众等汽车企业若保持当前排放水平，预计年度罚款额可能达到数十亿欧元。

在正反两方面政策的双重推动下，2020 年欧洲新能源汽车销售全面爆发，前 9 个月的上牌量已经创下历史新高，见图 7。

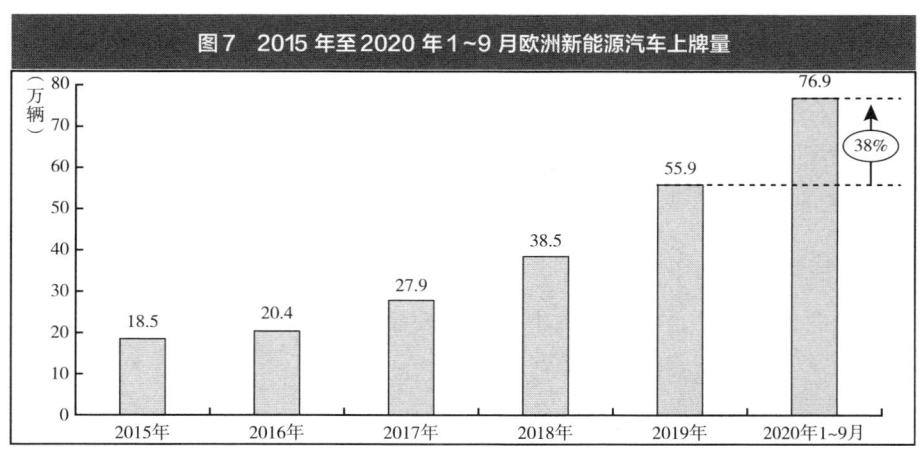

图 7　2015 年至 2020 年 1~9 月欧洲新能源汽车上牌量

资料来源：欧洲汽车制造协会。

2020年1~9月,欧洲新能源汽车上牌量(低于新能源汽车产量)已经近77万辆,其中仅第三季度就上牌近37万辆,增速同比大幅提升。新能源汽车行业对欧洲市场未来的增长潜力非常乐观,预计在未来几年内,欧洲将有望与中国共同成为新能源汽车行业的领导者。

四 新能源汽车产业链概况

1. 新能源汽车结构

新能源汽车与传统燃油汽车的核心区别在于动力总成,即发动机与变速箱被三电系统所替代,见图8。

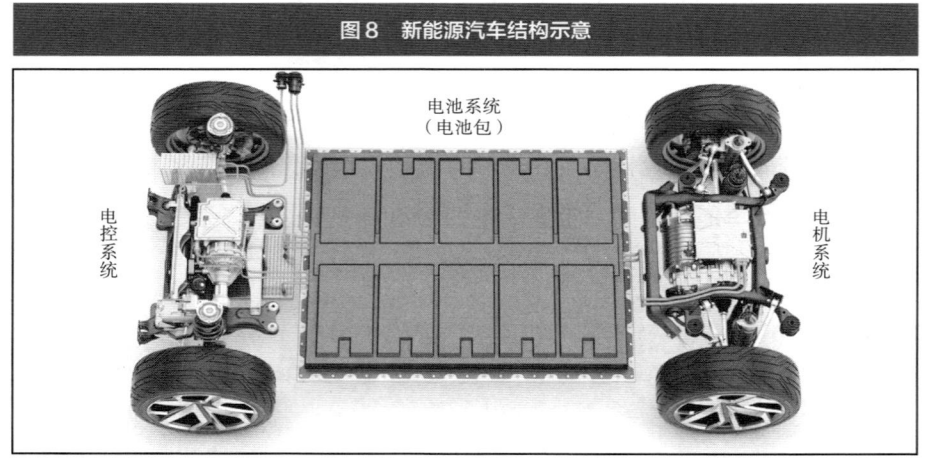

图8 新能源汽车结构示意

资料来源:大众集团。

·电控系统是车辆的大脑,负责进行整车控制、响应司机的操纵、完成综合能量管理等;电控系统中,电机控制是最重要的功能,负责向电动机输出适当的电压与电流,形成恰当的驱动力。

·电机系统负责驱动车轮、产生驱动力,并在制动时进行能量回收。

·电池系统是全车的能量来源,负责储存电能并为车辆提供足够的功率输出。

2. 新能源汽车成本构成

三电系统作为新能源汽车的核心,在整车成本中占据50%的比例,远高于燃油汽车动力总成的成本占比,见图9。

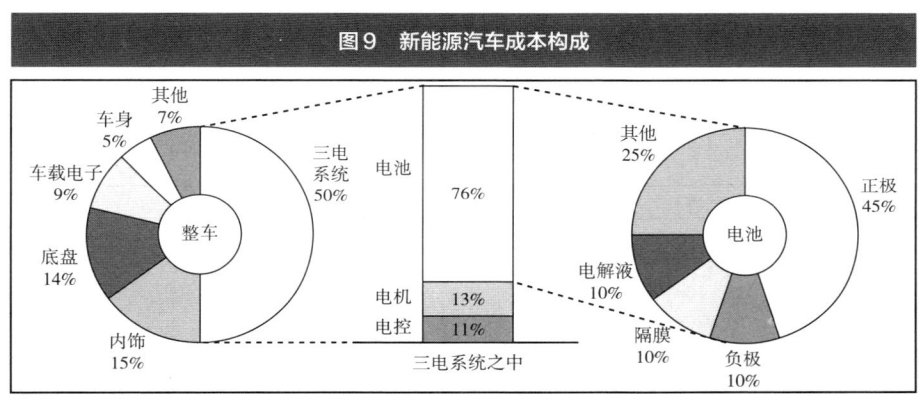

图9 新能源汽车成本构成

资料来源:方正证券研究部、恒大研究院、前瞻产业研究院。

三电系统的成本中,又有约3/4为电池成本,因此,动力电池在整车中的成本占比在40%左右,远超燃油车上的任何一种零部件。较高的电池成本使得电动汽车动力总成及整车的成本均高于燃油汽车,短期内导致电动汽车整车价格偏高,见图10。

在车辆整体性能相近的情况下,纯电动汽车动力总成的成本比同级别燃油车高出约90%,其中主要是电池成本。除动力总成外,电动汽车的其他零部件成本与燃油车接近。因此较高的电池成本导致电动汽车的整车成本和售价均高于传统燃油车,一定程度上影响了当前电动汽车的市场竞争力。未来,持续降低电池成本将是产业链的核心努力方向。

3. 新能源汽车产业链构成

新能源汽车产业链与传统燃油汽车的差异,也主要体现在动力总成

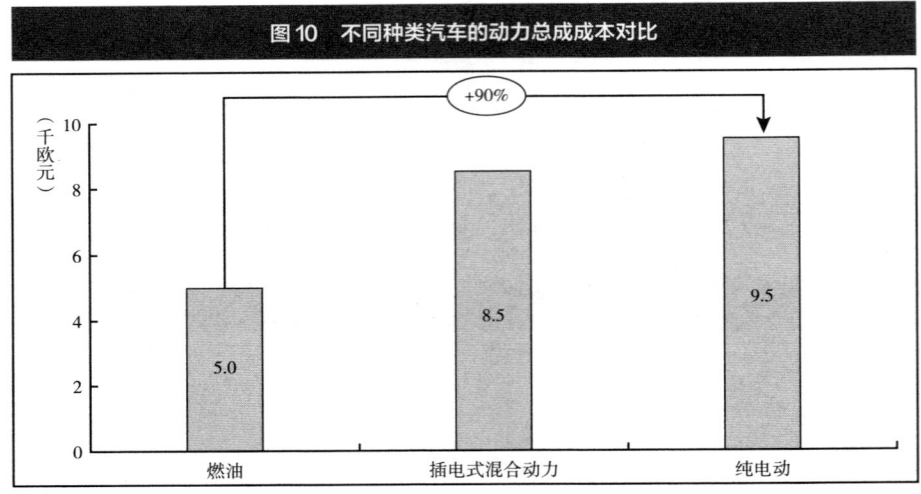

资料来源：PwC Strategy&。

方面。三电系统的产业链成为最核心的环节，而车身、底盘、座椅等系统，相比燃油车变化不大。

图11展示了新能源汽车的核心产业链情况，以三电系统为主。

（1）三电系统产业链

三电系统中，电机与电控两个环节发展相对成熟，相关产品与技术在主流领域已经基本进入稳定发展状态。而电池领域则创新活跃，始终是新能源汽车产业链中最为核心、最受关注的环节。

·动力电池的成本占比高、对整车的性能影响大，是新能源汽车最核心的零部件。

·当前动力电池供应紧张，甚至已影响到下游客户的整车生产与交付，供需关系未来将保持紧张状态，电池企业议价能力较强。

·动力电池产品和技术距离成熟仍有相当一段距离，行业仍然处在快速成长阶段，继续发展提高的空间大、快速成长的紧迫性高、技术与产品创新活跃。

（2）汽车电子系统

对新能源汽车而言，汽车电子系统的重要性明显提升，并日益成为新

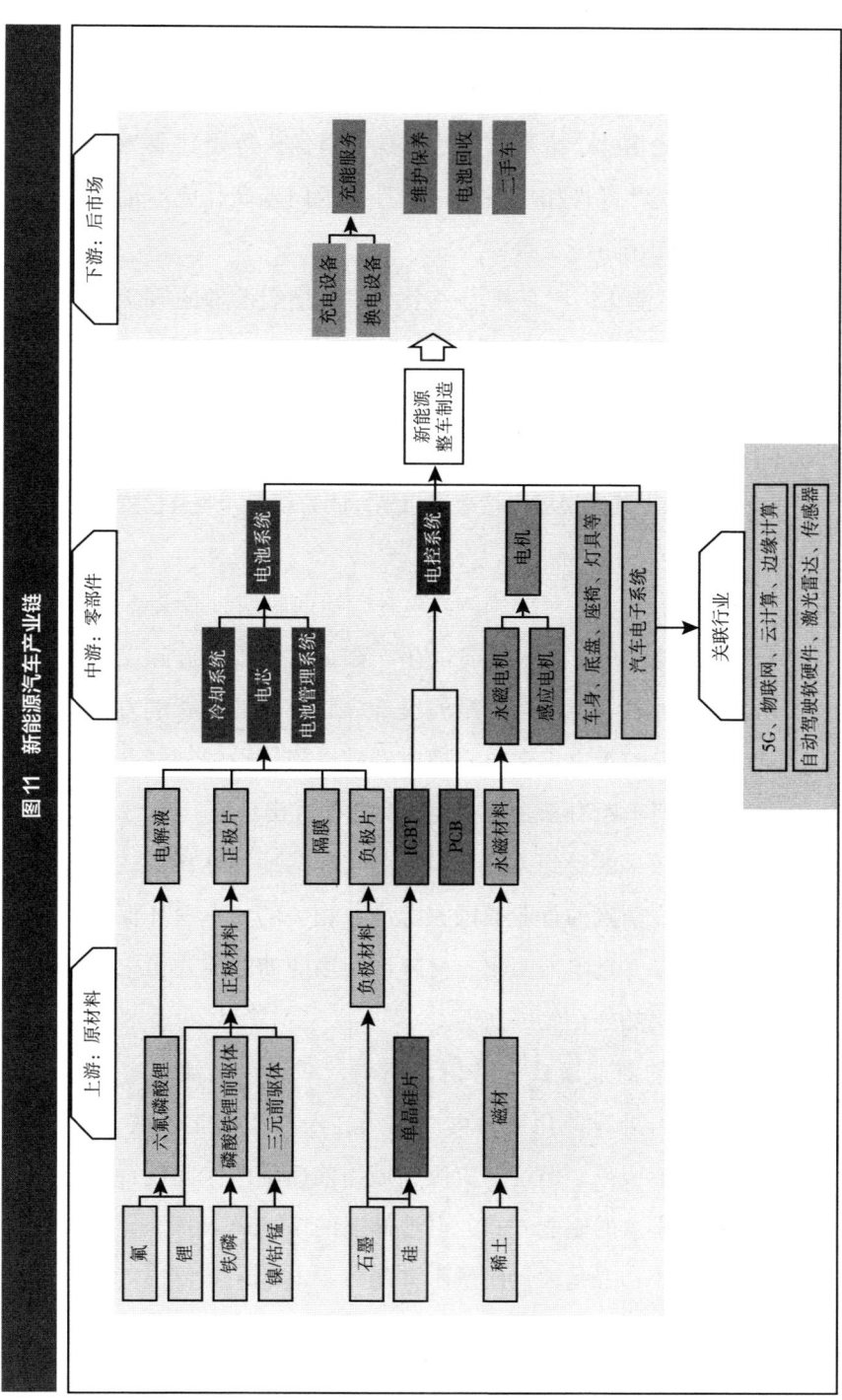

图 11 新能源汽车产业链

能源汽车与传统燃油车进行差异化竞争的卖点，以及车企间进行市场竞争的关键产品力比较维度。随着对高等级自动驾驶系统需求的提升，高算力的车载电脑以及激光雷达、毫米波雷达、视觉摄像头等硬件成为新一代汽车核心零部件。此类零部件相对新兴，并且技术门槛高、成本价值高，未来在整车中起到的作用将越发重要。

随着汽车走向智能化，汽车作为一个互联网终端设备的概念也越发成熟，各类车联网应用开始涌现，相应的5G、云计算与物联网设备开始在汽车上部署使用，也为"汽车零部件"这一概念添加新的元素。

综上，汽车电子系统是新能源汽车除三电系统外，另一个重要性和热度较高的产业链环节，未来其发展潜力将逐步凸显，成为新的产业链投资热点。

（3）新能源汽车后市场

新能源汽车的后市场，主要围绕充电与电池回收两大需求展开。

充电环节主要指充电、换电设备的生产制造、基础设施建设以及提供充换电服务。未来随着新能源车存量的提升，后市场的发展潜力将不断得到挖掘，国家的补贴政策也正在向充换电基础设施建设领域倾斜，预期未来充换电服务领域将不断有新企业甚至新商业模式出现。

电池回收环节较早就受到关注，但当前实际落地进度相对较慢。电池回收业务当前还缺少明确的行业或国家标准，相关的安全、环保等法规也暂未完全明确落地，并且电池回收、材料再利用的商业模式暂未完全建立和跑通，因此目前仍然处在发展初期。

电池梯级利用的商业模式非常简单清晰，即汽车电池在容量衰减至70%左右、不再适合装车使用后，可以淘汰进入工业储能领域，为通信、电力等行业提供储能服务。但这一应用领域当前面临两大问题：一是电化学储能仍然是相对小众的储能方式，电池储能的市场尚未打开导致对电池的需求仍然相对较小；二是大量质量不齐的二手电池，需要性能强大的电池管理系统进行管理，相关技术仍然存在瓶颈。

因此，电池回收与电池梯级利用虽然是两个较早被提出的新能源汽车后市场业务，但由于政策、市场、技术方面的原因，暂时未能真正规模化运作。但随着新能源汽车的大批量应用，未来这两个领域的发展紧迫性将逐年提升，因此也仍然是值得持续关注的产业链环节。

4. 新能源汽车产业链的国产化情况

中国是全球新能源汽车产销量最大的国家，在整车领域已经建立起较为明显的优势，并且自主品牌汽车在新能源领域已经具有明显的领先优势。但在上游零部件环节，中国的相关产业链仍有较大的提升空间，见图12。

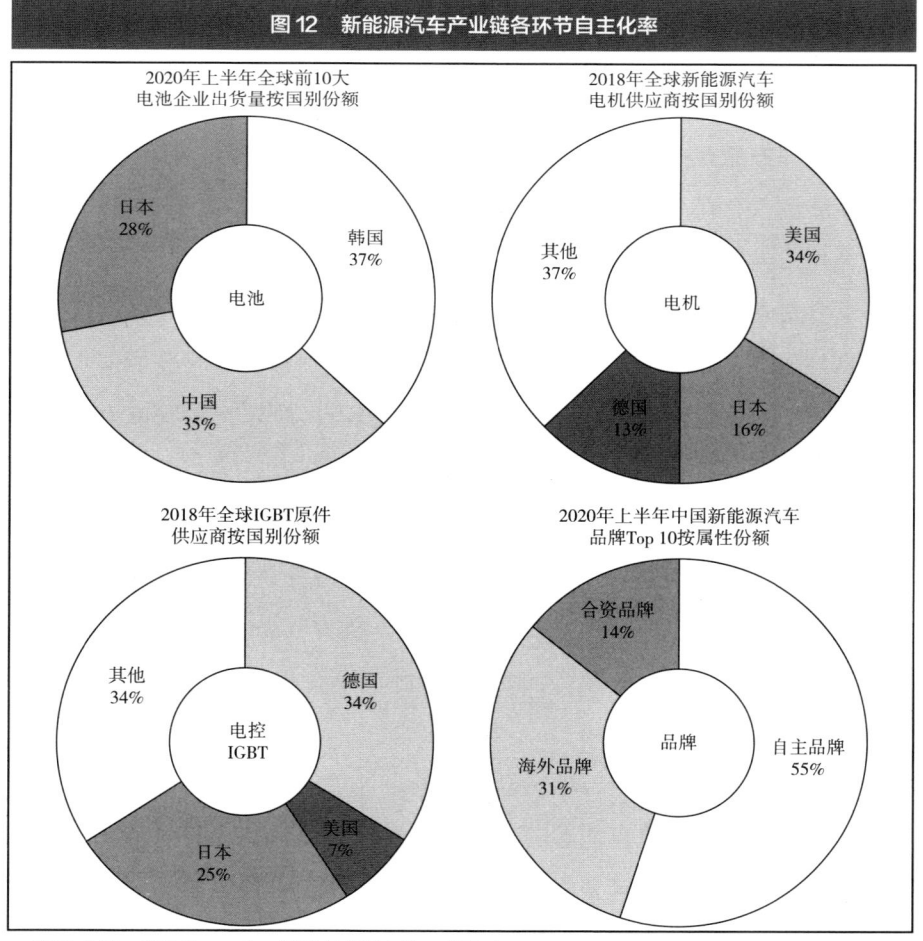

图12　新能源汽车产业链各环节自主化率

资料来源：SNE Research、前瞻产业研究院、英飞凌。

新能源汽车最核心的三电系统中，中国仅有电池行业处在全球领先位置，拥有全球第一大电池企业CATL等多家行业前10企业，整体份额与日韩企业"三分天下"。但在电机电控领域，中国供应商的竞争力则有待提高。目前电机电控的供应商仍以美、日、德企业为主，国内的电机供应商近年来正在快速提升市场占有率，但电控系统的核心零部件如IGBT元器件，仍有较大比例依赖海外供应商。

五 新能源汽车产品与技术发展方向

1. 整车产品力提升是新能源汽车产业发展的核心推动力

新能源汽车在产品特性方面，具有非常突出的优势。

·城市内行驶性能优秀：由于电动机的输出特点，电动汽车在低速状态下具有最强的动力输出，体现为加速快、动力响应灵活，在城市范围内具有良好的驾驶体验；中高端纯电动汽车可以达到百公里时速加速4秒左右，超过绝大多数燃油车甚至所谓的"性能车"；此外，在城市中低速行驶中，电动汽车具有更加平顺和静音的特点。

·使用成本相对较低：占销量绝大部分的紧凑型纯电动汽车，百公里电耗低于15度，若使用家庭充电桩充电，电费相当于百公里9元上下，若使用公共充电桩则相当于百公里25元上下；燃油车若按照百公里油耗7升计算，成本约40元（92号汽油）；新能源汽车在使用成本方面具有明显优势。

·对智能设备的高兼容性：电动车的电池除了驱动车辆外，也可以为车载电器供电，电动汽车能够随车安装功能更为强大的车载电脑与各种舒适、娱乐设备，提升车辆智能化水平与使用舒适度。

但同时，新能源汽车作为相对新生的产品，在多个方面仍然存在不足之处，使得其产品综合性能尚存在一些短板，难以与同价格燃油汽车达到相同的性价比。

·续航里程相对不足,特别是冬天续航能力下降严重,用户存在里程焦虑。

·公共充电桩使用体验不佳、家庭充电桩重要性高。

·安全性仍然是潜在问题,车辆起火自燃问题时有发生。

·购置成本高但二手车保值率较低,全生命周期使用成本仍然偏高。

因此,对新能源汽车产业而言,为了实现尽早与燃油汽车全面竞争,应通过产品与价格方面的优势提高竞争力,摆脱对政策的依赖,实现对燃油汽车的逐步全面替代。

2. 动力电池的升级空间最大、紧迫性最高

动力电池的性能与整车性能息息相关,很大程度上决定了整车的使用体验,新能源汽车当前在使用体验方面存在的一些短板,最终都能部分追溯到电池的关键性能有待提升,见图13。

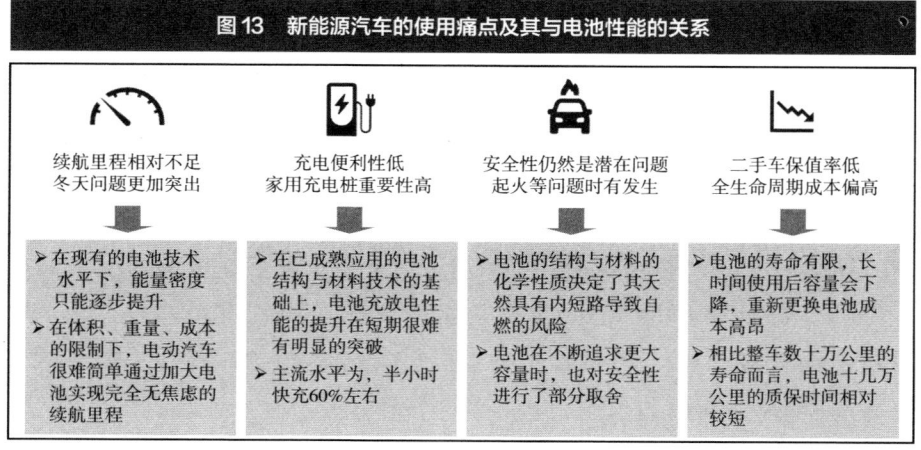

图13 新能源汽车的使用痛点及其与电池性能的关系

同时,动力电池的性能有非常多的衡量指标,影响到电池应用中多方面的性能表现,但很难同时在所有指标上达到非常优秀的水平。在当前的电池技术水平下,很难做到所有性能指标的最优。一般而言,能量密度与安全性存在取舍、寿命与快速充电存在取舍;成本与能量密度、快充都直接相关，较高性能的电池需要使用相对更高成本的技术。正因为很难实现完美的电池，所以出现了诸多的电池技术路线：一方面通过多种方式提升性能，另一方面在不同细分应用场景下，使用不同性能特征的电池。因此，电池设计更多是取舍与均衡，这导致市场上电池的技术路线较为多样。

（1）材料体系升级

未来，动力电池磷酸铁锂与三元锂并行发展的趋势明显，两种技术路线也将各自持续进行升级，并分别应用于不同的场景，见图14。

图14 不同使用场景对电池的要求与适用产品

里程（km）	0~200	200~400	400~600	600~800	800~1000
需求类别	乡村代步	城市代步	运营及跨城	长途出行	里程完全无忧
目标客户	三线外低速电动车替换	共享/部分中小城市消费者	出租/网约/部分私人消费者	私人消费者主要消费区间	部分极致性能私人消费者
电池性能需求	极致成本	成本+高耐用	高耐用+适中性能	较高性能	极致性能
电池匹配类型	LFP	LFP	CTP-LFP或NCM523	NCM523/622/811	固态电解质、硅碳负极、单晶正极等

资料来源：中金公司。

一方面，当前磷酸铁锂电池的技术已经非常成熟，性能潜力挖掘也接近极限，未来将主要通过负极材料升级、成组方式优化等方式提升性能。另一方面，三元材料未来仍然存在多种升级方向，见图15。

三元材料体系当前有3条主流的升级路线，其中高镍三元与无钴二元是相对被看好的方向，大部分主流厂商投入相关资源进行研发，预计2023年前后有望实现批量应用。

（2）电池内部结构革新

除了在现有锂离子电池结构的基础上对正负极材料进行升级外，电池还在通过逐步走向固态的方式，追求性能与安全性的突破性提升。

在当前技术水平下，实现全固态电池仍然较为遥远，业界普遍估计需要到2030年才有望实现固态电池量产。因此，目前行业发展的热点是对现

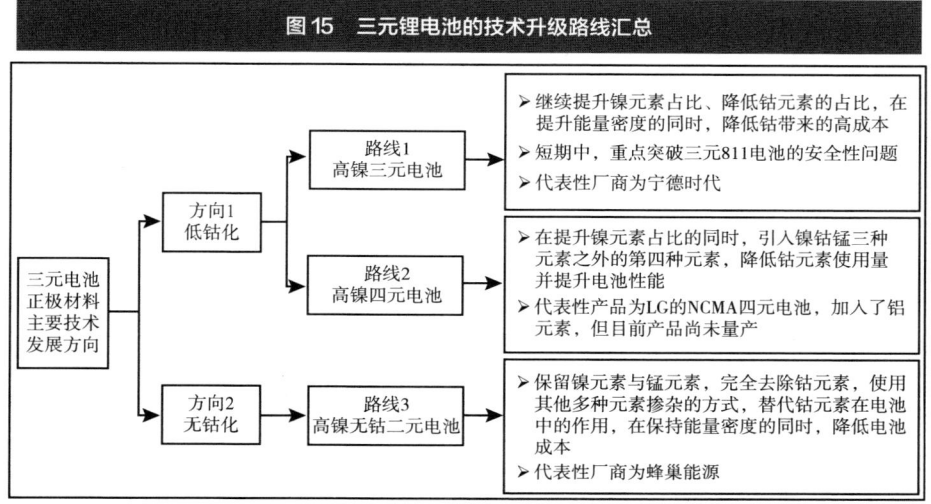

图15 三元锂电池的技术升级路线汇总

有电池的液态电解液进行"固化",形成半固态电池,初步提升电池的能量密度与安全性,并逐步过渡到全固态电池。

蔚来汽车于2021年初发布的新车ET7是首个宣布搭载半固态电池的新能源汽车产品,预计于2022年底上市。届时,市场上有望出现更多的半固态电池产品,将电池性能再提升一个台阶。

(3)成组方式与电池生产方式升级

动力电池需要"成组"为电池包,才能装车使用;在成组过程中,会引入较多零部件,带来额外质量,见图16。

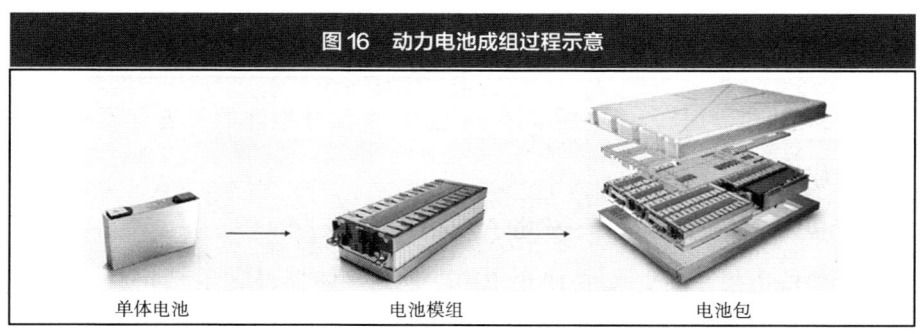

图16 动力电池成组过程示意

资料来源:Bosch。

对汽车企业而言，电池包层面的性能表现更加重要和直接，优化电池性能与优化电池包整体性能，都能带来更好的电池产品。由于短期内电池的化学体系难以有突破性发展，因此从物理层面提升电池性能成为当前电池企业竞争的重点。多家企业都已经推出了新概念的电池包，通过优化电池成组方式，挖掘现有电池的潜力，从而实现更好的电池整体表现。

当前优化电池成组方式的最主要方式，就是将电池做大、尽量省略模组环节以提升电池包的空间和质量利用效率。当前最典型的技术为比亚迪的"刀片电池"与宁德时代的CTP电池包，见图17。

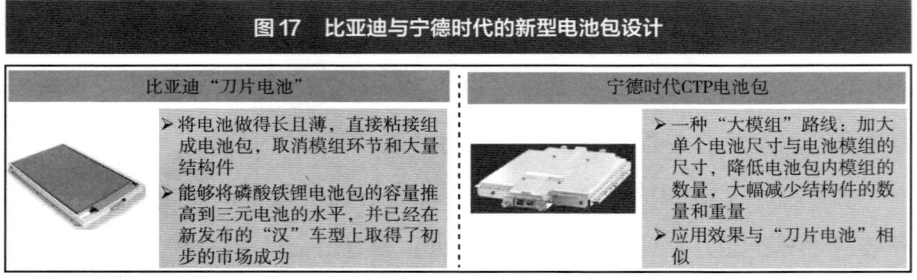

图17　比亚迪与宁德时代的新型电池包设计

资料来源：比亚迪、宁德时代。

其他的各家电池企业，也都推出了或即将推出自己的无模组或大模组电池包技术，但无论哪种技术，未来电池的尺寸都将越做越大。在这样一种趋势下，电池包设计的革新，会对电池内部的结构有所影响。电池内部极片的生产方式，有卷绕与叠片两种；电池的尺寸越大，卷绕的生产难度就越高，但对叠片技术就更加友好。因此，大尺寸电池的发展有望进一步提升叠片技术的重要性。

3. 电控系统可能迎来新一代电子元器件

当前的电控系统，主要使用IGBT类半导体器件，虽然仍存在一定进口依赖问题，但整体产品与技术已经趋于成熟。当前的IGBT类电控元件仍然存在尺寸与重量大、能量转换效率较低等问题，未来仍有改进空间。

目前已经出现的新一代产品，使用碳化硅 SiC 功率半导体器件替代 IGBT 器件，以实现更高的能量转化效率、更小的体积与更低的成本。

SiC 电控元器件已经在 Formula E 电动方程式赛车领域得到了实际应用并取得了良好成果。预计随着产业链逐步成熟，SiC 电控元器件也将在民用新能源汽车领域逐步成为主流选择，进一步提升新能源汽车的使用体验，并带来新一轮的产业链技术升级迭代。

4. 汽车智能化相关硬件产品将快速成长

智能化不是新能源汽车的专利，但新能源汽车是智能化最积极的推动者，并初步培养了消费者认知。例如特斯拉进入中国后，其超大中控屏、丰富车联网功能（车内 App 与车辆 OTA 升级）、对"自动驾驶"不遗余力的宣传与推广等，完成了对中国消费者的第一次大规模汽车智能化教育。紧随其后的国内造车新势力、自主品牌车企推出的新能源汽车产品，也均把智能化相关功能作为突出卖点进行宣传。特斯拉在世界范围内，成功将汽车的智能化与新能源汽车两个概念进行了初步绑定。根据德勤 2019 年发布的汽车消费者调研报告[①]，有 70% 的受访消费者期待创新科技在电动汽车上得到"最大程度应用"。

当前，汽车的智能化有三大重点领域：驾驶舱智能化、自动驾驶和车联网。这些新领域都需要全新一批硬件设备进行支持，包括高算力的车载电脑及其芯片、各类传感器与雷达、通信设备等。此类硬件早期较少应用于汽车领域，但随着汽车智能化成为行业明确的发展方向并且不断加速演进，此类计算与传感器硬件未来将成为重要性极高的汽车零部件。

---

① 《一场蓄势待发的商业变革——中国新能源汽车五大趋势分析与价值链定位模式和战略思考框架解读》，德勤，2019 年。

六 新能源汽车产业链投资机遇

当前全球范围的新能源汽车产业链仍处于发展初期，虽然已经出现了几家发展较快的龙头企业，但大部分供应链企业仍处于初创阶段，产业链仍然富有活力与变动性。

在新能源汽车产业链逐步发展成熟的过程中，有三种非常典型的企业成长模式，即特斯拉模式、独立自主模式与技术立身模式，它们分别具有不同的投资逻辑。

1. 特斯拉模式

特斯拉模式的含义是，国内供应商通过参与强势主机厂的供应链国产替代，实现自身技术水平与规模的成长。特斯拉作为新能源汽车领域最具有技术先进性与市场话语权的企业，凭借其技术与市场的强势地位以及高度激进的国产化进程，有望培育一批具有竞争力的国内供应商。

2019年12月30日特斯拉开始正式交付国产Model 3后，2020年在半年内就超越比亚迪成为国内销量最高的新能源汽车品牌。2020年初，Model 3的零部件国产化率为30%~40%，年末已提升至70%~80%，未来将实现100%国产化。特斯拉主要国内上市公司供应商见图18。

当前仅A股上市公司中，就有超过20家是特斯拉的供应商，在2020年实现了明显的市值提升。特斯拉的产品技术路线领先行业6~8年，在三电系统、汽车电子等方面具有诸多先进的设计理念，并且注重标准化、集成化。国内产业链企业通过为特斯拉提供配套，能够实现高效的技术与经验积累。特斯拉产业链中的供应商成熟后，可以为其他国内新能源汽车企业供应高品质零部件配套、加速产品创新，拉动整体行业竞争力的提升。

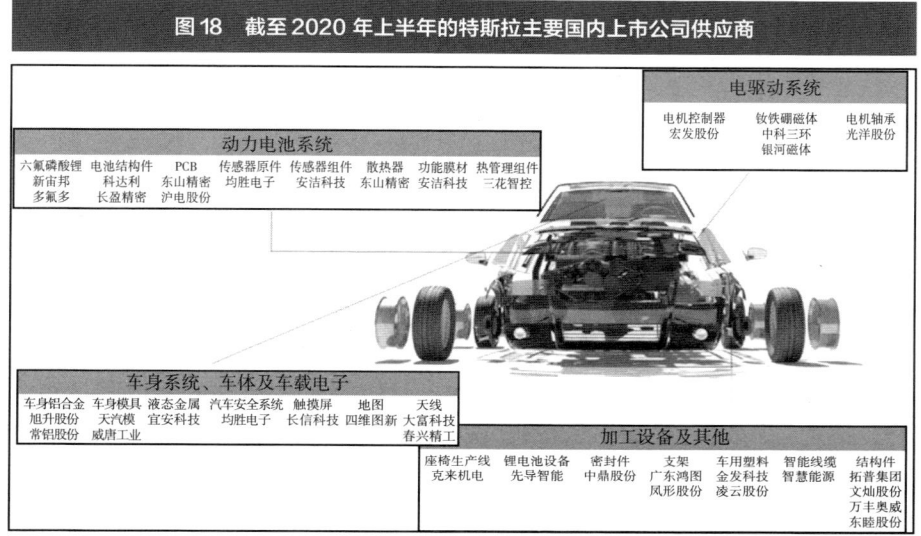

图18 截至2020年上半年的特斯拉主要国内上市公司供应商

资料来源：Wind。

从强势整机厂对供应链的影响的角度看，特斯拉与2010年的苹果高度相似。2010年之后，随着iPhone 4入华并开始国产，国内3C供应链从零起步，供应链的成熟是华为、OPPO、vivo、小米等手机企业成长的土壤。特斯拉在国内的快速扩张，也有望拉动一批核心供应商实现高速成长，进而提升行业整体实力，以服务于更多的新能源汽车企业。

2. 独立自主模式与技术立身模式

中国发展新能源汽车已经十余年，也已培育出了一批自主龙头车企与零部件企业，其中典型的就是比亚迪与宁德时代。

比亚迪采用纵向整合全产业链发展战略，是典型的独立自主模式，能够内部完成绝大部分新能源汽车核心零部件的研发与生产，并且达到了较为先进的水平。对于此类企业，围绕其业务发展，存在较多的企业分拆上市投资机遇。

比亚迪在内部孵化的零部件供应体系初步成熟后，开始推动其核心零部件业务分拆独立，并且已经先后分拆设立了5家不同业务的"弗迪系"子公司，未来将推动其单独上市。其中，比亚迪半导体已于2020年8月率先完成增资引战。

与比亚迪类似的企业，还有长城汽车、蔚来汽车等头部新能源车企，其均依托自身在整车领域的市场优势，发展了相关零部件企业，并有望未来实现相关资产的独立分拆上市。

宁德时代作为新能源行业另一家绝对龙头企业，依托技术积累快速成长，成为动力电池领域的绝对龙头，并引领行业发展。此类企业位于产业链最核心环节，具有极大的行业规模体量，作为行业龙头依然有持续成长的空间。即使自身发展已经较为成熟，但宁德时代依然在积极融资，2020年7月非公开发行募资近200亿元持续扩充产能。对于大体量细分领域中的技术领军企业，其持续成长过程中对资源的需求，将带来持续的投资机遇。

与电池行业高度相似的零部件领域是自动驾驶，二者均有较大市场潜力与较高技术门槛，未来有望涌现一批强势企业。目前各互联网巨头与初创企业，均在积极进行技术研发，争取抢占这一汽车全新竞争维度的领先优势。

3. 新能源汽车产业链投资维度总结

（1）技术迭代维度

新能源汽车，无论从整车还是零部件来看，都远未成熟和定型，仍然充满发展机遇。行业整体创新活跃、技术迭代快速，新企业快速涌现并完全有机会利用技术优势弯道超车。

（2）进口替代维度

新能源汽车的各个核心零部件均仍有较大进口替代空间，特别是技术门槛更高的 Tier 2 供应商。特斯拉与欧洲车企进行新能源汽车核心零部件进口替代的过程，将培育一批未来的强势供应商。

（3）供应商体系迭代维度

在行业发展的初期，具有技术优势或先发优势的供应商会抢占市场。但随着行业逐步成熟，部分产品布局更加合理、技术选择更加精准、品质和成本控制更加完善、与主机厂配合更加默契的供应商，存在后来居上的机遇。

（4）优秀企业持续成长维度

新能源汽车行业已经涌现了一批堪称巨头的优秀企业，其当下的规模虽然已经可观，但与新能源汽车巨大的发展潜力相比，仍然具有很大的成长空间。把握优秀企业随行业共同成长的机遇，仍然是重要的投资选项之一。

中国风电行业发展特点和投资趋势

袁春健

一 全球风电发展情况

风电产业已经成为发展最快的新能源行业之一。基于可持续发展及环保的诉求，结合成本竞争力的提高，2017年全球可再生能源投资占电力行业总投资的比例超过2/3，未来可再生能源在电力行业的份额仍将继续上升。2018年英国陆海风力发电已经占到其总发电量的17%，计划到2030年时其70%的电力来自低碳能源，其中1/3的电力将来自海上风电；美国则提出到2030年20%的电力供应将由风电提供的目标。

全球风电保持稳定发展势头。全世界风能总量约1300亿千瓦，其中可利用的风能为200亿千瓦。目前，全球风电行业主要分布在美国、欧洲以及中国等地区，2013~2019年风电发电量由3.19亿千瓦增加至6.5亿千瓦，年化增长率为12.6%。根据全球风能理事会的预测，到2022年全球风电累计装机容量将达到840吉瓦。

我国风电保有量全球第一。我国风电新增装机容量的持续提升使得我国在风电累计装机容量上已超越欧盟，成为全球风电累计装机容量最大的地区。根据全球风能理事会（GWEC）发布的《全球风电发展报告》，我国风电累计装机容量以230吉瓦陆上风电和6.7吉瓦海上风电居世界首位，占比超过35%，见图1和图2。

全球风机市场集中度较高，以2019年全球风机新增装机量为例，前8大供应商占据全球约80%的市场份额，其中有半数为中国企业，见图3。

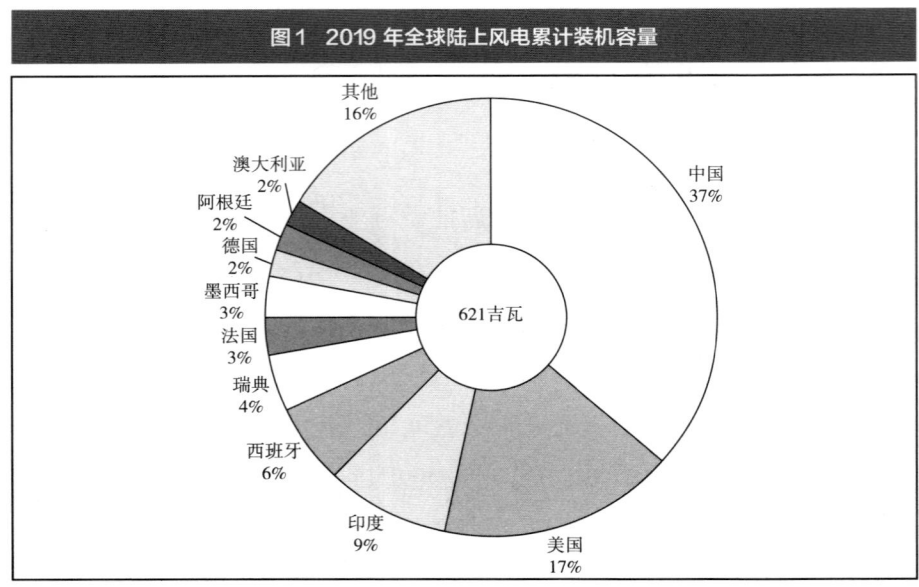

图1 2019年全球陆上风电累计装机容量

资料来源：GWEC。

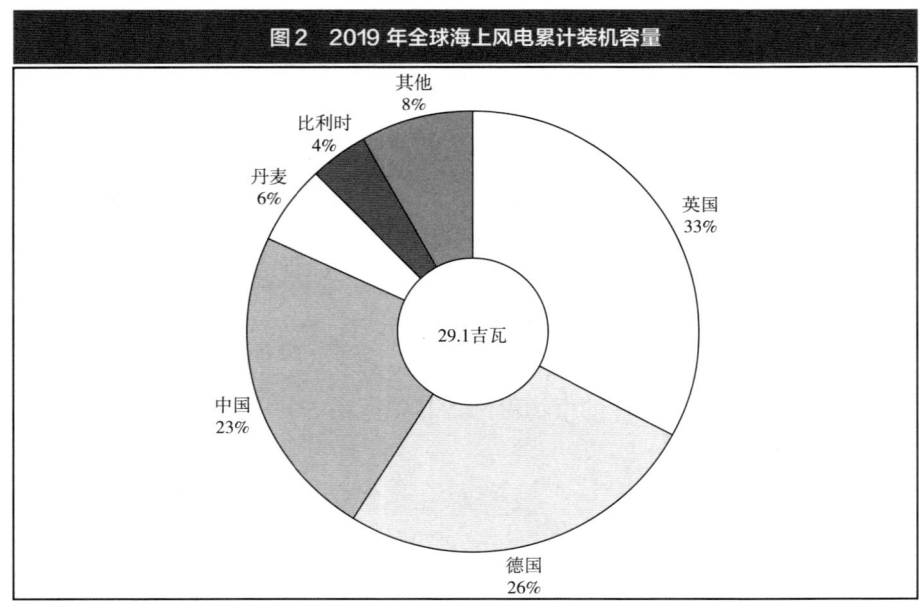

图2 2019年全球海上风电累计装机容量

资料来源：GWEC。

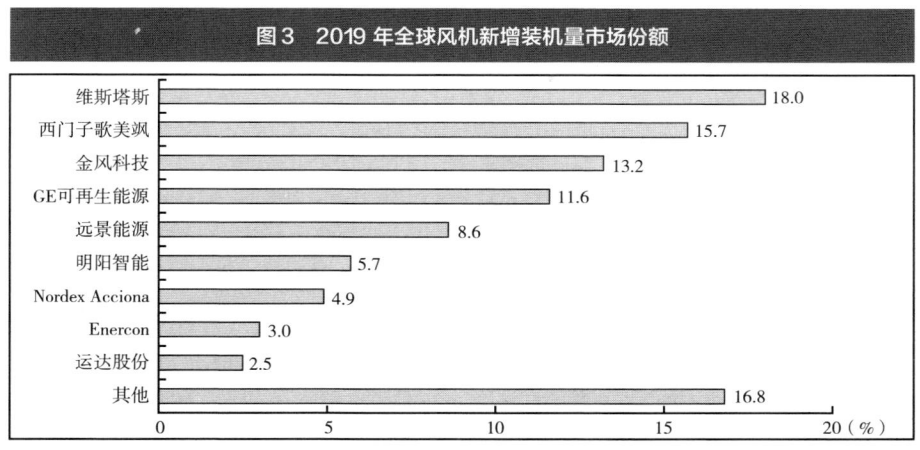

图3 2019年全球风机新增装机量市场份额

资料来源：国际可再生能源机构（IRENA）。

二 中国风电发展情况

（一）中国电力结构

风电发电量排名第三（5.54%）。2019年，全年全社会用电量7.23万亿千瓦时，比2018年增长4.5%。其中，火电占主导地位，占比68.87%，水电、风电、核电和太阳能发电量占比分别为17.77%、5.54%、4.76%和3.06%，见图4。其中，水电、核电、并网风电和并网太阳能发电分别比2018年增长5.7%、18.2%、10.9%和26.5%。

风电装机容量排名第三（10.4%）。截至2019年底，全国全口径发电装机容量20.1亿千瓦，同比增长5.8%。分类型看，火电11.9亿千瓦、水电3.6亿千瓦、核电4874万千瓦、并网风电2.1亿千瓦、并网太阳能发电2.0亿千瓦。

风电装机量增速排名第二（12.26%）。2019年，全国基建新增发电装

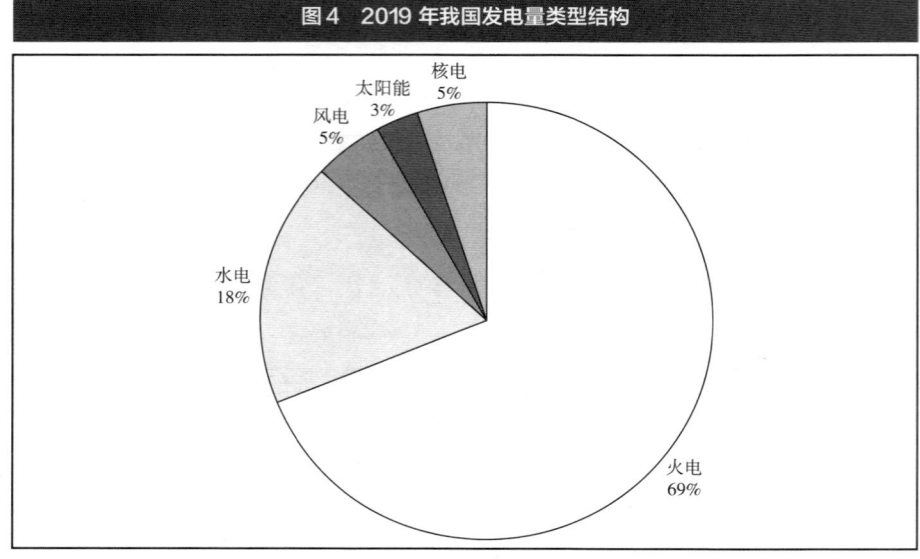

图4 2019年我国发电量类型结构

资料来源：中闽能源年报。

机容量10173万千瓦，其中水电417万千瓦、火电4092万千瓦、核电409万千瓦、风电2574万千瓦、太阳能发电2681万千瓦，同比增速分别为1.16%、3.43%、8.39%、12.26%和13.4%。

非化石能源发电量规划比重接近一半。2016~2018年，全国发电装机增速逐年放缓，火电装机增速2016年以来明显放缓，水电装机增速2014年以来呈下降趋势。根据国家发展改革委、国家能源局公布的《能源生产和消费革命战略（2016－2030）》，到2030年非化石能源发电量占全部发电量的比重将力争达到50%。

（二）中国风电基本情况

1. 风电产业链

风电产业链由下自上依次为风电运营商、整机制造商、零部件供应商，见图5；通常运营商招标时会将整机与风塔分开招标，打包招标的情况较少。

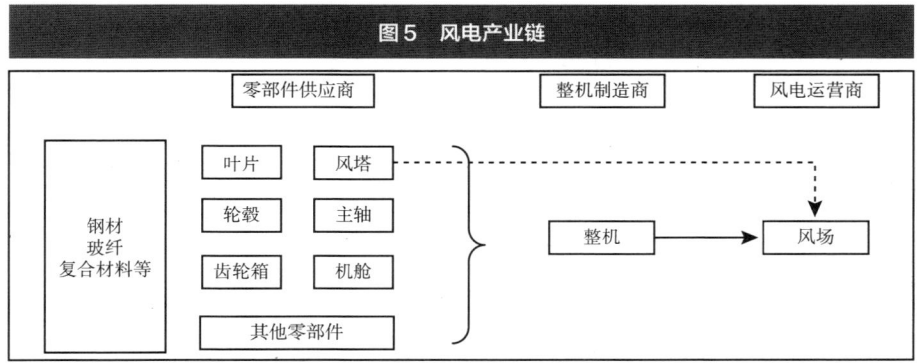

资料来源：券商研报。

2. 风机发展情况

2008～2019年，我国风电累计总装机容量从838万千瓦增至21005万千瓦，风电装机占全部发电装机的10.4%，累计装机容量的年复合增长率为34%。

2019年风电发电量为4057亿千瓦时，首次突破4000亿千瓦时，占全部发电量的5.54%。2019年，全国风电新增并网装机2574万千瓦，其中陆上风电新增装机2376万千瓦，海上风电新增装机198万千瓦，陆上风电累计装机2.04亿千瓦，海上风电累计装机593万千瓦。

国内风机新增组装机容量随着政策呈现波动上涨的态势。上一轮政策高点出现在2015年，新增2961万千瓦；本轮高点预计在2020～2021年，预计新增超过3500万千瓦，CAGR约为18%，见图6。

风机在风电站建设中成本最大，陆上风电的风机成本占总成本的50%～60%，海上风电由于上装更加复杂，因此风机成本占到总成本的35%～45%，见图7。

2017～2019年国内风机市场前五大供应商集中度约为75%，集中度逐年提升。前三大厂商地位稳固，分别为金风科技、远景能源和明阳智能，见图8。

资料来源：Wind，明阳智能。

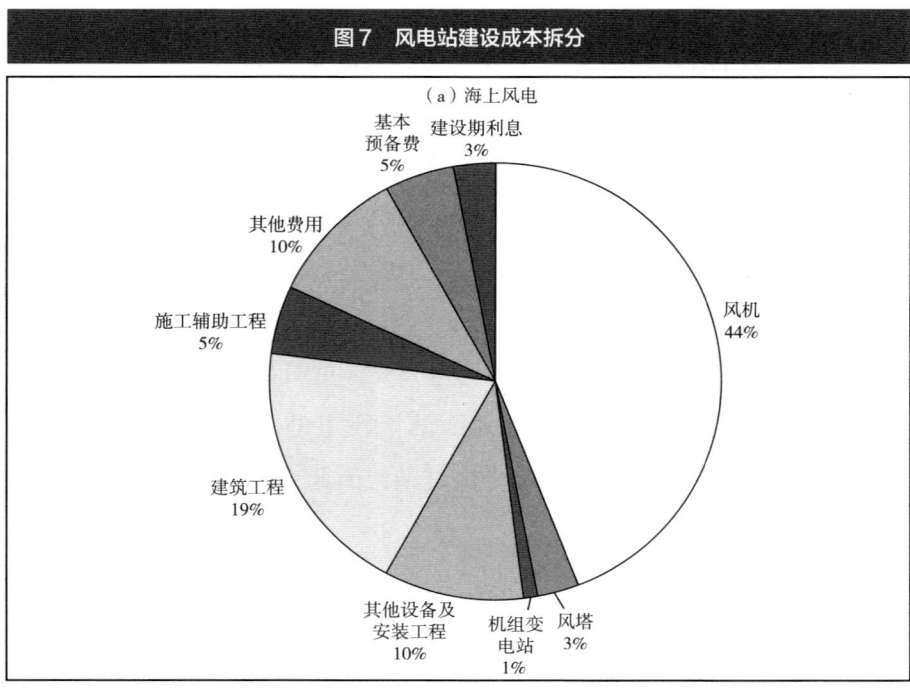

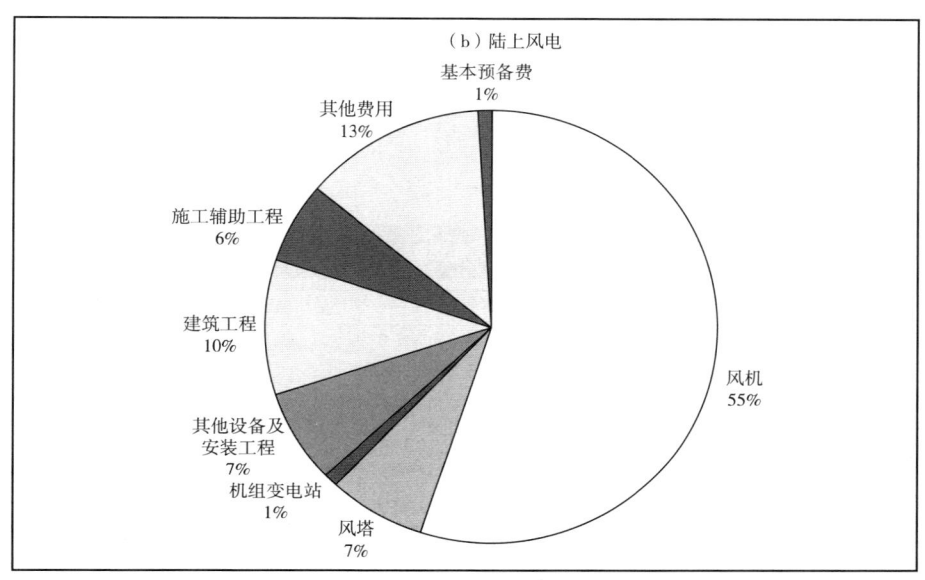

注：以福建某陆上风电和某海上风电为例。
资料来源：Wind，明阳智能。

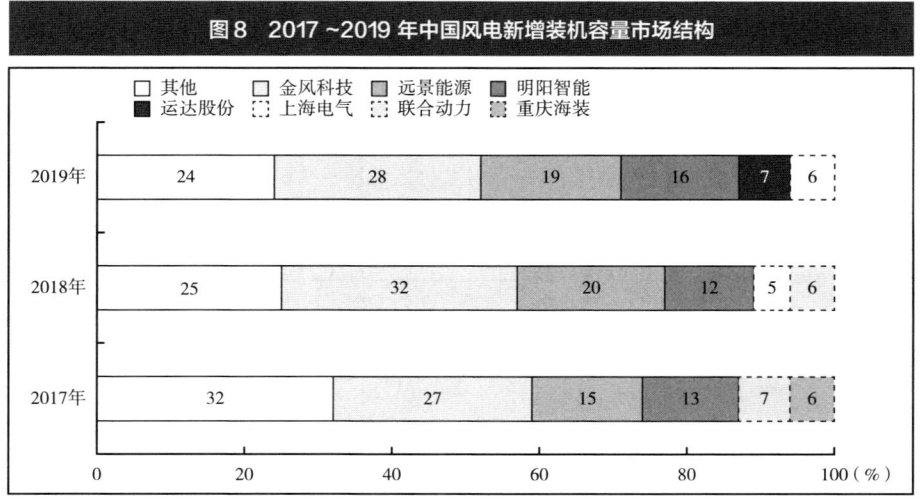

图8　2017~2019年中国风电新增装机容量市场结构

资料来源：IRENA。

3.《风电发展"十三五"规划》

发展目标（基本达成）：到2020年底，风电累计并网装机容量确保达到2.1亿千瓦以上，较2017年底装机容量增长超过30%，其中海上风电并网装机容量达到500万千瓦以上；风电年发电量确保达到4200亿千瓦时，较2017年增长37.4%，约占全国总发电量的6%，占比提高1.24个百分点，见图9。

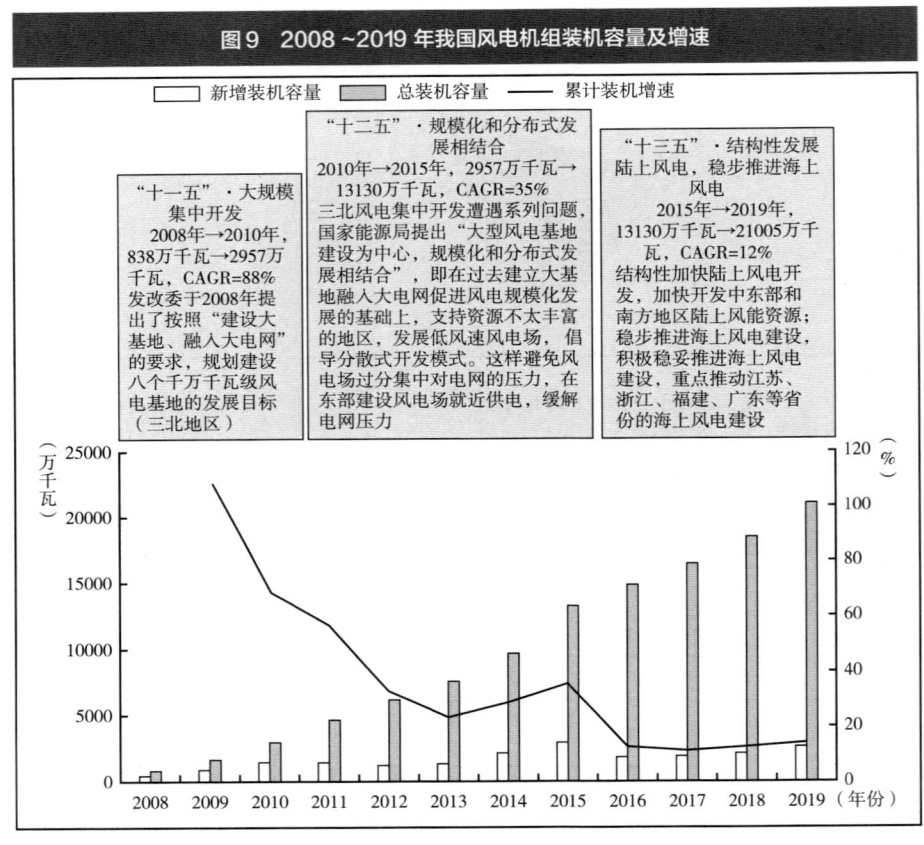

资料来源：Wind。

结构性加快陆上风电开发：加快开发中东部和南方地区陆上风能资源，到2020年，中东部和南方地区陆上风电新增并网装机容量达到4200万千瓦以上，累计并网装机容量达到7000万千瓦以上。

稳步推进海上风电建设：积极稳妥推进海上风电建设，重点推动江苏、浙江、福建、广东等省份的海上风电建设，到2020年四省海上风电开工建设规模均达到百万千瓦以上。到2020年,全国海上风电开工建设规模达到1000万千瓦,力争累计并网容量达到500万千瓦以上。

4. "十四五"阶段国内风电有望继续高速发展

非化石能源占比提升将成为"十四五"规划的核心指引:2015年11月30日,在第21届联合国气候变化大会开幕式上,国家主席习近平亦做出公开承诺,2030年我国非化石能源占一次能源消费比重将提高到20%左右。2020年目标为15%（2019年基本达标,见图10）,至2050年该比重有望达到50%。

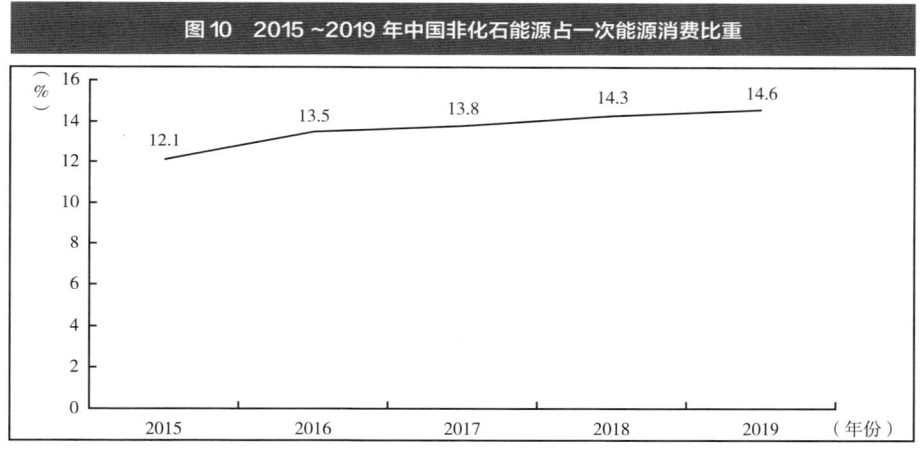

图10　2015~2019年中国非化石能源占一次能源消费比重

资料来源:国家能源局。

可再生能源配额制成为各省份发展新能源发电的驱动力:根据国家发改委、国家能源局《关于实行可再生能源电力配额制的通知》,对各省级行政区域设定电力消费可再生能源比重配额及考核指标,并于每年3月滚动下达当年配额指标。

"十四五"风电在用电端有望实现翻倍增长:基于国家能源局相关数据的估算,折合标准煤来测算风电、光伏发电在一次能源中的占比,考虑到水电已经开发91%,在日本福岛核泄漏之后中央对核电的谨慎态度,至"十四五"末,风电在用电端占比有望实现翻倍增长。

三 中国风电行业发展特点

风电装机主要集中在风力资源较好的"三北"地区。截至2019年末，我国风电装机容量超过1000万千瓦的省份共8个，其中内蒙古累计装机容量最高；新疆、河北、山东分别位列第二至第四，见图11。

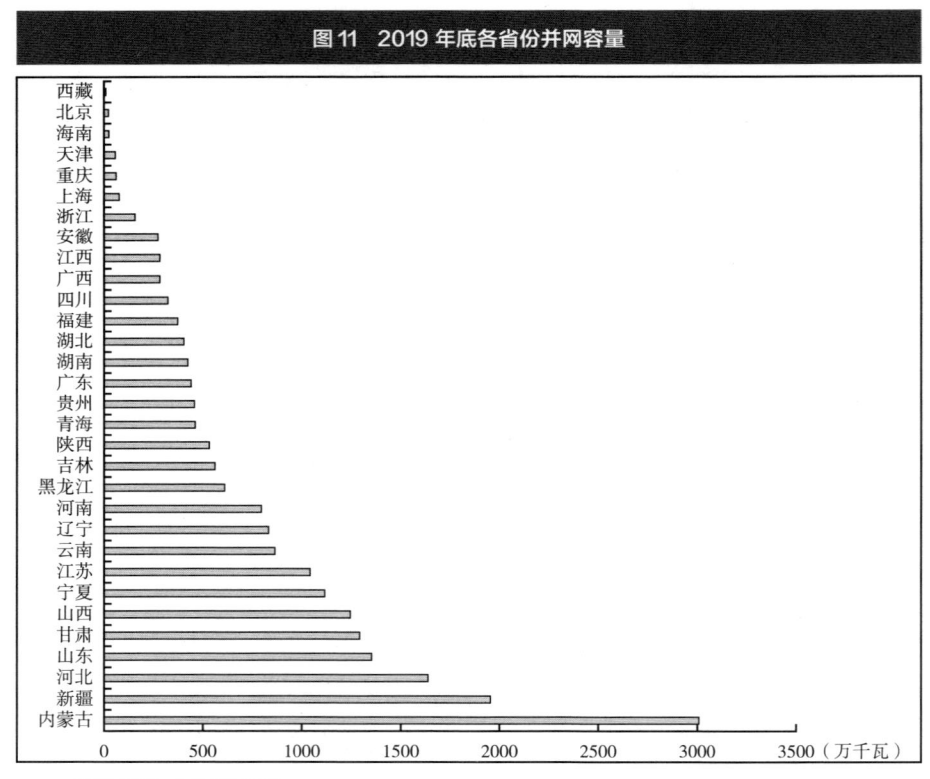

图11　2019年底各省份并网容量

资料来源：国家能源局。

弃风情况主要发生在经济状况较差的北部省份。我国风电主要集中在风力资源较好的"三北"地区，但当地消纳能力不足、外送能力有限，导致当地弃风限电情况较为严重。2019年全国平均弃风率约为4%，弃风率超过5%的地区是新疆（弃风率14.0%）、甘肃（弃风率7.6%）、内蒙古

（弃风率7.1%），见图12。三省份弃风电量占全国弃风电量的81%，弃风电量合计136亿千瓦时。

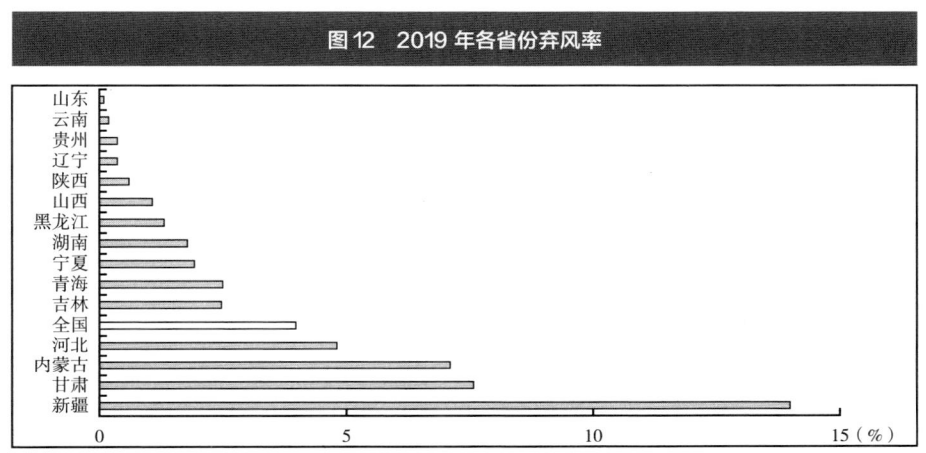

图12　2019年各省份弃风率

资料来源：国家能源局。

各省份风电利用小时数差异较大。2019年，全国风电平均利用小时数为2082小时，利用小时数最高的省份的利用时长几乎是利用小时数最低的省份的2倍。风电平均利用小时数较高的地区是云南（2808小时）、福建（2639小时）、四川（2553小时）、广西（2385小时）和黑龙江（2323小时）。利用小时数较低的分别是河南（1480小时）、广东（1612小时）、海南（1645小时）、青海（1743小时）和甘肃（1787小时），见图13。

（一）政策推动2015年迎来抢装潮，使得"十二五"末期弃风率节节攀升

根据《国家发展改革委关于适当调整陆上风电标杆上网电价的通知》，对于2015年新核准的项目以及2015年1月1日前核准但于2016年1月1日以后投运的陆上风电项目，第Ⅰ类、第Ⅱ类和第Ⅲ类资源区风电标杆上

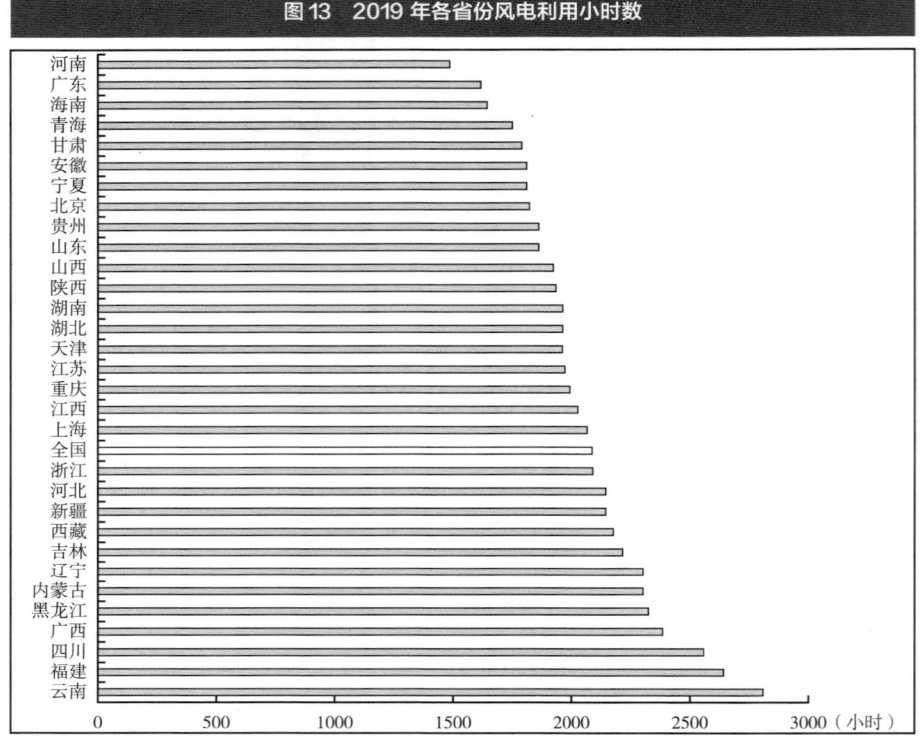

资料来源：国家能源局。

网电价每千瓦时降低2分钱，调整后的标杆上网电价分别为每千瓦时0.49元、0.52元、0.56元；第Ⅳ类资源区风电标杆上网电价维持现行每千瓦时0.61元价格水平。

政策推动Ⅰ～Ⅲ类资源区迎来抢装潮，2015年，新疆、甘肃、宁夏、内蒙古、黑龙江、吉林六省份新增装机约占2015年全国新增装机的一半。由于消纳能力有限，抢装导致的供给端大幅增长推升了相关省份的弃风率，也推升了全国平均弃风率。

（二）弃风率的攀升直接导致"十三五"期间政策监管趋严，推动弃风率下降

2016年7月，国家能源局发布《关于建立监测预警机制促进风电产业

持续健康发展的通知》，风电投资监测预警机制正式启动。按照该机制，风电平均利用小时数低于地区设定的最低保障性收购小时数的，风险预警结果将直接定为红色预警；发布年前一年度弃风率超20%的地区，风险预警结果将为橙色或橙色以上。

对于红色预警省份，要求不得核准建设新的风电项目，电网企业不得受理红色预警省份风电项目的新增并网申请，派出机构不再对红色预警省份新建风电项目发放新的发电业务许可证。预警结果为橙色，表示风电开发投资具有一定风险，国家能源局原则上在发布预警结果的当年不下达年度开发建设规模。

（三）新疆、甘肃等省份弃风率有望进一步下降，2020年全国平均弃风率在5%以内

2017年以来，受益于红色预警机制控制新增供给，以及外送通道建设等措施，"三北"地区弃风问题明显改善。

另外，国资委发布《中央企业煤电资源区域整合试点方案》，将甘肃、陕西、新疆、青海、宁夏列入试点区域，优化煤电产能结构，产能压降1/4~1/3，给新能源发电提供空间。

（四）根据"十三五"风电规划的精神，风电新增装机往Ⅳ类资源区和海上风电转移

近年来国内新增风电装机已经明显向Ⅳ类资源区转移，Ⅳ类资源区2018年新增装机占比达到84%（见图14），将成为新一轮抢装的主战场，而Ⅳ类资源区具有相对较好的消纳能力。

沿海省份对于海上风电的重视程度都比较高。海上风电的发展区域主要位于东部沿海，与用电负荷中心相匹配，东部沿海五个省份都属于电力净输入省，存在省内建设电源的需求。

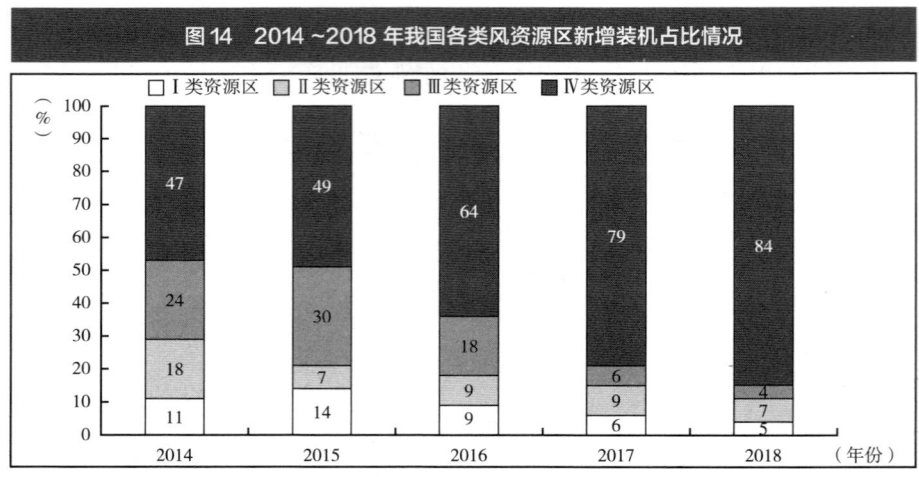

资料来源：国家能源局，CWEA。

四 风电行业相关政策指引

（一）风电项目审核流程

集中式风电核心能力需求：政府关系（中央部委、地方政府）、资金实力、工程管理能力（造价和工艺）。

国内风电项目从规划阶段到获得核准，大部分需要 2 年的时间。陆上风电施工建设周期一般需要 12~18 个月，海上风电施工建设周期一般需要 2~3 年。

1. 规划阶段

在进行风电场宏观选址后、开展前期工作前，根据风电场开发范围，与市（县、区、镇）级人民政府签订《风电项目开发协议》。

2. 前期阶段

（1）风电项目开发企业开展前期工作之前应向省级以上政府能源主管部门提出开展风电场项目开发前期工作的申请。按照项目核准权限划分，

5万千瓦及以上项目开发前期工作申请由省级政府能源主管部门受理后，上报国务院能源主管部门批复。企业取得主管部门出具的开展前期工作的批复后，方可开展项目可行性研究。

（2）前期工作包括选址测风、风能资源评价、建设条件论证、风电场工程规划、项目开发申请、可行性研究和项目核准前的各项准备工作。

3. 核准阶段

（1）取得各类审批文件。①项目列入全国或所在省（区、市）风电场工程建设规划及年度开发计划的依据文件；②项目开发前期工作批复文件，或项目特许权协议，或特许权项目中标通知书；③项目可行性研究报告及其技术审查意见；④土地管理部门出具的关于项目用地的预审意见；⑤环境保护管理部门出具的环境影响评价批复意见；⑥安全生产监督管理部门出具的风电场工程安全预评价报告备案函；⑦电网企业出具的关于风电场接入电网运行的意见，或省级以上政府能源主管部门关于项目接入电网的协调意见；⑧金融机构同意给予项目融资贷款的文件；⑨根据有关法律法规应提交的其他文件。

（2）办理项目核准。风电场工程项目按照国务院规定的项目核准管理权限，分别由国务院投资主管部门和省级政府投资主管部门核准。由国务院投资主管部门核准的风电场工程项目，经所在地省级政府能源主管部门对项目申请报告初审后，按项目核准程序，上报国务院投资主管部门核准。项目单位属于中央企业的，所属集团公司需同时向国务院投资主管部门报送项目核准申请（福建和黑龙江的风电项目均由省发改委在国家建设规划及年度开发指导规模内进行核准）。

4. 开工建设

风电场工程项目须经过核准后方可开工建设。项目核准后2年内不开工建设的，项目原核准机构可按照规定收回项目。风电场工程开工以第一台风电机组基础施工为标志。

综上，我国风电项目审核流程如图15所示。

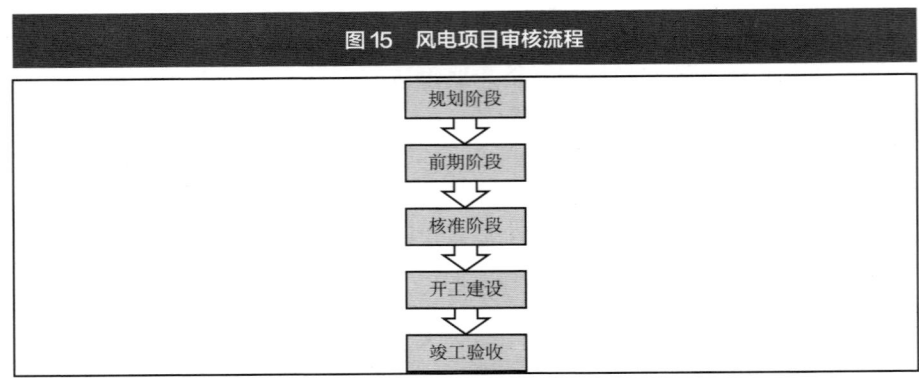

图15 风电项目审核流程

资料来源：国家发改委。

（二）风电定价机制

国家发改委2019年5月发布了《关于完善风电上网电价政策的通知》。

陆上风电：对于2018年底之前核准的陆上风电项目，2020年底前完成并网的，按照核准年份的标杆电价并网，2020年底前仍未完成并网的，国家不再补贴；2019年1月1日至2020年底前核准的陆上风电项目，按照不高于指导电价竞价上网，2021年底前仍未完成并网的，国家不再补贴；2021年新核准的陆上风电项目全面平价上网，国家不再补贴，见表1。

表1 陆上风电上网电价（元/千瓦时）

资源区分类	执行标杆电价（需2020年底前并网，否则无补贴）			不高于指导电价（竞价并网，不得超过指导电价）		平价上网
	2015年	2016~2017年	2018年	2019年	2020年(不低于煤电标杆电价)	2021年
Ⅰ类资源区	0.49	0.47	0.40	0.34	0.29	平价上网（与火电水电持平）
Ⅱ类资源区	0.52	0.50	0.45	0.39	0.34	
Ⅲ类资源区	0.56	0.54	0.49	0.43	0.38	
Ⅳ类资源区	0.61	0.60	0.57	0.52	0.47	

注：1. 风电上网电价在当地燃煤机组标杆上网电价（含脱硫、脱硝、除尘电价）以内的部分，由当地省级电网结算，高出部分由国家可再生能源发展基金予以补贴；2. 指导价低于当地燃煤机组标杆上网电价（含脱硫、脱硝、除尘电价）的地区，以燃煤机组标杆上网电价为指导价。

资料来源：国家发改委。

海上风电：对于 2018 年底前已核准的海上风电项目，如在 2021 年底前全部机组完成并网，执行核准时的上网电价，如在 2022 年及以后全部机组完成并网，执行并网年份的指导价；2019 年新核准的符合规划、纳入财政补贴年度规模管理的近海风电指导价调整为每千瓦时 0.8 元，2020 年核准的调整为每千瓦时 0.75 元；新核准近海风电项目通过竞争方式确定的上网电价，不得高于上述指导价，见表 2。

表 2 海上风电上网电价 （元/千瓦时）

地区	执行标杆电价(需2021年底全部并网，否则竞价并网)	指导电价(竞价并网，不得超过指导电价)		
	2014~2018 年	2019 年	2020 年	2021 年
近海	0.85	0.80	0.75	不高于当年指导价
潮间带	0.75	不高于项目所在资源区陆上风电指导价		

注：1. 风电上网电价在当地燃煤机组标杆上网电价（含脱硫、脱硝、除尘电价）以内的部分，由当地省级电网结算，高出部分由国家可再生能源发展基金予以补贴；2. 指导价低于当地燃煤机组标杆上网电价（含脱硫、脱硝、除尘电价）的地区，以燃煤机组标杆上网电价为指导价。

资料来源：国家发改委。

（三）电价结算模式

结算模式：上网电价由燃煤机组标杆电价和可再生能源补贴两部分构成，在进行结算的时候，电网公司先结算以燃煤机组标杆电价计算的上网电费，可再生能源补贴部分的上网电费待国家相关部门审批拨付后，通过电网公司支付给发电企业。可再生能源补贴申请和结算的具体流程见图 16。

结算周期：燃煤机组标杆电价，由电网公司按月结算；补贴电价，收款周期一般为 1~1.5 年，存在 2 年收回的少数情况。但是从会计确认依据来看，风电项目开发企业在电力供应至电厂所在地的电网公司的时点确认电价补贴收入。

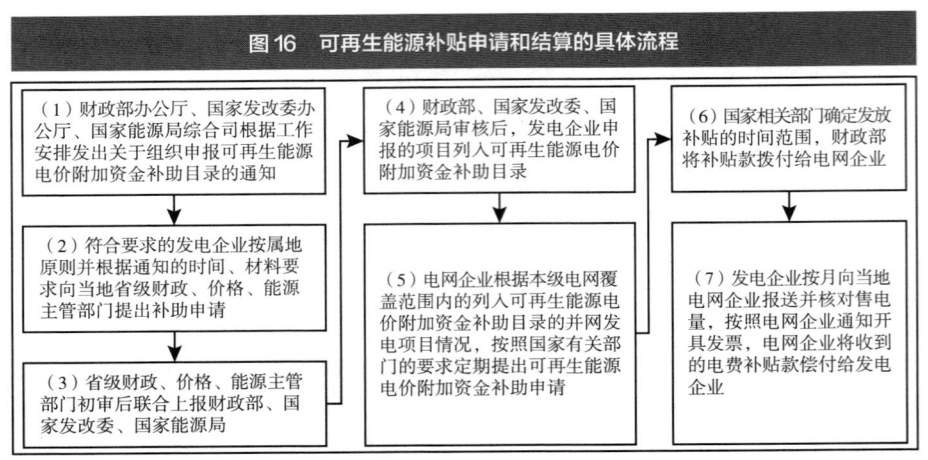

图16 可再生能源补贴申请和结算的具体流程

（四）风电最低保障性收购政策

《可再生能源法》。国家实行可再生能源发电全额保障性收购制度，对按照规划建设的可再生能源发电项目所发电量，符合并网技术标准的，电网企业应当全额收购。

《可再生能源发电全额保障性收购管理办法》。①不存在限制可再生能源发电情况的地区，电网企业应根据其资源条件保障可再生能源并网发电项目发电量全额收购。②国家能源局和国家发改委对可再生能源发电受限地区，核定各类可再生能源并网发电项目保障性收购年利用小时数并予以公布，当地电网应承担可再生能源保障性收购的主体责任，电价按照可再生能源上网标杆电价执行。③超出保障性小时数的发电量参与市场交易，电价为市场交易价格加上当地可再生能源电价补贴，鼓励通过市场化手段实现市场交易电量上网，促进可再生能源发展。风电重点地区最低保障收购年利用小时数核定情况见表3。

表3 风电重点地区最低保障收购年利用小时数核定

风能资源区	地域分布	保障性收购利用小时数
Ⅰ类	内蒙古自治区除赤峰市、通辽市、兴安盟、呼伦贝尔市以外的其他地区	2000
	新疆维吾尔自治区乌鲁木齐市、伊犁哈萨克自治州、克拉玛依市、石河子市	1900
Ⅱ类	内蒙古自治区赤峰市、通辽市、兴安盟、呼伦贝尔市	1900
	河北省张家口市	2000
	甘肃省嘉峪关市、酒泉市	1800
Ⅲ类	甘肃省除嘉峪关市、酒泉市以外的其他地区	1800
	新疆维吾尔自治区除乌鲁木齐市、伊犁哈萨克自治州、克拉玛依市、石河子市以外的其他地区	1800
	吉林省白城市、松原市	1800
	黑龙江省鸡西市、双鸭山市、七台河市、绥化市、伊春市、大兴安岭地区	1900
Ⅳ类	宁夏回族自治区	1850
	黑龙江省其他地区	1850
	吉林省其他地区	1800
	辽宁省	1850
	山西省忻州市、朔州市、大同市	1900

资料来源：国家发改委，国家能源局。

（五）风电市场化售电政策

1. 高层精神

习近平指出，要加快电力市场建设，大幅提高市场化交易比重。李克强提到，要继续有序放开发用电计划，加快推进电力市场化交易，完善直接交易机制。

2. 部委文件

国家发改委和国家能源局于2018年7月出台了《关于积极推进电力市场化交易 进一步完善交易机制的通知》，明确要求，各地进一步扩大市场化交易电量规模,在发电方面,加快放开煤电,有序推进水电、风电、太阳能发电、核电、分布式发电参与交易。

3. 省级政策

(1) 福建省:福建省经信委、能源监管办、物价局于 2017 年 7 月下发《关于印发进一步优化全省清洁能源运行调度实施方案(试行)的通知》,文件提到,年度发电计划分为执行政府定价部分和市场化方式形成价格部分,其中执行政府定价部分的电量作为基数电量,通过市场化方式形成价格的电量作为市场电量。参照国家风电重点地区最高保障利用小时,统调陆上风电场以 2100 小时为基数利用小时。

2020 年福建省印发《福建省电力市场中长期交易规则》,规定发电企业实际售电价格 = 交易价格(折算售电价格)- 燃煤机组基准价 + 参与交易机组政府核定上网电价。

福建省工信厅每年年底发布来年的《电力市场交易方案的通知》,2020 年对风电市场化交易电量的要求为省调统调陆上风电:全年市场电量为 12 亿千瓦时。

(2) 黑龙江省:根据黑龙江省工信厅、物价监督管理局发布的《关于推进风电、光伏等清洁能源参与市场交易工作的意见的通知》,在风电场、光伏电站年度优先发电量及参与市场交易电量之外的发电上网电量按照市场交易中最低成交价格统一全额收购。

五 中国风电行业趋势

(一)2020~2021年迎来抢装潮

在电价下调预期之下,2018 年,国内风电项目呈现明显的抢核准。2019~2021 年,国内风电将迎来抢装潮。

以Ⅳ类资源区的陆上风电为例，目前各省的煤电标杆电价都在 0.45 元/千瓦时以下，如果 2018 年底前核准的项目不能按期并网，意味着上网电价的下降幅度将达到 20% 以上。

2019 年，中国大陆风电市场公开招标量达 68.38 吉瓦，显著高于 2018 年的 33.50 吉瓦、2017 年的 27.20 吉瓦（见图 17），2019 年陆上、海上风电市场公开招标量分别为 52.17 吉瓦、16.21 吉瓦，分别是 2018 年的近 2 倍、逾 3 倍。2019 年和 2020 年核准的陆上风电项目，如果无法在 2021 年底前并网，将无法享受补贴。

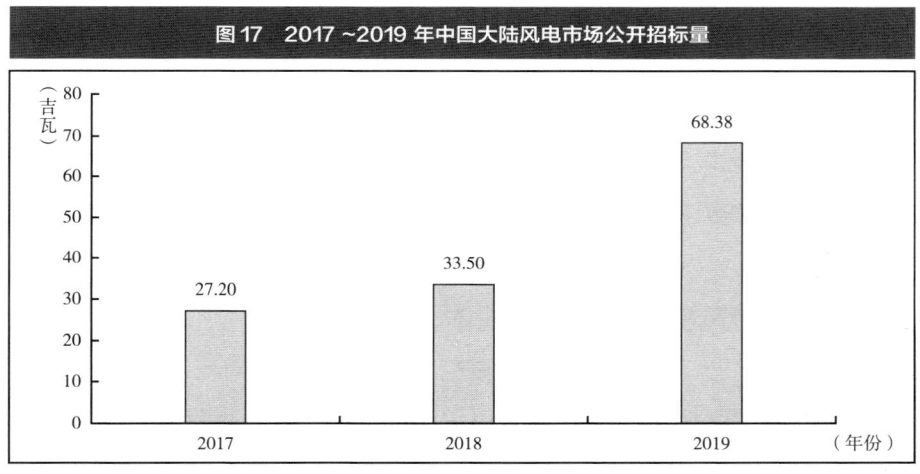

图 17　2017~2019 年中国大陆风电市场公开招标量

据统计，截至 2019 年上半年，国内在建和已核准待建的海上风电项目规模超过 50 吉瓦，这些项目只有在 2021 年底前全容量并网才能锁定核准时的标杆电价，预计 2019~2021 年国内海上风电新增装机持续增长，2021 年新增装机规模有望达 5 吉瓦，处于历史高位。

（二）建设成本逐步降低

经过十多年的发展，风电设计和建设经验逐步累积，国内风电建设单位成本整体呈下降趋势，风机建设单价从 2009 年的 8000 元/千瓦下降至 2018

年的约3000元/千瓦；2019年上半年，在政策和市场双重刺激下，低迷已久的风机价格一路上涨，从3000元/千瓦快速增长到4000元/千瓦以上。

根据多家上市公司披露的项目信息，陆上风电项目造价一般为7000元/千瓦左右，部分平价示范项目的建设成本则更低；根据水电总院的数据，海上风电已投产项目平均投资额约为1.57万元/千瓦，主要位于江苏省海域，海上风电投资额目前大多为1.4万~1.8万元/千瓦。

结合产能、政策等因素，预计2020~2021年平均建设成本将呈现上涨，2022~2023年，平均建设成本将出现下降。根据水电总院的研究，预计未来4~5年，海上风电工程投资造价将下降16%左右，单位投资将降至1.3万~1.5万元/千瓦。

风电投资成本降低主要路径：①集中连片规模化开发；②风电机组性能提升，根据区域风力特点做好机组选型和布置优化；③勘察、设计、施工技术创新与能力提升；④行业发展阶段进入成熟期，市场回归理性。

（三）大容量风机能降低整体成本，将加大应用

大功率风机替代小功率风机有以下好处，预计近几年将有更多大功率风机实现吊装。

能减少单位功率投资额。如在大型陆上风电场用5兆瓦风机替代2.5兆瓦风机，在海上（尤其远海）风电场用12兆瓦风机替代6兆瓦风机，可以将风机、塔筒的数量减少一半，尽管大容量风机及配套塔筒的单价有一定上浮，但整体塔筒投资、风机吊装费用和维护费用，以及在配电系统方面的投入，有望得到一定缩减。

能提高发电量，降低度电成本。2020年初上海电气8兆瓦海上风机完成吊装，成为国内完成吊装单机功率最大的海上风机。8兆瓦相比7兆瓦海上风机，发电量提高约20%，度电成本下降约11%。

近三年来，欧洲新中标的海上风电机组都在6.5兆瓦以上，2018年安

装的机组最大单机容量为8.8兆瓦。主要设备制造企业正加快大容量海上机组的研发和商业化应用,西门子7兆瓦机组已实现商业化应用,维斯塔斯已实现批量生产9.5兆瓦机组,最大单机的GE Haliade-X 12兆瓦正进行样机安装,计划在2021年实现批量化生产。

（四）陆上风电向平价上网发展

政策保障：国家发改委和国家能源局要求,确保平价上网项目优先发电和全额保障性收购；平价大基地项目还将从土地政策方面得到支持,同时鼓励设备厂商参与后服务市场,增加收入。

技术进步：增加发电量,增大扫风面积,优化高塔筒方案,控制策略优化；降低非风机成本,新材料/工艺；降低风机成本,增大单机功率,规模效应,降低运维费用。

政策已经明确,2021年及以后新核准的陆上风电项目不再给予补贴,平价上网成为行业发展方向。

平价试点：自2017年起,监管层已经开始着力推动风电平价。2017年8月,国家能源局下发《关于公布风电平价上网示范项目的通知》,河北、黑龙江、甘肃、宁夏、新疆相关省（区）总规模70.7万千瓦的项目纳入试点范围,上网电价按当地煤电标杆上网电价执行。

2019年8月,中核玉门黑崖子5万千瓦风电平价上网示范项目成为全国首个建成并网发电的平价风电示范项目。据报道,该项目全部投资IRR能够达到8%以上。

平价上网项目申报速度加快：2019年5月和2020年8月,国家发改委和国家能源局已公布两批风电平价上网项目,容量分别为4.51吉瓦和11.4吉瓦。

"三北"地区平价基地：基于大风机技术的快速发展以及平价项目优先发电等政策支持,以内蒙古为代表的"三北"地区平价风电基地商业模式涌现,"三北"地区平价资源成为大型能源央企争夺的目标,中广核、国家电投、华能、大唐等央企均已着手布局。已核准项目近 35 吉瓦，待核准 5 吉瓦。

常规平价项目：2019 年 5 月，国家发改委和国家能源局综合司发布《关于公布 2019 年第一批风电、光伏发电平价上网项目的通知》，风电平价项目规模约 450 万千瓦，其中河南、山东、湖南、广东等中东南部地区均有风电项目入选，见图 18。通知要求，地方政府相关部门及电网公司确保平价上网项目优先发电和全额保障性收购。

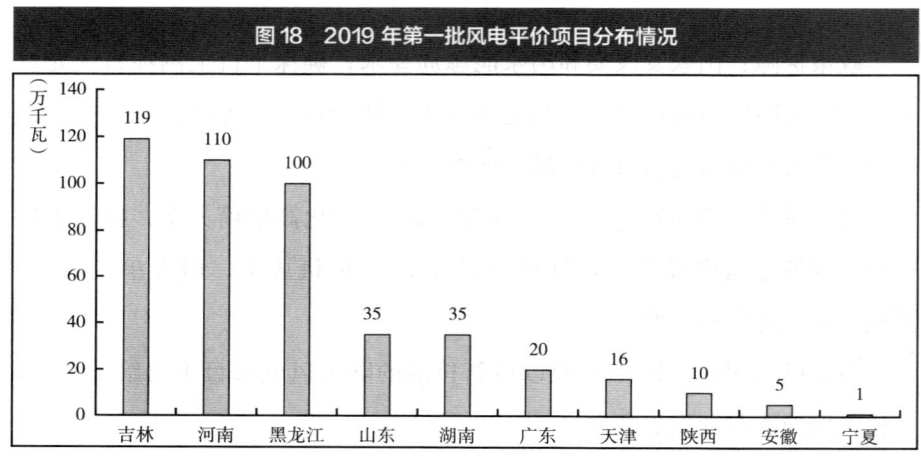

图 18　2019 年第一批风电平价项目分布情况

资料来源：国家能源局，天津发改委，重庆发改委，明阳智能，Wood Mackenzie。

部分地市陆上风电竞价结果接近平价。从 2019 年部分地市陆上风电竞价结果来看，项目主体的报价已逐步向平价靠近，体现了相应的成本控制能力，见表 4。

表 4　2019 年部分地市陆上风电竞价结果

	重庆			天津		
排名	项目名称	开发单位	申报电价（元/千瓦时）	项目名称	开发单位	承诺电价（元/千瓦时）
1	黔江区五福岭风电场	三峡新能源	0.48	小王庄 45 兆瓦风电项目	天津龙源	0.44
2	奉节县草堂风电场	特变电工	0.505	中广核天津宁风 40 兆瓦风力发电项目	中广核新能源	0.44

续表

排名	重庆			天津		
	项目名称	开发单位	申报电价(元/千瓦时)	项目名称	开发单位	承诺电价(元/千瓦时)
3	巫山县福田风电场	特变电工	0.505	中广核天津宁龙35兆瓦风力发电项目	中广核新能源	0.44
4	武隆区四眼坪风电场二期	大唐	0.5	国投天津宁河50兆瓦风电项目二期	国投新能源	0.5
5	奉节县尖子山风电场	华电	0.5	杨家泊50兆瓦风电项目	天润新能	0.44

资料来源：国家能源局，天津发改委，重庆发改委，明阳智能，Wood Mackenzie。

风电设备企业推出更高经济性产品，以满足平价需求。风电设备企业对于2021年及以后陆上风电全面平价已有充分的预期，推出满足平价需求的风机产品（开发更长的叶片及提升塔筒高度，使得单位千瓦扫风面积和风电场利用小时数增加）。有关研究显示，依托现有风机技术，中国部分地区已基本具备与燃煤标杆上网电价平价的条件。东北和内蒙古大部分地区、中东南部风资源相对较好的局部区域有望在满足全部投资IRR超过8%的基础上实现平价。

（五）国内海上风电平价发展仍需时间，但前景较好

2019年11月，在欧洲海上风能大会上欧洲风能协会发布了报告，规划至2050年海上风电装机450吉瓦，见表5。

表5 欧洲海上风电装机容量规划

国家/地区	容量(吉瓦)	国家/地区	容量(吉瓦)
英国	80	波兰	28
荷兰	60	爱尔兰	22

续表

国家/地区	容量(吉瓦)	国家/地区	容量(吉瓦)
法国	57	瑞典	20
德国	36	芬兰	15
丹麦	35	其他	67
挪威	30	合计	450

资料来源：英国政府、美国国家可再生能源实验室、水电总院。

欧洲海上风电已接近平价。近年来，欧洲海上风电规模大幅增加，成本下降明显，参与者积极性明显提升，很多国家已经开始从政府定价转向了采用竞价的方式来获得特许经营权，从而进一步降低海上风电发电成本。2017年4月，德国公布首轮海上风电竞拍结果，其中两个海上风电项目已经不再依靠政府补贴，这在业内尚属首次。2019年，荷兰已通过了部分海上风电零补贴项目。法国、英国新近公开的海上风电项目最低中标价分别达到0.39元/千瓦时（2026年并网）和0.35元/千瓦时（2023/2035年并网）。

欧洲海上风电竞标价格大幅下降的原因有以下几点。

(1) 成本下降。风机功率增大，单个风电场所需风机数目减少，维护费用降低；海底电缆输电能力提升，电力损耗降低；海上作业装备与技术进步，施工建设成本降低。2012~2016年，欧洲海上风电装机成本累计下降46%。

(2) 协同效应显现。欧洲大型能源集团已初步在北海区域形成项目集群，新建项目与相邻的投产项目之间能够形成协同效应，从而共享施工人员、运维基地、办公场所等。

(3) 融资成本低廉。欧洲资本市场流动性强，大型能源集团能够以极低的成本获得较长期的欧元融资，显著的杠杆效应可大幅提升竞争能力和风险承受能力。

(4) 行业集中度提高。欧洲风电行业呈现垄断趋势，行业领先者利用市场、技术和资金优势，在产业链各环节通过谈判压低供应商利润，进而压缩成本。

(5) 能源政策和招标机制。政府主导研究海上风电成本下降路径；补贴政策确保海上风电开发商能长期获益。

从2019年的海上风电竞价结果来看，国内海上风电离平价上网还有一定距离。2019年，上海、温州、宁波等地公布海上风电项目竞价结果，上网电价呈现较明显的下降趋势，部分项目中标电价低至0.7388元/千瓦时，但离平价上网还有一定距离，见表6。

中长期来看，国内海上风电的发展取决于降本能力。从欧洲海上风电的发展思路来看，降本是最重要的抓手之一。欧洲海上风电的快速降本主要依赖技术进步，其中大型风机是降本的重要推手，目前三菱维斯塔斯、西门子歌美飒、GE都推出了10兆瓦及以上单机容量的风电机组，且获得了批量订单，为国内海上风电技术进步和降本提供了借鉴。金风、明阳、上海电气等主流风机企业均推出8兆瓦及以上单机容量的海上风电机组。2020年4月，国内单机功率最大的海上风电机组（8兆瓦）在福建省福清兴化湾完成吊装，风电机组由金风科技自主研发。大风机对降本能提供较好支撑。

"十四五"期间海上风电降本前景较好。根据研究机构预测，到"十四五"末期，海上风电平价的前景良好。

表6　2019年上海、浙江等地海上风电竞价结果

序号	项目名称	项目容量（万千瓦）	中标电价（元/千瓦时）	投资方
1	上海奉贤海上风电项目	20	0.7388	上海电力、上海绿色环保能源有限公司
2	华润电力苍南1#	30	0.785	华润电力
3	华润电力苍南1#二期	10	0.785	华润电力
4	华能瑞安1号	15	0.77	华能集团
5	华能苍南4号	20	0.77	华能集团
6	华能苍南4号二期	20	0.77	华能集团
7	国电象山1#二期	50	0.76	国电集团
8	大连市花园口海上风电场	40	—	国家电投
9	大连市庄河海上风电场址Ⅰ	10	—	大唐集团
10	大连市庄河海上风电场址Ⅳ	25	—	华能集团
11	大连市庄河海上风电场址Ⅴ	55	—	中广核

资料来源：各地发改委。

（六）国内海上风电项目充足

目前海上风电主要发展省份有广东、江苏、福建和山东，现在已有储备项目约 108 吉瓦，其中广东省的储备项目最多，约有 67 吉瓦。

广东海上风电资源丰富，装机规划规模最大。2018 年 4 月，《广东省海上风电发展规划（2017－2030 年）（修编）》获得国家能源局正式批复同意。总容量 66.85 吉瓦，含近海浅水区 9.85 吉瓦，总投资 1773 亿元，近海深水区 57 吉瓦，总投资 10260 亿元。一方面，广东能源对外依赖长期超过 60%；另一方面，广东海岸线长，海域辽阔，近海风力资源占全国沿海的 20%。

中国红外设备行业发展特点和投资趋势

王 枫 汪 浩 刘 茇

根据菲力尔、高德红外等公司介绍，红外设备整机，即红外热成像系统，是将物体的红外热辐射转化为图像的基本单元，其由光学组件（如红外探测器）和机芯组件构成，前者负责汇聚物体的红外热辐射，后者通过光电转换，将热辐射转化为肉眼可识别的图像。

在民用领域，红外热成像设备可以全天候对所观测物体进行肉眼所无法企及的高精度观测，新冠肺炎疫情期间也发挥了非接触式测温的作用。在获得上述相关数据的同时，红外热成像设备还能够通过数据分析，进行更快速的预判。规模经济和晶圆级封装技术带来的探测器成本不断降低，使得红外热成像产品在原有传统民用（如电力、石化、工业、安防预警等）市场需求稳健增长的基础上，派生出更多消费领域的应用场景。随着红外热成像设备成本的不断降低，其在各领域替代人工的可能性逐渐上升，下游企业的购买意愿也逐渐增强。

在军用领域，红外设备具有成像和导引的特性，能够弥补激光和雷达的部分缺点，使其在各军种多装备中得到广泛应用。根据《红外导引头综述》[1]，代表性的应用案例包括坦克及装甲车用主动/被动红外探测仪和瞄准系统、用于战斗机红外搜索和光电瞄准的机载光电吊舱及相关传感器、舰艇上与雷达系统形成互补的远距离红外探测仪、各类导弹的红外导引头、应用于单兵作战的夜视头盔与武器瞄具等。近年来，全球政治局势的不稳定持续推高全球红外军品的需求，且欧美国家对我国实行严格的红外技术封锁，反而利好国内红外提供商的业务发展。

---

[1] 赵善彪、张天孝、李晓钟：《红外导引头综述》，《飞航导弹》2006年第8期。

一 红外设备行业概览

（一）行业规模及增速

1. 民用市场

根据 Yole Development 统计，2020 年，红外设备全球民用市场规模约为 58 亿美元，相较于 2014 年的 31 亿美元，年复合增长率约为 11.01%。预计 2020~2023 年民用市场规模将实现 8.95% 的年复合增长率，达到 75 亿美元。

技术提升与成本下降、军民融合与应用场景的拓宽，共同组成了民用市场的主要驱动因素。随着技术的发展，红外设备的核心零部件不断升级，使得其能够满足场景应用需求，进而提高产品附加值及场景应用深度；同时，规模经济、封装技术提升、芯片成本下降等趋势，带来了价格更为亲民的产品，推动消费级红外设备在民用市场的普及。此外，各国（尤其是中国）在"军民融合"方面的政策推动了军用红外技术的民用化转型；我国通过政策手段推动产业升级，不断追赶欧美先进技术，并逐步实现进口替代。红外设备应用层面，在电力、石化、工业、消防和安防等现有广泛应用场景的基础上，新增需求将得到进一步挖掘，包括但不限于自动辅助驾驶、食品配送、医疗等领域。

2. 军用市场

根据 Yole Development 统计，2020 年，红外设备全球军用市场规模约为 96 亿美元，相较于 2014 年的 78 亿美元，年复合增长率约为 3.52%。预计 2023 年军用市场规模将实现 4.00% 的年复合增长率，达到 108 亿美元。

全球政治局势动荡、军队信息化的提升成为军用市场的主要驱动因素。传统单兵瞄准类基础产品升级到军用装备的昼夜观察和红外制导等高端领域；武器的推陈出新以及现代化战争的高要求，需要更为先进的红外产品进行匹配。在目前全球政治局势不稳定的大背景下，预期"十四五"期间我国国防支出仍将持续增长。军队的全天候作战能力需要红外热成像设备及武器支持，美军人均单兵红外热成像设备在伊战时已经达到1.7具，且在不断提升，我国现阶段仍不足0.9具，因此渗透率有较大提升空间。此外，随着我国红外探测器技术的发展，以自主可控为主题的进口替代，也将为我国军用红外业内公司带来机遇。

（二）行业竞争格局

根据Yole Development、Maxtech International、中信证券的统计，在民用红外领域，创建于1978年的美国菲力尔系统公司（FLIR）一家独大，但我国企业的全球竞争力和市场份额不断提升。2010年以前，民用红外领域的主要市场份额其实掌握在军工厂商手中，但凭借产业链横向和纵向整合以及民用场景技术的不断研发与开拓，美国菲力尔逐步打败老牌军工红外巨头成为红外热成像民用领域的全球绝对龙头，其在2016年占据了民用红外领域66.3%的市场份额（以台数计）；此外，法国ULIS公司也通过并购及业务拓展，占领了民用红外领域13.3%的市场份额（以台数计），成为行业第二。截至2020年，美国菲力尔仍然为全球民用领域龙头，继续横向和纵向并购扩充实力；2019年，法国ULIS公司与军备商Sofradir公司合并后得到技术提升，冲击了FLIR的地位；而我国高德红外、睿创微纳和大立科技等公司的全球地位不断提升，技术跻身前列；广州飒特的代工出口业务日益兴盛，但北方广微逐步退出整机市场，主攻探测器。同时，中国积极的抗疫措施使得中国厂商出货量在2020年大幅提升，直接推动了上述企业的规模效应，并进一步推动了其产能扩张、技术进步与成本降低。我国企业凭借后续研发积累，竞争力和市场份额有望不断提升。

在军用红外领域，美国、法国两国军工企业占据主导地位，我国目前的实力水平一般。全球范围内，主要的军用红外设备供应商包括洛克希德·马丁（Lockheed Martin）、雷神（Raytheon）、L-3，上述三家美国公司占全球军用红外设备市场 45% 的市场份额。此外，法国泰雷兹（Thales）、萨基姆（Sagem）等公司在军用红外设备市场中也具备较强的竞争力；以色列埃尔比特（Elbit）公司在导引和红外对抗领域具备领先优势。根据《红外成像技术的军事应用及展望》[1] 的分析，在军用红外领域，各国之间的技术封锁和出口禁止导致军用领域跨国直接竞争较少。但美国作为全球军事力量排头兵，在综合性军用红外领域处于主导地位；法国和以色列在细分领域具备一定优势。我国军用红外设备供应商主要为各大军工企业及科研院所（如中国兵器工业集团、中国电子科技集团等），由于起步晚、渗透低，我国军用红外领域尚无具有全球影响力的企业。

（三）行业政策梳理

我国对红外设备行业的支持政策主要来源于两个方面：一方面是对集成电路及传感器领域的支持政策，另一方面是对"军民融合"业务模式的支持政策。

在《中国光电子器件产业技术发展路线图（2018-2022 年）》《信息产业发展指南》等文件中，相关部门揭示了高端光芯片、模块、器件严重依赖进口、发展受到制约的现状，并明确提出应健全以企业为主体、市场为导向、政产学研相结合的产业技术创新体系，着力突破重点领域共性关键技术，加速科技成果转化为现实生产力，推动红外传感器等光传感器的发展。同时，相关文件还指出基础电子产业将优先发展基于重要整机需求和夯实自身根基等目标的相关领域，包括新型传感器及技术、关键电子元器件特别是光电子器件及技术等。

---

[1] 蒋耀庭、潘丽娜：《红外成像技术的军事应用及展望》，《光机电信息》2003 年第 9 期。

在《国务院办公厅关于推动国防科技工业军民融合深度发展的意见》《关于经济建设和国防建设融合发展的意见》等文件中,相关部门明确提出了要加强国防科技工业军民融合政策引导、制度创新,健全完善政策,打破行业壁垒,推动军民资源互通共享。充分发挥市场在资源配置中的作用,加快形成全要素、多领域、高效益的军民融合深度发展格局;并要加快引导优势民营企业进入武器装备科研生产和维修领域,健全信息发布机制和渠道,构建公平竞争的政策环境。推动军工技术向国民经济领域的转移转化,实现产业化发展,积极参与发展战略性新兴产业和高技术产业。

在上述政策的支持鼓励下,红外设备行业国产化率的提升、技术实力的增强将成为必然趋势。

(四)行业壁垒及核心竞争力

根据睿创微纳招股说明书、方正证券等的研究分析,以及我们所进行的专家访谈,对于红外热成像行业而言,主要的壁垒包括以下几方面。

(1)技术与研发:红外热成像跨集成电路、物理学、MEMS 传感器、图像和信号处理等行业,需要各类人才会聚及高强度研发。同时,该行业国家间技术封锁突出,专利保护强,难以通过技术引进或技术合作实现弯道超车。因此,掌握核心零部件(尤其是探测器)技术的企业在行业中话语权较强。同时,随着物联网及新基建行业发展,下游行业已不能满足于独立产品,而进一步要求针对特定行业痛点的解决方案,具备解决方案能力和较多案例积累的企业将从中获益。

(2)生产能力与工艺水准:对于行业参与者而言,稳定且高良率的产能及产品供应是客户重点考察要素,军工、电力、石化等命脉行业对仪器精度和稳定性要求高,需匹配高质量生产能力与工艺。基于此,良好的品牌和口碑成为获得新订单和客户的关键要素,积极的营销政策有利于维持良好的现有客户关系,进而导致了行业内"马太效应"明显,强者恒强。

（3）雄厚的资金实力：行业从陶瓷封装向晶圆级封装升级，需要大量高质量自动化设备，雄厚的资金实力能够保证持续的高质量研发和设备投入，是构筑核心壁垒的重要手段。同时，资金在营销（如延长信用期）、品牌和后续并购上的投入，将能够助推企业做大做强，并形成规模经济。规模经济有助于提高对上下游的议价能力，摊薄固定成本，提升企业赢利能力及增加现金流；同时，可以让企业在需要进行价格竞争的基础仪器领域亦有更多筹码，使得行业头部成规模企业具备竞争优势。

此外，对于军品市场，相关供应商还需要获得军工产品认证（如GJB 9001标准）。军品认证阶段复杂，周期长，且对于企业的合规、安全、保密、人员培训等提出更高要求。具备军工产品资质的企业不仅可以获得军用新市场，也能促进品牌和管理运营能力的提升。

（五）行业未来发展展望

根据 Yole Development、浙商证券分析及高德红外、睿创微纳等公司的介绍，以及我们所进行的专家访谈，红外产业未来发展主要表现为技术的创新、新兴领域应用的渗透、市场集中度的提升以及国产化率的进一步提升四大趋势。在技术创新方面，新材料的应用、高像素、小像元、高级别传感器以及晶圆像元封装等维度的技术将得到不断提升。技术创新也推动了新兴民用领域应用的不断开拓和需求端的蓬勃发展，尤其在物联网、新基建、新兴经济体的发展，以及新冠肺炎疫情等突发事件的影响下，智慧城市管理、电气/工业检测自动化、检验检疫/人员追踪管理、自动辅助驾驶（ADAS）、非接触食品检测等新兴民用领域的应用将随着成本下降而进一步得到普及。对于行业巨头而言，自研成本的提高催生其直接进行技术收购的需求，同时军用和民用领域的技术融汇和快速发展也吸引军工企业和民用企业相互收购/合并，因此产业集中度将在未来得到提升。另外，欧美对我国实行严格的核心零部件/高端整机禁运及技术封锁，但红外热成像在军事和民用领域的重要战略意义势必要求红外热成像行业的国产率进一步提升,并逐步实现自主可控和进口替代。

二 红外设备行业全球及我国代表性企业概览

(一)国际企业

1. 美国洛克希德·马丁公司(Lockheed Martin Corporation)

美国洛克希德·马丁公司由洛克希德与马丁·玛丽埃塔两家老牌军火企业于1995年合并而成,其产品不仅覆盖军用飞机、直升机、潜艇、弹道导弹、反导系统、雷达、卫星、载人飞船、精确制导武器等多个领域,且均处于各个领域的最前沿水平。洛克希德·马丁多年来通过内生+外延的发展主线,追求技术上的领先、产品线的齐全和行业资源的集中,在SIPRI发布的全球军工百强企业中排名第一。在红外设备的军用市场中,洛克希德·马丁依托其强大的研发实力以及对于军工市场的理解,占据着主导地位。

2. 美国菲力尔系统公司(FLIR Systems, Inc.)

美国菲力尔系统公司(FLIR)是全球最大的专门从事红外系统解决方案的公司之一,成立于1978年,逐步从民用红外市场拓展至警用执法机构和军用市场。通过贯彻"商研军用"战略,坚持以降低成本、系统化、拓宽下游应用领域为三大并购方向,并在近两年并购大数据、云计算、人工智能等相关企业,菲力尔成功实现向多领域提供以红外为主探测解决方案的企业的转型。菲力尔在全球民用市场份额由2002年的27%提升至2016年的66%,其全球军用市场份额在2014年位居第七。

菲力尔在美国纳斯达克交易所上市,截至2020年9月的前12个月收入为18.88亿美元,净利润为1.39亿美元,2017~2019年营业收入及净利润年复合增长率分别为 2.39% 及 26.79%；截至 2020 年 9 月末，其总资产为 32.13 亿美元，净资产为 18.09 亿美元；截至 2021 年 1 月 28 日，其总市值为 69.3 亿美元，隐含 TTM P/E 为 49.9x。

2021 年 1 月，全球传感器龙头企业 Teledyne Technologies 与菲力尔联合宣布，已达成最终协议，前者将以约 80 亿美元的现金 + 股票收购后者。

3. 法国优利斯公司（ULIS SAS）

法国优利斯公司（ULIS）是全球第二大非制冷红外成像厂商，为 Sofradir Group 下属子公司，设立于 2002 年，其产品广泛应用于安防、测温、国防、户外等传统领域，并致力于开拓智能建筑、道路安全及汽车辅助驾驶等新兴领域。ULIS 在欧洲、亚洲及北美市场均有覆盖，2017 年，公司非制冷红外热成像仪的市场份额为 13.30%。2019 年 6 月，Sofradir 和 ULIS 合并为 Lynred，技术实力更加强劲。

（二）国内企业

1. 武汉高德红外股份有限公司（"高德红外"）

高德红外是目前我国红外行业全产业链布局最为完备的、军品民品种类最为齐全的行业巨头之一。军品方面，实现了红外夜视、侦查、制导、对抗等多层次的军事应用，具有从红外核心器件到雷达、发动机、激光等武器分系统，再到完整的导弹武器系统总体的红外武器装备系统全产业链；民品方面，在成功攻克晶元级封装技术，并拥有自主研发的红外芯片批量生产能力的助力下，在个人视觉、工业检测、检验检疫、智慧家居、消费电子、智能驾驶等多个领域开始全面发力。高德红外在深圳证券交易所上市，截至 2020 年 9 月的前 12 个月收入为 25.17 亿元，净利润为 7.82 亿元，2017~2019 年营业收入及净利润年复合增长率分别为 26.97% 及 95.20%；截至 2020 年 9 月末，其总资产为 61.30 亿元，净资产为 41.47 亿元；截至 2021 年 1 月 28 日，其总市值为 687.4 亿元，隐含 TTM P/E 为 87.9x。

2. 烟台睿创微纳技术股份有限公司（"睿创微纳"）

睿创微纳是我国为数不多的具备探测器自主研发能力并实现量产的公司之一，且是国内领先的、专业从事非制冷红外成像与 MEMS 传感技术开发的国家高新技术企业，作为我国军用非制冷红外热像仪设备的核心组件供应商，其在制冷红外高端军事装备上亦有长期布局。根据光大证券分析，凭借优质的成像质量、良好的产品设计和有竞争力的市场价格，睿创微纳大力开拓海外狩猎市场，使得热像仪整机产品产销量得到快速提升。2019 年上市后，睿创微纳使用募集资金进行太赫兹芯片及室温成像技术研发、下一代红外芯片及智能红外模组、高端光学 MEMS 芯片三大方向科学技术攻关。

睿创微纳在上海证券交易所上市，截至 2020 年 9 月的前 12 个月收入为 13.60 亿元，净利润为 5.66 亿元，2017~2019 年营业收入及净利润年复合增长率分别为 109.55% 及 77.66%；截至 2020 年 9 月末，其总资产为 32.81 亿元，净资产为 27.87 亿元；截至 2021 年 1 月 28 日，其总市值为 491.5 亿元，隐含 TTM P/E 为 86.9x。

3. 浙江大立科技股份有限公司（"大立科技"）

大立科技是国内少数拥有完全自主知识产权，能够独立研发并生产热成像技术相关核心器件、机芯组件及整机系统的全产业链完整的高新技术企业，在非制冷红外焦平面探测器领域具有突出的技术优势。民品方面，电力、地铁等场景对巡检机器人的需求正持续扩张，且随着国家电网对变电智能运检技术的不断推进，预计巡检机器人将成为公司业绩的新增长点；军品方面，2020 年通过收购航宇智通 51% 的股份而拥有光电吊舱业务，可与现有军品业务进行整合，提升市场份额与竞争力。

大立科技在深圳证券交易所上市，截至 2020 年 9 月的前 12 个月收入为 9.53 亿元，净利润为 3.84 亿元，2017~2019 年营业收入及净利润年复合增长率分别为 32.48% 及 113.70%；截至 2020 年 9 月末，其总资产为 16.56 亿元，净资产为 13.82 亿元；截至 2021 年 1 月 28 日，其总市值为 117.4 亿元，隐含 TTM P/E 为 30.7x。

中国智能安防行业发展特点和投资趋势

王子韬

一 智能安防产业概况

1. 安防概念：广义概念的安防范围较大，狭义安防常指视频监控

广义概念上，安防行业是指提供安全防范产品和服务的行业，源于现代社会对安全和防控的需求，是社会公共安全体系的重要组成部分，在维护国家安全和社会稳定、预防和打击犯罪、反恐与应急，以及服务民生等方面发挥着重要作用。

从覆盖范围来看，安防产品可大致分为两大类：安防电子产品和实体防护产品。实体防护产品主要包括防弹运钞车、防盗门锁、人体安防设备、安全检查设备等。而在安防电子产品中，视频监控、防爆安检、防盗报警等安防产品应用最为广泛，其中，视频监控产品占据了50%以上的安防产品市场份额（见图1），因而狭义安防通常特指视频监控，本报告所述安防亦指狭义上的视频监控。

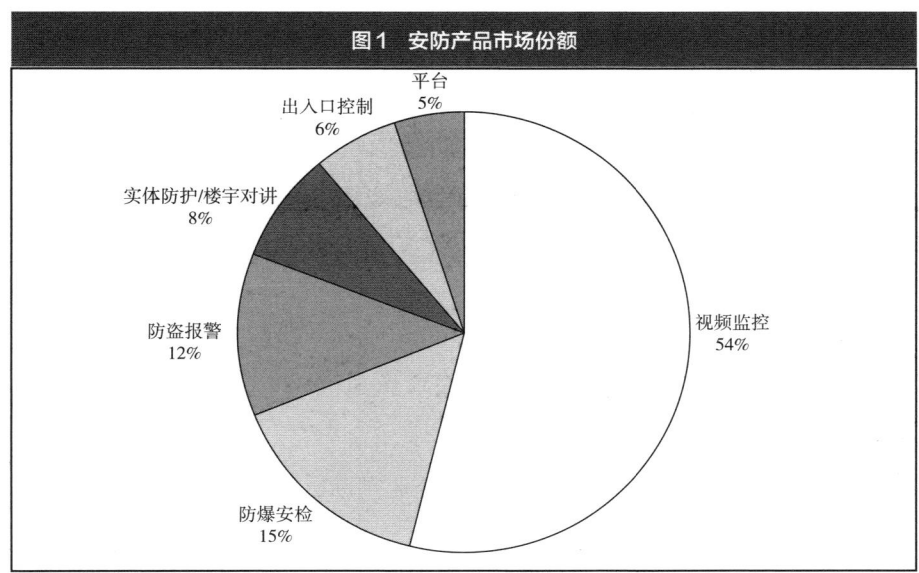

图1 安防产品市场份额

资料来源：中安网。

2. 安防产品：通过前后端设备，实现视频采集、存储分析等功能

从产品形态来看，视频监控设备包含了前端的图像采集、传输系统，后端的图像控制管理、图像存储、图像显示、数据处理六大部分（见图2）。其中，图像采集主要是指各种类型的摄像机；传输系统包括同轴电缆、光端机、网络等；图像控制管理主要是指软件平台；图像存储包括DVR（Digital Video Recorder，数字视频录像机）、NVR（Network Video Recorder，网络视频录像机）等；图像显示包括各类监视器和显示器；数据处理则有服务器和云计算等方式。

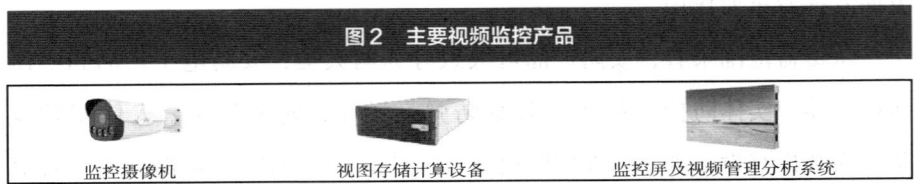

图2 主要视频监控产品

从实现功能来看，视频监控设备一般涵盖了对运动对象的提取、描述、跟踪、识别和行为分析等方面的技术，可应用于人像身份确认、车辆识别、视频结构化以及人员行为分析。

3. 发展历程：围绕视频监控技术的升级，安防行业经历了四个阶段

我国安防行业起步于1980年前后，伴随视频监控技术的不断创新升级，行业从"看得见、看得远、看得清到看得懂"，一共经历了模拟监控、数字监控、网络高清监控和智能监控四个阶段，每一阶段的突破，都由上游技术革新引领（见图3）。

模拟监控阶段（1980~1999年）：早期的视频监控系统主要由前端的模拟摄像机，后端的视频矩阵、磁带录像机（Video Cassette Recorder，VCR）和电视墙构成，成本高、图像模糊、存储容量小、无法远程监控等缺点显著。这一阶段的市场基本由海外企业垄断，中国本土企业主要扮演代理商的角色。

数字监控阶段（2000~2010年）：20世纪90年代出现的DVR实现了

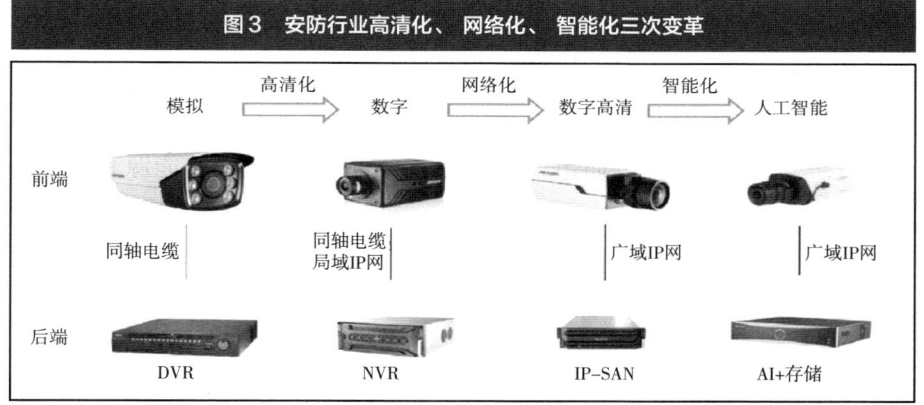

图3 安防行业高清化、网络化、智能化三次变革

图像编解码、存储、网络访问等多种功能,很好地解决了VCR难以长期保存、空间占用大等问题,逐步取代了VCR和视频矩阵。在这一阶段,中国本土企业自主研发了视频编解码算法,推出了具备自主知识产权的产品,正式从后端切入了视频监控产品市场,诞生了海康威视、大华股份、汉邦高科等企业。

网络高清监控阶段(2011~2016年):这一阶段,前端的模拟摄像机逐步被网络高清摄像机替代,后端开始采用NVR作为存储设备。网络监控系统内置了数字化压缩控制器和基于WEB的操作系统,可以直接将视频数据通过网络送至终端用户。

智能监控阶段(2017年至今):随着2016年以来人工智能技术在视频分析领域的突破,视频监控走向智能化,从被动识别向主动识别过渡。这一阶段,视频监控与视频分析、深度学习、云计算等领域进行产业融合,不仅提高了安防摄像头的识别能力,而且拓展了安防产业的边界,重塑了行业格局。

4. 应用领域:"平安城市"等政府需求占据安防市场最大份额

在中国城镇化进程快速推进的背景下,出于公共安全的需求,政府部门成为我国安防行业的最主要客户。2017年中国视频监控市场中,有17%

应用在"平安城市"领域,17%在交通相关领域,6%在司法监狱领域,医疗相关占5%,总计45%接近一半。

除了由政府部门所主导的公共安防建设,随着城镇化进程而快速增长的行业级安防需求也是安防市场的重要组成部分,以金融、能源和地产等传统行业的大型企业为主导,占比约为29%。此外,家庭、中小商家的安防需求也在快速增长,应用场景包括教育、零售、民用和其他,占比约为26%(见图4)。

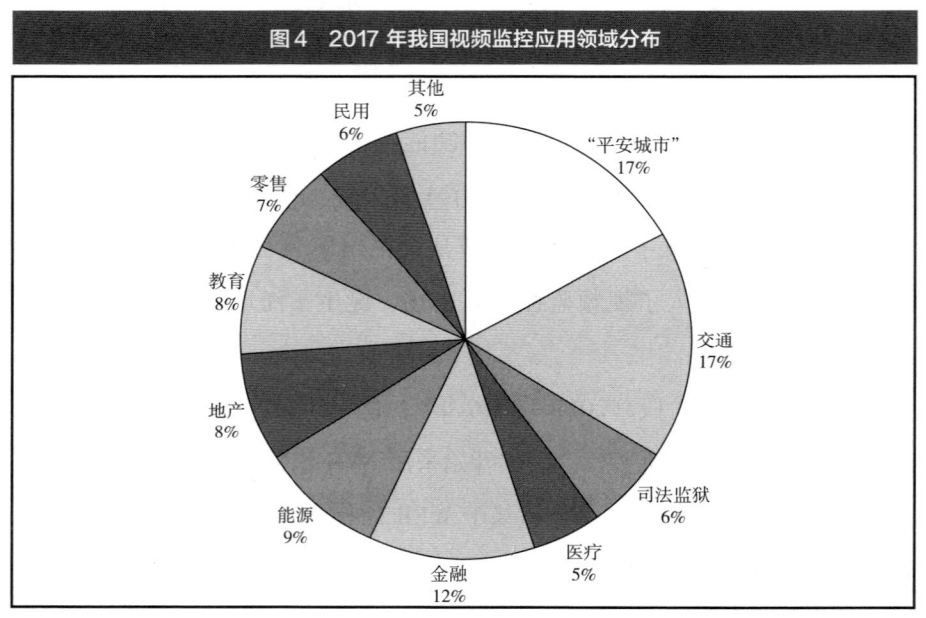

图4 2017年我国视频监控应用领域分布

资料来源:亿欧,IHS Markit。

5. 产业链构成:安防行业产业链庞大,中游设备厂商为核心环节

安防产业链容量庞大,大致可分为上游硬件及软件供应商、中游设备及解决方案厂商、下游代理商及集成商三大部分。

上游的算法和芯片技术壁垒较高,以国内外科技巨头企业为主,包括做芯片的英伟达、高通、中星微、海思,做算法的互联网巨头和AI创业公司,其余零部件种类繁多,各有不同的细分市场,例如做镜头模组的舜宇光学、宇瞳光学。

中游负责匹配上游组件和下游需求，提供整体的产品和方案，占据视频监控的应用场景，是视频监控产业链的核心环节，海康威视、大华股份、宇视科技等行业巨头均来自中游。

下游环节的门槛较低，竞争格局非常分散，包括高新兴、千方科技、中安消等公司，近几年中游企业已涉及下游业务，发展为覆盖中下游产业链的龙头公司。

二 智能安防行业市场规模

1. 我国安防（视频监控）行业已达千亿元规模，增速维持15%以上

根据中安网调查报告，2018年我国视频监控市场规模达1229亿元，2013～2018年CAGR达16.1%，预计2021年有望增长至近1900亿元，对应2018～2021年CAGR将达15.0%（见图5）。

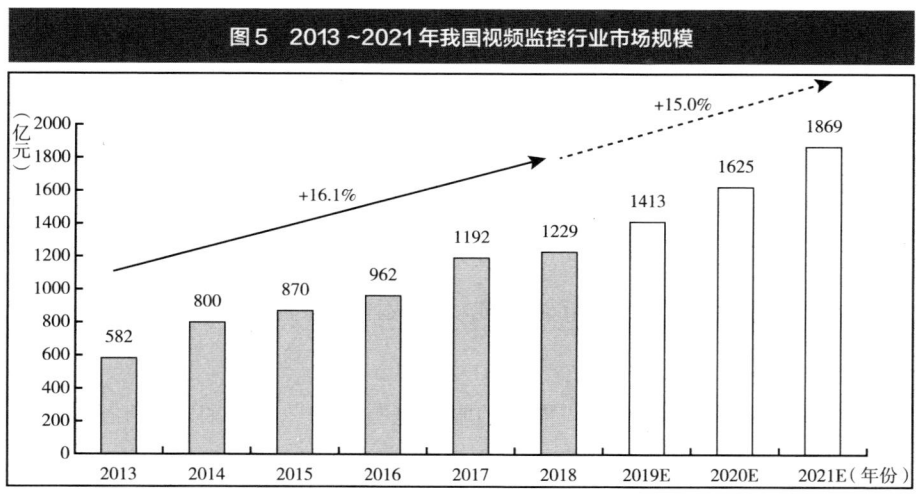

图5 2013～2021年我国视频监控行业市场规模

资料来源：中安网。

从产品构成来看,摄像头是2018年视频监控行业最大的构成部分,份额达50%以上,其次录像设备的份额接近30%,剩余的存储设备、软件等占据了20%左右的份额(见图6)。

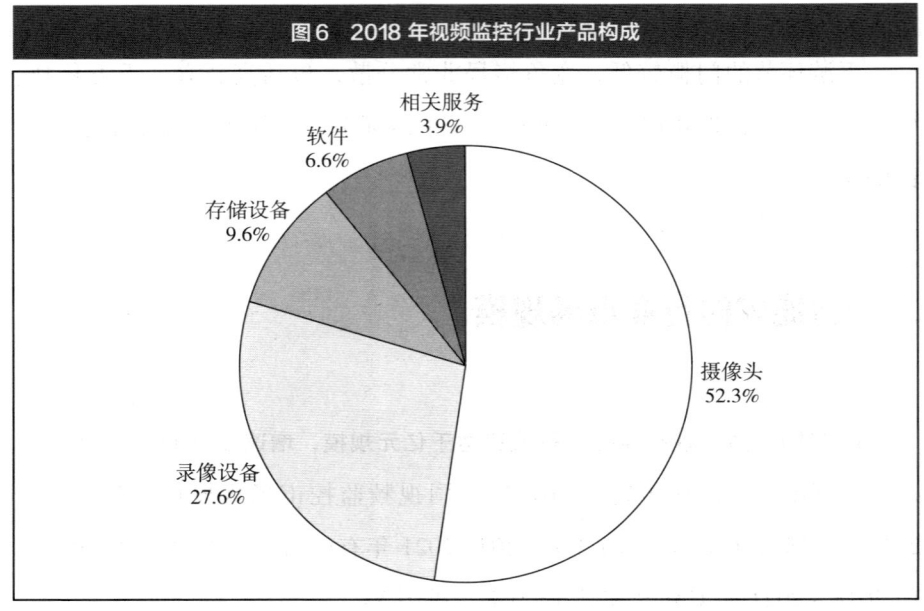

图6 2018年视频监控行业产品构成

资料来源:中国产业信息网,IDC。

2. 增长驱动力一:"雪亮工程"等政府需求奠定持续增长的基本盘

政策一直是推动我国视频监控行业发展的重要因素,自2006年公安部"3111工程"起,视频监控开始成为政策层面持续关注的重点,之后每个五年规划都提出了对视频监控行业的新需求,例如"十二五"规划在"3111工程"的基础上提出了"平安城市"和"智慧城市","十三五"规划提出了"雪亮工程",政策轮番推动为我国视频监控行业带来了庞大的增量市场(见图7)。

"雪亮工程"之名源于"群众的眼睛是雪亮的",意指以群众各家各户的信息系统为基础,通过视频监控布点,形成的用于区域性整体治安防控的"平安网";具体操作上,项目通过中心化和平台化,将视频图像信息系统纵向下延至县、乡、村的群众层面,利用系统拓展在安防、社会治理、

图7 我国政策对于公共安防的要求不断加码

"十五"（2001~2005年）科技强警	"十一五"（2006~2010年）"3111工程"	"十二五"（2011~2015年）"平安城市"/"智慧城市"	"十三五"（2016~2020年）"雪亮工程"
由重点单位、要害部门向金融、文博、交通、海关等领域渗透；2005年安防企业1.5万家，实现增加值300多亿元	大中城市建立起基本的安防系统，重要公共场所和重点单位实现覆盖；2010年安防企业2.5万家，实现增加值800多亿元	公共安全重点区域全覆盖，开启新一轮技术换代，民用安防升温；2015年安防企业3万家，实现增加值1600多亿元	覆盖领域下沉到县、乡、村三级基层单位，解决"最后一公里"；2020年全国安防产业总产值超过8500亿元，创历史新高

资料来源：IHS Markit，中安网。

智慧交通、民生服务、生态建设等领域的应用。社会各层级共同参与、共享，实现治安防控"全覆盖、无死角"。2017年ITS114统计的全国80个过亿元安防项目中，有9个是"雪亮工程"，2018年39个亿元"平安城市"项目中，"雪亮工程"项目15个。我国地级市层面的典型"雪亮工程"项目见表1。

表1 我国地级市层面的典型"雪亮工程"项目

地级市	项目名称	项目金额（亿元）
安徽省滁州市	滁州市"雪亮工程"PPP项目	4.5
浙江省衢州市	衢州市公共安全视频监控建设联网启用工程(雪亮工程)示范城市项目	3.0
地级市	项目名称	项目金额（亿元）
内蒙古赤峰市	赤峰市公共安全视频监控建设联网应用(雪亮工程)项目	0.8
安徽省芜湖市	芜湖市公共安全视频监控建设联网应用项目(雪亮工程)	3.0
青海省西宁市	西宁市公共安全视频监控建设联网应用示范城市(雪亮工程)项目	0.5

资料来源：中国政府采购网。

目前，我国一线城市的公共安防设施已经相对完善，根据艾瑞咨询测算，北京、上海、深圳的每千人监控摄像头保有量已分别达56个、42个、38个，而二线、三线城市仅为5个和2个。在现阶段"雪亮工程"的政策驱动下，我国地级市以下庞大的县乡市场将为视频监控市场贡献可观的成长空间。

3. 增长驱动力二：商用及民用市场接力，各类机构贡献增量需求

除政府类客户外，各类大型企业或社会组织（合称"行业客户"）的安防需求，构成了安防产业的第二大市场，覆盖金融、工业、地产、教育、零售等多个领域，潜在空间十分广阔（见图8）。

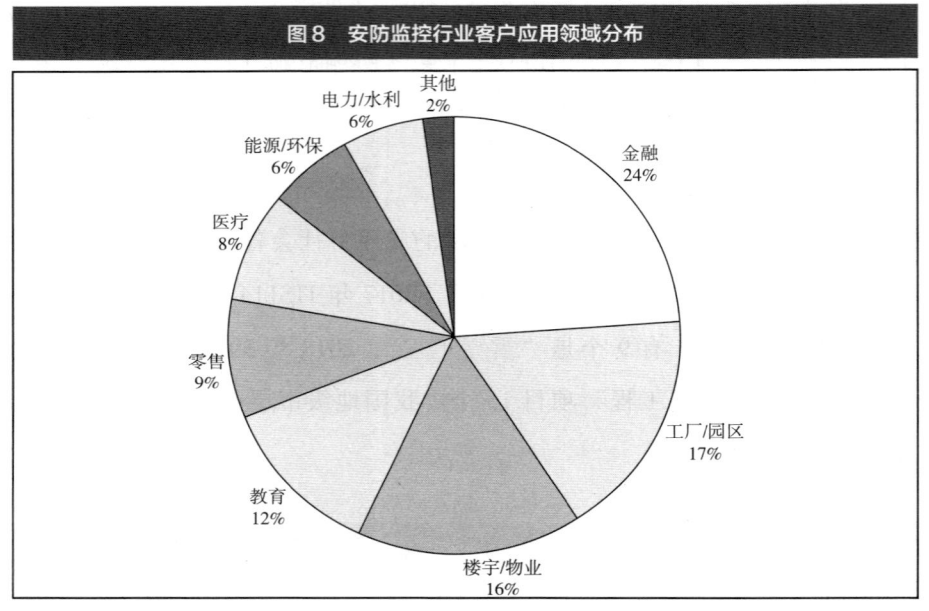

图8 安防监控行业客户应用领域分布

资料来源：中安网，工信部。

在行业客户中，金融领域占比最大，达到24%，主要得益于银行等金融机构在全国各地的广泛布局，创造了庞大的安防需求。全国仅银行的营业网点总数达到22.8万个，叠加重视安全的行业属性，安防渗透率高，每年的安防支出在数十亿级别，目前增速维持在20%左右。

在工厂及园区领域，我国各类大型工业园区多达2.2万个，催生了庞大的安防及自动化生产运营等方面的需求。

在楼宇及物业领域，包含了各类楼宇及社区两大部分。2017年我国商业楼宇投资规模近7000亿元，其中配备安防系统的占比在1%～2%，对应楼宇领域安防年需求在70亿～140亿元；社区对安防设施的重视程度与日俱增，在此次新冠肺炎疫情下对于智慧社区的需求显著提升，同样贡献广阔空间。

在教育领域，包括高教、普教、幼儿园等场所，目前国内拥有高校近3000所，中小学22万所，幼儿园26万所。随着红黄蓝等事件的发生，校园安防加速渗透，整体市场空间达千亿级。

在零售领域，安防包括商场、百货、大型超市等，目前我国仅大型商场就超过5000座。此外，安防也凭借视频分析踏足智慧零售领域。

在医疗领域，2017年全国共有医疗卫生机构99.5万家，其中医院3.0万所。在医疗机构中，除传统安防需求外，应急指挥、远程教学、远程探视等新兴需求也相继出现。

转化到安防企业层面，从安防龙头海康威视分客户收入（见图9）可见，2019年传统的政府等客户（公共服务事业群）需求增长出现了放缓，而企事业、中小企业客户则均实现了20%以上的较快成长。

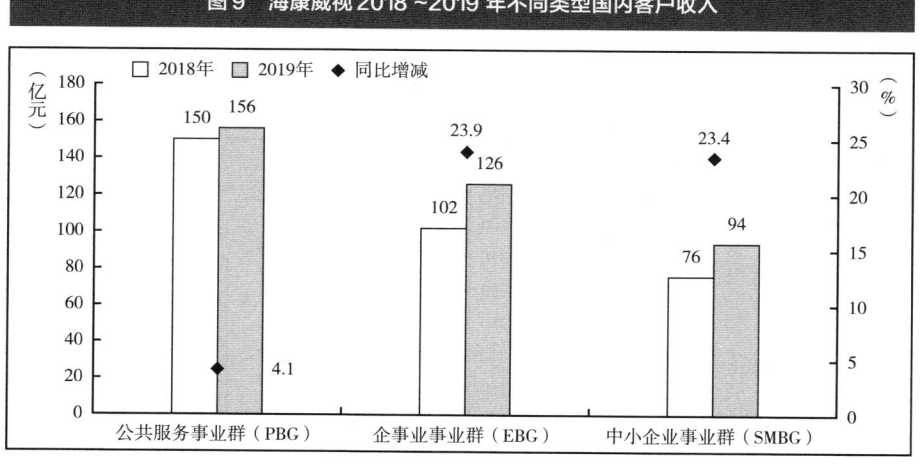

图9 海康威视2018~2019年不同类型国内客户收入

资料来源：海康威视年报。

4. 增长驱动力三：技术进步推动产品迭代，打开新的市场空间

我国安防行业发展至今，视频监控技术的不断进步驱动了安防产品的持续迭代升级，也为安防行业持续带来增量市场。例如进入网络高清时代后，高清摄像头的比重由2013年的13%迅速提升至2018年的76%，大量替换了上一代的数字监控摄像头。

目前，安防行业刚刚迈入智能监控时代，行业中智能监控摄像头的比例不到1%，未来行业发展空间较为可观。我国新基建政策明确提出要大力发展人工智能产业，而目前视频监控是最成熟的AI技术落地场景。

AI技术的成熟和算法成本的下降直接促使了AI+安防的需求快速成长，应用场景包括人脸识别、生物特征识别（指纹、虹膜、步态等）、车辆识别等，应用行业包括交通（车流监控分析、违章事故鉴别鉴定）、公安（嫌犯智能识别比对、车辆跟踪解析）、楼宇（人员监控、人流统计）、金融（线上开户、转账、支付时的身份识别）等，可以实现由事后监控向主动防御转变。

根据艾瑞咨询测算，2018年我国AI+安防软硬件市场规模已经达到135亿元，到2020年有望超过450亿元（见图10）。

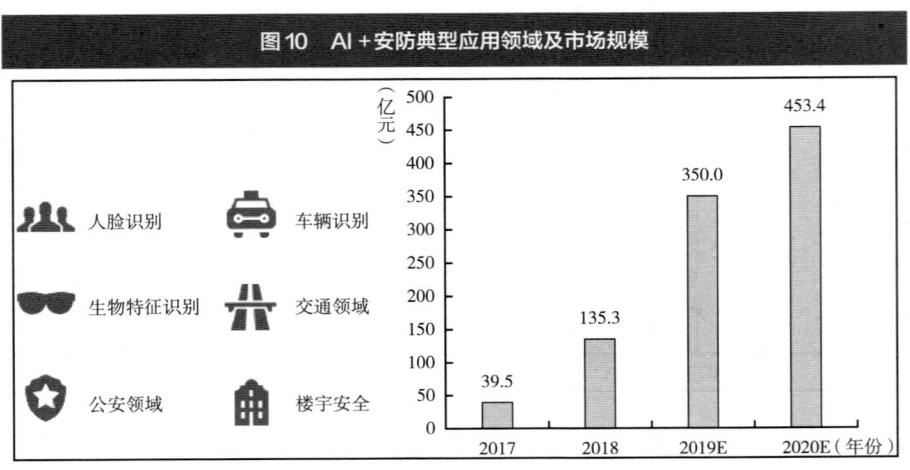

图10　AI+安防典型应用领域及市场规模

资料来源：艾瑞咨询。

三 智能安防行业市场格局

1. 全球安防企业集中度持续提升，中国厂商占据稳固头部地位

全球范围内，头部安防厂商主要来自中国、日韩及欧美国家，其中我国的头部企业海康威视、大华股份牢牢占据了全球份额前两位，2015年市场份额分别为19.6%、7.5%（见图11），2018年进一步提升至22.6%、13.3%，远超其他厂商，成为全球绝对领先的两大巨头。

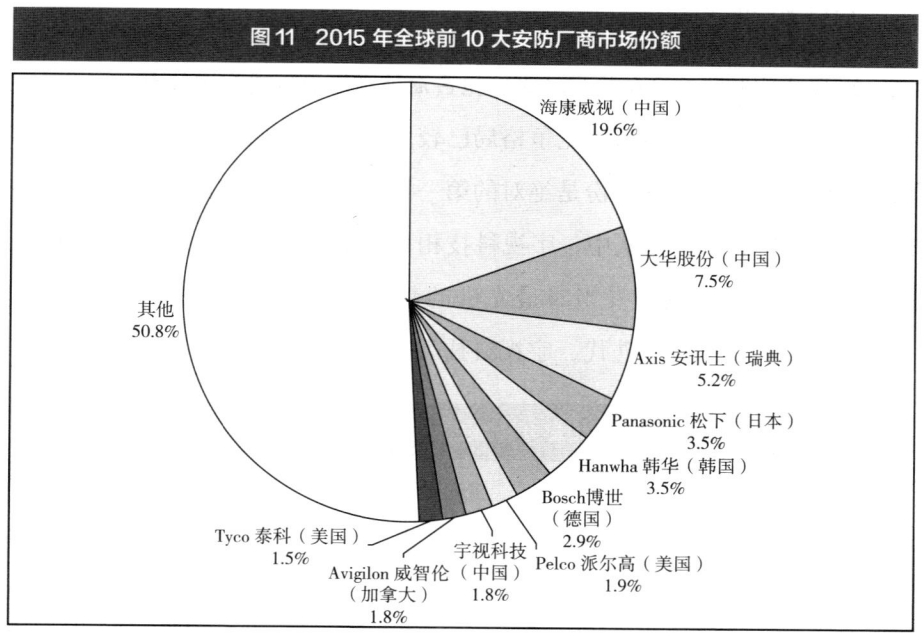

图11 2015年全球前10大安防厂商市场份额

资料来源：IHS Markit。

随着行业的进一步成熟以及对软件技术要求的提升，安防行业市场份额逐年向头部企业聚集，中小型视频监控企业的生存空间被头部企业逐步侵蚀，市场集中度逐年提升，根据IHS Markit的统计，全球视频监控设备市场CR15的市场份额已由2014年的52%提升至2018年的65%（见图12）。

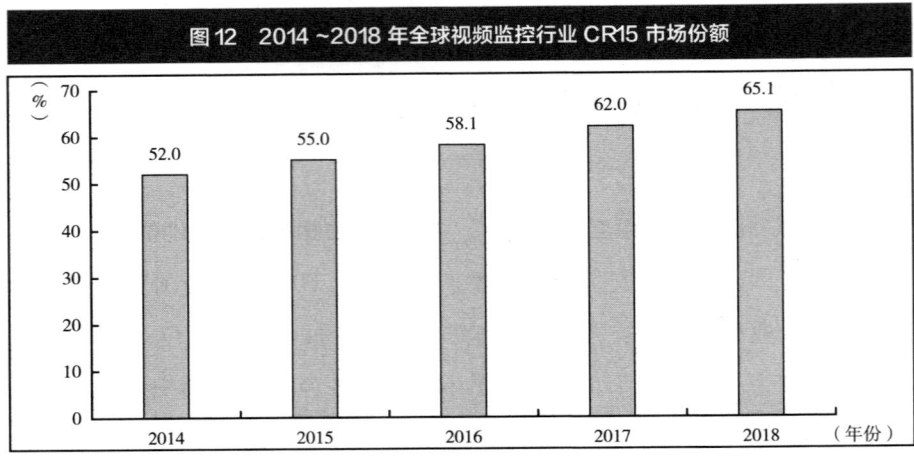

图12 2014~2018年全球视频监控行业CR15市场份额

资料来源：IHS Markit。

2. 国内安防厂商竞争格局清晰，抢占海外市场份额成为增长点

中国视频监控设备市场竞争格局已较为稳定，根据IHS Markit 2018年数据，海康威视和大华股份是绝对的第一梯队，占据了超过50%的市场份额（见图13）；第二梯队中，宇视科技相对起步较晚，2006年才开始进入视频监控行业，且仅研发当时最先进的数字监控设备，错过了模拟机时代，但随着行业的技术迭代，宇视科技后来居上，目前引领第二梯队。

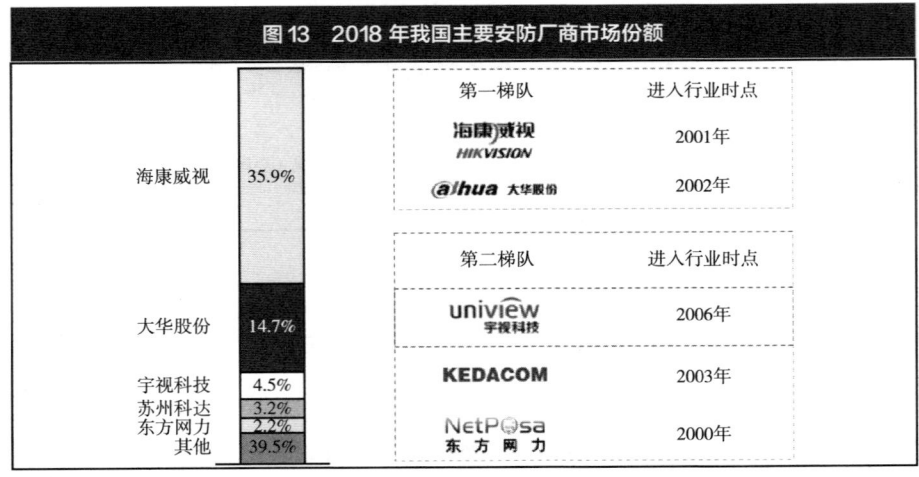

图13 2018年我国主要安防厂商市场份额

资料来源：IHS Markit。

得益于我国视频监控场景多样、成熟，安防行业发展较为迅速，中国行业龙头在技术、产品、服务、品牌口碑方面已不弱于甚至强于国际品牌，再加上国内的工程师红利和供应链优势，国内龙头已在国际市场闯出一片天地。

2019年，国内三大视频监控龙头企业的海外业务营收总计超过270亿元人民币，且近几年保持快速增长，海康威视2017～2019年海外业务累计增长32.6%，大华股份累计增长42.1%，宇视科技更是实现了翻倍增长，累计增长152.6%（见图14）。

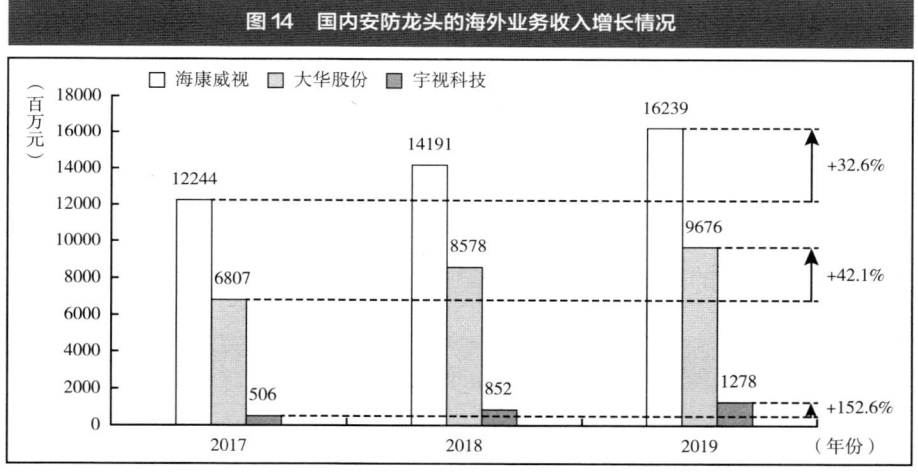

图14　国内安防龙头的海外业务收入增长情况

资料来源：IHS Markit，上市公司年报。

3. 重点公司分析——海康威视：全球安防领域绝对龙头

海康威视成立于2001年，最初从视频压缩板卡研发制造起家，经过至今近20年的发展，已成长为全球安防领域的绝对龙头，连续8年位居全球视频监控市场占有率第1，2018年全球市场份额达24.1%。目前，海康威视正着力构建AI+安防生态体系，加速向视频物联网及大数据服务转型（见图15）。

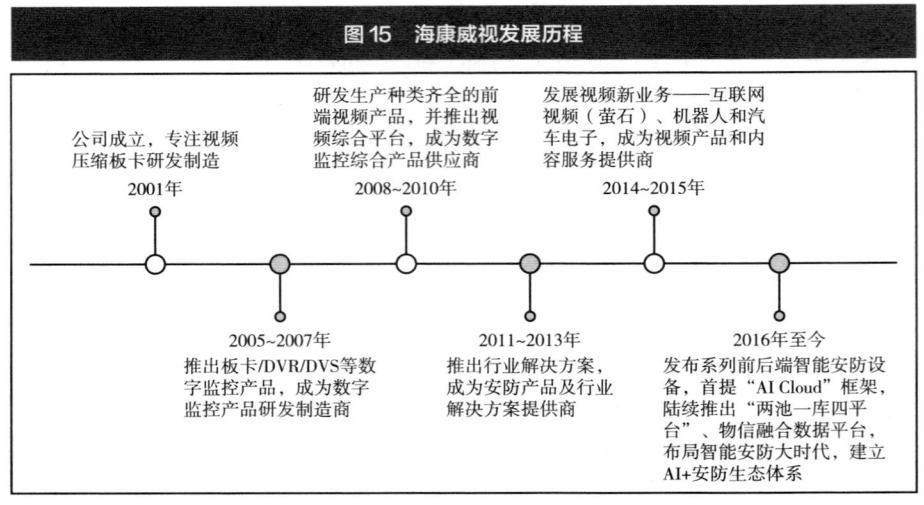

图15 海康威视发展历程

资料来源：海康威视官网。

通过长年深耕安防领域，在以技术创新为公司发展原动力的基础上，至今已发展出了硬件、软件、服务、综合解决方案等完整产品体系，可以满足各类型客户的安防需求。海康威视产品体系见图16、图17。

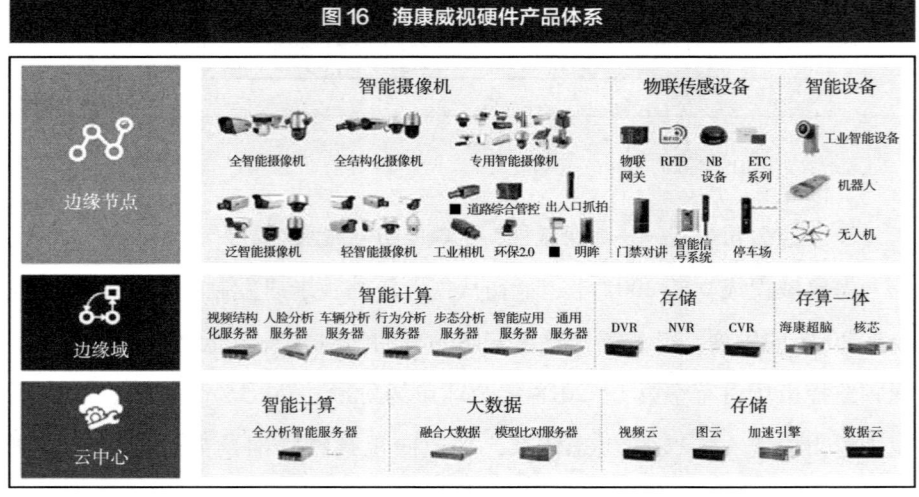

图16 海康威视硬件产品体系

资料来源：海康威视年报。

图17 海康威视软件产品体系

资料来源：海康威视年报。

从财务层面看，2019年海康威视收入已达577亿元，2017～2019年收入CAGR达17.3%，2019年增速下滑主要受国内政府端需求放缓、中美贸易摩擦等不利因素影响（见图18）。

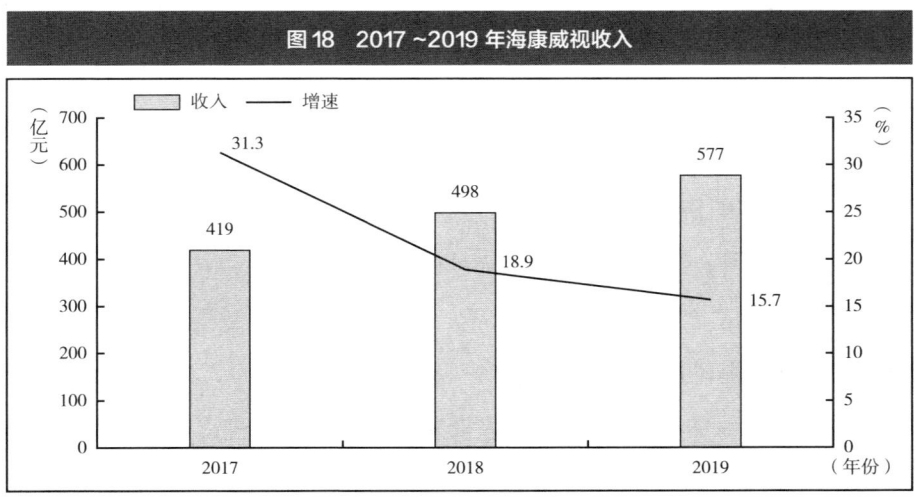

图18 2017～2019年海康威视收入

从收入结构来看，2019年公共及企事业客户仍为海康威视最大客户群体，占比达52%，海外客户、中小客户分别占比30%、17%（见图19）。

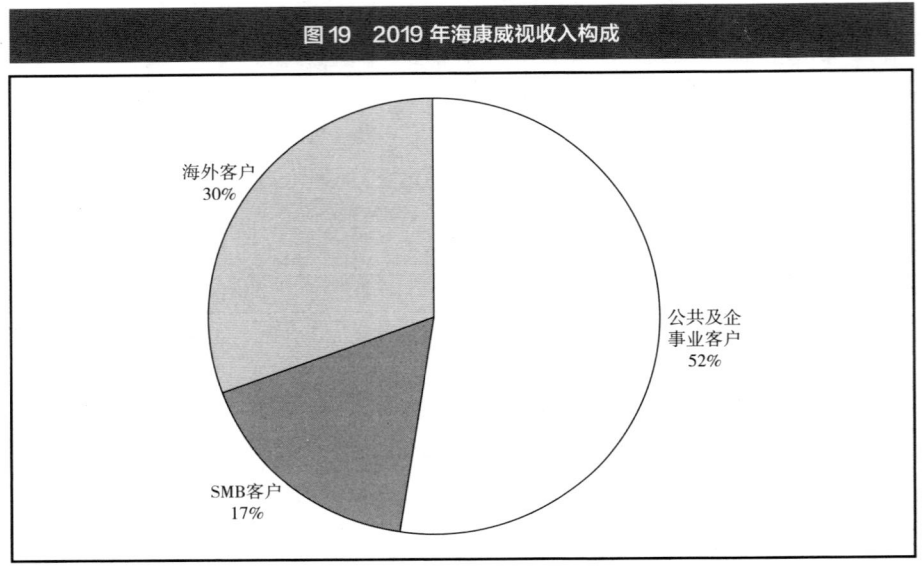

图19　2019年海康威视收入构成

注：收入构成仅针对核心视频监控业务，不含家居、机器人及其他创新业务。
资料来源：Wind，海康威视年报。

利润方面，得益于较强的议价能力及规模效应，海康威视毛利率稳定在40%以上，较行业第二的大华股份持续领先5个百分点左右，叠加在费用精细化管理上的优势，海康威视净利率显著优于大华股份（见图20）。

4. 重点公司分析——宇视科技：快速成长的第二梯队领头羊

宇视科技（Uniview）前身是华三（原华为与3COM成立的合资公司）下属存储及多媒体事业部，2011年独立运营后专注于视频监控领域，2018年3月，千方科技以人民币43亿元对价完成收购宇视科技母公司92%股权，宇视科技正式并入上市公司体系。根据IHS Markit数据，以2018年的业绩计算，宇视科技在全球视频监控设备市场的份额为3.2%，位列全球第4，较2014年的全球第12位显著提升，在国内厂商中仅次于海康威视、大华股份（见图21）。

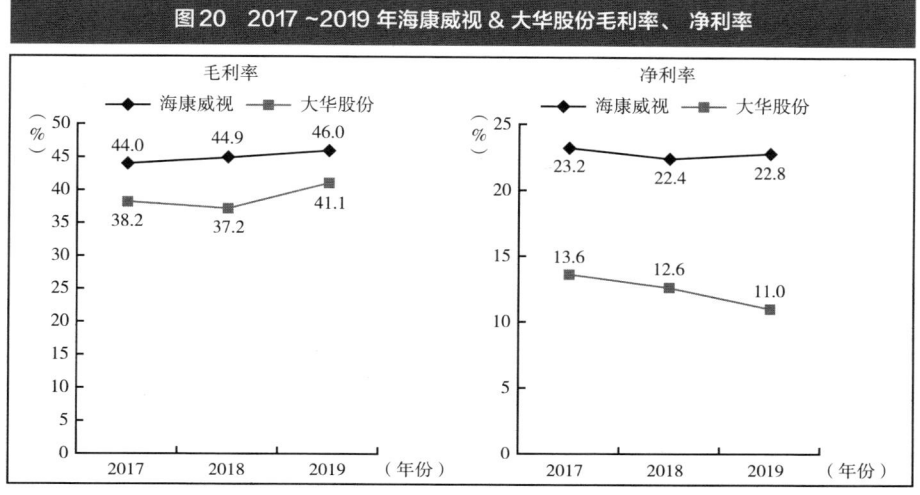

图20 2017~2019年海康威视&大华股份毛利率、净利率

资料来源：Wind。

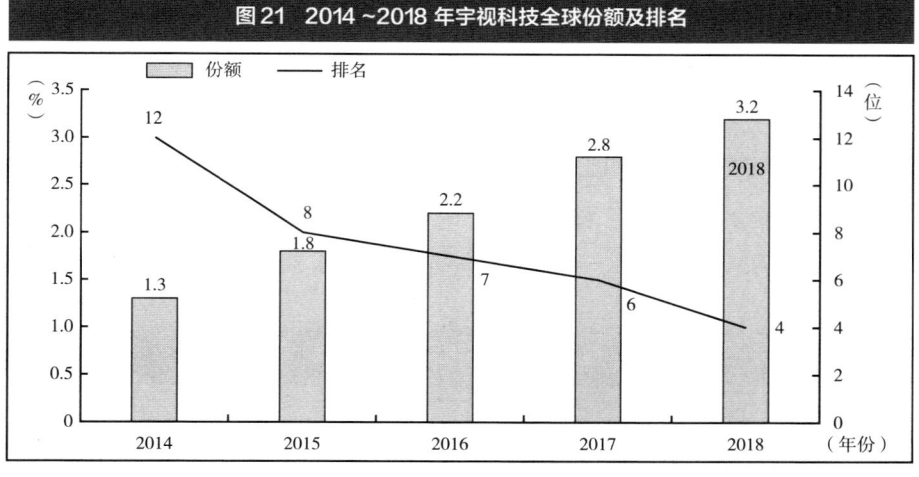

图21 2014~2018年宇视科技全球份额及排名

资料来源：IHS Markit。

2017~2019年，宇视科技收入分别为28.5亿元、40.7亿元、49.4亿元，体量相比海康威视、大华股份仍有较大差距，但成长性优于两大巨头，宇视科技2017~2019年收入CAGR为31.5%，海康威视及大华股份同期CAGR则分别为17.3%、17.8%（见图22）。

宇视科技自成立之初便聚焦于较为高端的网络视频监控领域，目前拥有网络摄像机、存储、显控等完整智能安防产品体系，以及面向公共领域（政府、公安、交通等）、大型企业（金融、能源、汽车等）、商业地产等行业客户的综合解决方案。

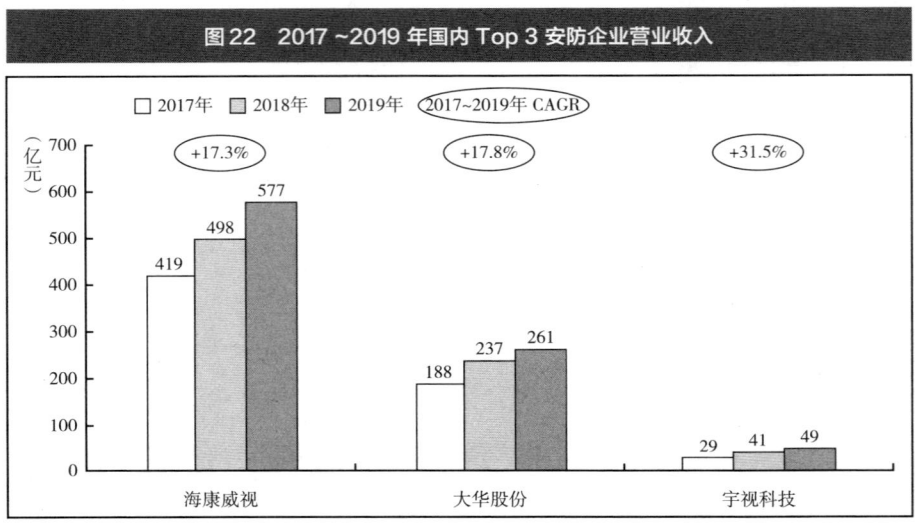

图22　2017~2019年国内Top 3安防企业营业收入

资料来源：Wind，上市公司公告，建投投资/建投华文整理。

在硬件领域，宇视推出了"九山四关"13个系列产品，涵盖感知、存储、计算、分析等多个环节，实现了感知频域、感知能力等多项产品能力的显著提升，已在多个市场领域得到广泛应用。宇视科技硬件产品体系见图23。

图23　宇视科技硬件产品体系

资料来源：宇视科技官网。

在行业客户定制化安防解决方案领域，截至 2019 年底，宇视科技累计建设"雪亮工程"249 余个，平安工程 741 余个，智能交通项目 450 余个，平安高校 636 所，38 个城市的 140 余条地铁线路，70 个机场，大型企业 470 余家，三甲医院 230 余家，高速公路 300 余条，并持续保障人大、两会等重大活动。宇视科技典型行业客户及项目见图 24。

图 24　宇视科技典型行业客户及项目

资料来源：宇视科技官网。

宇视科技高度重视技术积累与演进，持续推进 AI 能力产品化。根据浙江省企业有效发明专利数量排名，宇视科技以 856 件位居第 3、安防企业第 1（见图 25），体现了宇视科技在研发及技术方面的强大竞争实力。宇视科技下属有六大研究所，基于可视智慧物联系统架构，进行 AI、大数据、云存储、物联网等系列化产品及解决方案研发。技术研发之外，宇视科技秉持"精工品质"进行产品化落地，两款 AI 摄像机获 2020 年德国红点产品设计奖。在落地应用方面，宇视科技深度参与了北京大兴机场建设，实现了迄今为止全球机场最大规模 AI 安防部署。

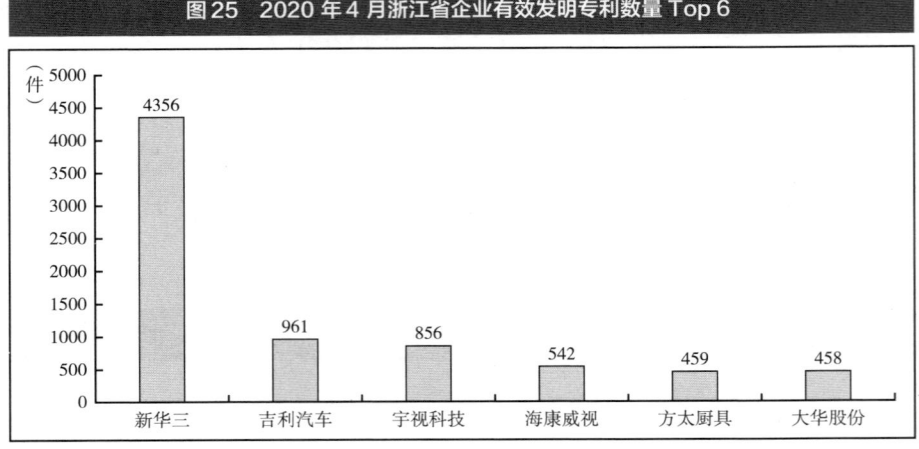

图25 2020年4月浙江省企业有效发明专利数量 Top 6

资料来源：浙江省政策服务平台。

四 智能安防行业发展趋势

1. 智能物联打开安防行业天花板，成为各大厂商重点发展方向

除了狭义的智能视频监控，传统视频监控龙头企业也在逐步向更广阔的智能物联（AIoT）市场转型，面对AIoT庞大的市场潜力，海康威视等传统大厂、华为等后起之秀纷纷快速布局，行业天花板进一步打开。

AIoT兴起于2018年，指系统通过各种终端设备（各类摄像头和探测器）实时采集各类信息，之后在设备或云中心（设备本身直接处理、后端设备处理或云处理）对数据进行智能化分析，最后再反馈到终端设备输出，也可简单总结为"感知智能化、分析智能化、控制/执行智能化"，典型的具体案例包括以下几种。

（1）智能交通灯：摄像头可以实时抓取车流信息，传输到指挥中心智能分析，再反馈回信号灯控制信号间隔时间。

（2）智能防火：从空中即可覆盖扫描森林情况，传输到防控中心分析出火点，反馈到前线采取针对性措施。

（3）智能家居：通过各类传感器感知室内环境，借助手机 App 进行处理分析，实现控制空调、净化器、加湿器等终端设备。

（4）智能物流：通过机器人获取货品和路径信息，传输到调度中心匹配物流安排，机器人即可自动完成货物分拣配送。

以海康威视产品为例，基于智能物联与消防联动，实现了智能火灾报警、可燃气泄漏报警、水电安全监测、AI 视频融合的"安消一体化"协同作战，在企业园区、金融、教育、医院、文博等十余个行业获得广泛应用。在民生领域，某安消一体民生实事项目中，实现 373 幢高层建筑与 108 家重点单位统一管理。自项目建成后，消防设施完好率显著提升，报警数量总体下降 35% 以上。海康威视智能物联产品在工业生产领域的应用见图 26。

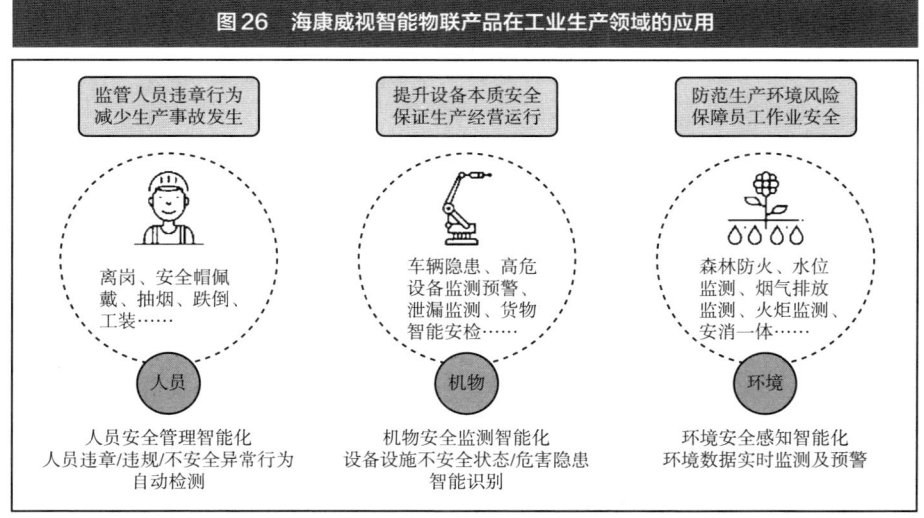

图26　海康威视智能物联产品在工业生产领域的应用

资料来源：海康威视年报。

2. 碎片化的长尾市场将逐步扩大，成为行业主要增长驱动力

长期以来，我国安防行业需求端由政府及各类大型企业（合称"集中型市场"）主导，以"雪亮工程"为代表的各类大型公共安防项目贡献了我国安防行业的基本盘，此类项目具备客户集中、单项目金额大等典型特点，也是我国安防厂商早期阶段重点覆盖的头部客户市场。而与集中型市场相对应的，则是我国成千上万的各类中小企业、社会机构、商户及家庭等客户（合称"长尾市场"，见图27），虽然这类客户规模庞大，但客户的需求往往较小，且分散在全国各地，呈现显著的碎片化特征，长期以来构成了我国安防行业的长尾市场。

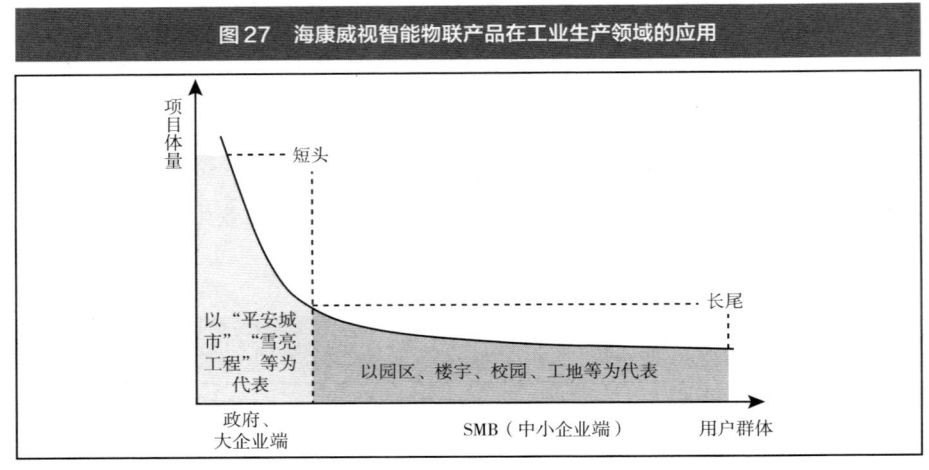

图27　海康威视智能物联产品在工业生产领域的应用

资料来源：亿欧咨询。

但随着近年来我国宏观经济增速回落、公共财政支出增长相应放缓，同时各类大型企业的安防渗透率已普遍较高，预计来自集中型市场的安防需求将由快速增长阶段换挡至稳定增长阶段。与此同时，随着AI、大数据等新技术快速引入，智能安防时代的到来让安防行业的边界逐渐模糊化，同时快速发展的智能物联产品也把传统安防厂商带入了千家万户。随着安防产品在长尾市场渗透率的持续提升，庞大的中小用户群体预计将成为我国安防行业的第二增长曲线。

3. 头部安防厂商竞争优势稳固，市场集中度将进一步提升

在安防产业中，中游设备厂商领域存在较为显著的规模效应，体现在：①成本优势，头部企业凭借庞大单量，对于上游厂商的议价能力显著强于中小厂商，在降低生产成本的同时奠定了价格优势；②渠道优势，头部厂商均建立了覆盖低线城市的多级代理商体系，销售网络可以覆盖全国，同时借助代理商实现了更强的服务能力；③研发优势，安防行业技术及产品更新迭代较快，头部企业强大的资金及人才资源可以使其持续引领新趋势；④品牌优势，安防作为相对敏感及关键的应用领域，经验、质量、服务等方面均是用户的核心决策因素，而头部厂商凭借品牌基础拥有天然优势。

在我国安防行业发展早期的快速增长阶段，除了海康威视、大华股份等老牌厂商外，也涌现了大量占据一定产品、市场等优势领域的中小厂商。但随着我国安防行业增速逐步放缓，头部企业依靠规模优势开始逐步挤压中小厂商的市场份额，行业加速洗牌。根据中安网数据，2014年我国安防设备厂商数量近1万家，至2018年已锐减至4000家。此外，在成规模的8家上市安防企业中，2019年收入增速也呈现明显分化，前4大厂商依然维持了10%以上的增速，后4家厂商则掉队明显（见图28）。根据互联网数据中心数据，2018年我国视频监控厂商CR3（海康威视、大华股份、宇视科技）的市场份额为56.4%，随着增速差距的逐渐拉大，市场普遍预计CR3的市场份额很快将进一步提升至60%~70%，头部效应将持续增强。

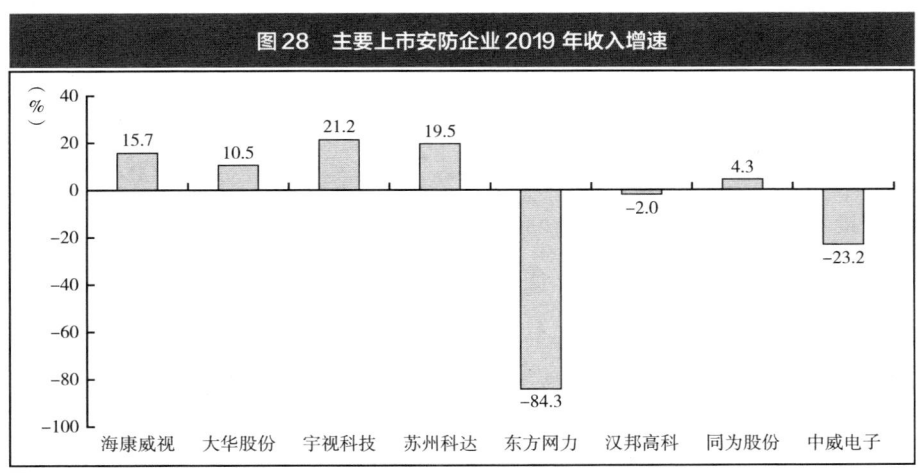

图28 主要上市安防企业2019年收入增速

注：宇视科技数据来自千方科技，苏州科达数据剔除了视频监控业务。
资料来源：Wind。

五 智能安防行业投资建议

1. 中游设备厂商领域：建议关注国内头部三大安防厂商

中游安防设备厂商作为我国安防产业最核心的环节，目前已经形成稳定且持续巩固的市场格局，其中海康威视及大华股份作为仅有的 2 家"百亿收入俱乐部"公司，牢牢占据了行业前 2 位的龙头地位。凭借全方位的竞争优势，在国内安防市场持续扩容、中国厂商持续抢夺海外份额的大背景下，预计海康威视及大华股份收入、净利润未来 3~5 年仍然可以维持 10% 以上的增长速度，从而推动市值进一步提升。

除了第一梯队的 2 家龙头外，目前国内份额第 3 位的宇视科技也具备较好的成长潜力。作为前华为合资公司的独立事业部，宇视科技具备较为优秀的技术研发、产品及销售基因，2018 年被 A 股最大智慧交通企业千方科技收购后，借助上市公司在交通领域的客户资源、资金支持等协同作用，整体公司实力迈上新台阶，2018~2019 年收入增速持续超越海康威视、大华股份两大行业龙头，尤其在海外市场实现了 50% 以上的高速成长。随着安防行业持续出清，宇视科技作为第二梯队领头羊，有望享受行业整合红利、提升市场份额（见图 29）。

2. 上游供应商领域：建议关注壁垒更强的 AI 技术厂商

随着 AI 在安防领域的应用逐渐深入，除了中游安防设备厂商持续加大创新投入、升级转型以巩固地位外，原有以镜头、传感器等传统硬件设备为主的上游供应领域也迎来新势力，这些新兴厂商大多从两大方向切入安防。一是安防监控智能分析的 AI 技术供应商，这一类创业公司以依图科技、商汤科技、旷视科技、云从科技等体量较大的计算机视觉新兴企业为主；二是 AI 板卡/芯片的硬件厂商，目前国内众多 AI 芯片创业企业（如寒武纪、地平线、深鉴科技）等都瞄准了安防 AI 芯片这一领域。

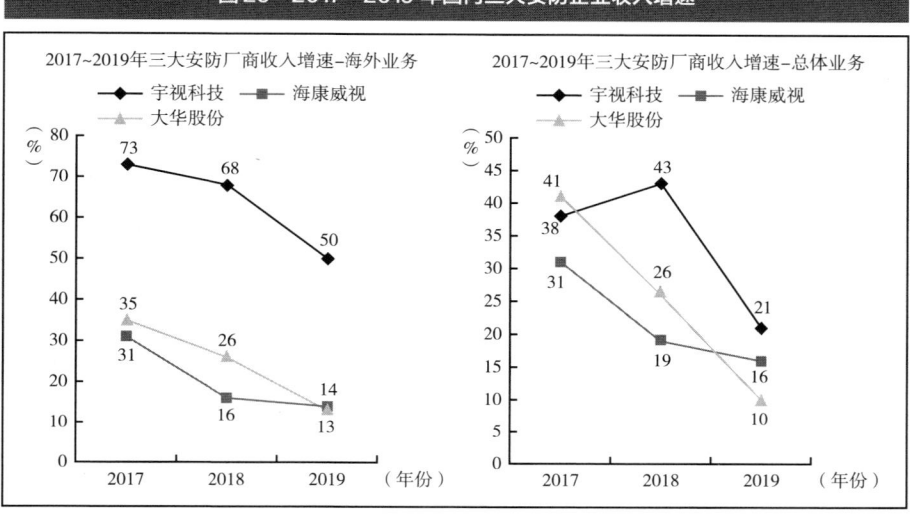

图29　2017~2019年国内三大安防企业收入增速

资料来源：Wind，上市公司公告。

具体而言，由于安防涉及的场景类型众多，为了实现更加精准的识别与分析等功能，AI安防产品对于不同场景的理解能力要求极高。AI安防企业在应用场景中的适应能力越强，抢占的市场规模越大，产生的数据越多。而大数据是深度学习训练的必要条件，拥有数据越多的企业，其算法将越精准。因而，深耕特定场景及应用领域的AI技术厂商逐渐构筑了较高的竞争壁垒及较强的客户黏性，得以在巨头林立的安防行业稳占一席之地。从人像识别布控、视频结构化分析、车辆大数据搜集、AR实景指挥系统等AI深度应用领域观察，目前具备较强实力的新兴AI技术厂商包括商汤科技、旷视科技、云从科技、依图科技、影谱科技等。

中国装配式装修行业发展特点和投资趋势

曹润骁　赵　顺

一 装配式装修与装配式建筑

装配式装修，又称为工业化装修。根据住建部在2017年颁布的《装配式混凝土建筑技术标准》和《装配式钢结构建筑技术标准》，装配式装修是指采用干式工法，将工厂生产的内装部品在现场进行组合安装的装修方式。整体卫浴和整体厨房等也属于装配式装修的范围。与此对应的是装配式建筑，其墙体、楼梯、顶楼等都是在生产车间浇筑完毕，拉到施工现场可以直接进行拼接。装配式装修主要针对的是内装，而装配式建筑主要侧重于对楼层的架构建筑，两者相辅相成。

装配式装修也叫作"干法施工"，不需要诸如水、涂料、水泥等传统材料，只需要将已在工厂预制生产的地板、墙板和天花板等运至施工现场组装并镶嵌即可。房屋结构中没有预埋的设备和管线，支撑与连接等构造方式包括锚栓、支托、结构粘胶等，连接方式决定了装配式建筑的分类，见表1。

表1 装配式建筑分类

分类	连接方式	适用
全装配式建筑	现场进行吊装和拼接预制件，不用混凝土浇筑	对抗震无较高要求
半装配式建筑	现场用混凝土浇筑结合预制件装配	对抗震有一定要求

资料来源：东北证券、中国产业信息网。

装配式装修是政府大力推广的新型模式，目前还没有形成成熟的产品体系，发展潜力大。一方面，解决了落后的传统手工业装修标准化程度低、人力成本高、缺少规模效益等痛点；另一方面，符合高效、环保、节约的产业发展趋势，是国家近年来大力扶持的新型装修模式，在万亿级的装修市场中渗透率快速提升，已具有一定规模并有较大发展潜力。装配式装修技术体系见图1。

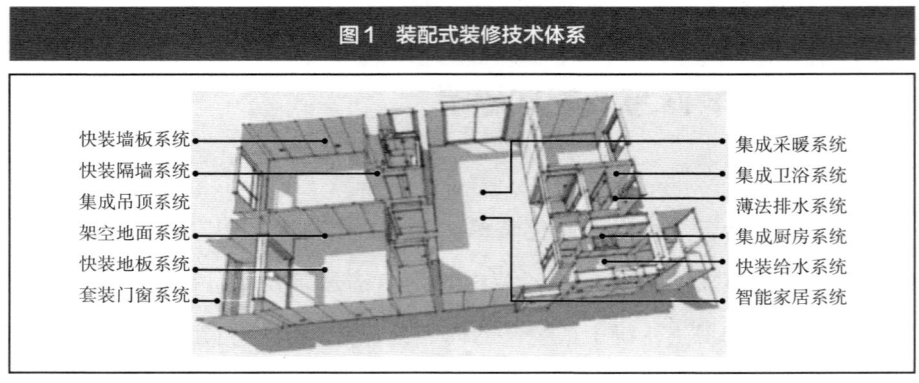

图 1 装配式装修技术体系

资料来源：装配式建筑网。

二 装配式装修的优势

装配式装修本质上是传统手工业装修的现代工业化，是明确的未来发展趋势。装配式装修是将传统装修通过标准化设计，对相关部品（内隔墙、地板、管线、厨卫模块等）进行工厂化生产，然后进行装配式施工的新型装修模式，技术上采用干式工法装配、管线与结构分离以及部品集成定制，具有标准化设计、工业化生产、装配化施工、信息化协同的工业化思维，目前主要应用于长租公寓、保障房、人才公寓、酒店和办公楼等领域。

相较传统装修存在现场环节多、工种多、人工作业依赖严重、耗时久、质量难以保证等弊端，装配式装修重工厂制造、轻现场施工，具有"多、快、好、省"的优势，也能极大程度解决装修现场管理难、项目环节众多、人员依赖严重等问题。在装配式装修中，从毛坯房到方案设计再到厂商组装的这一系列过程依托着上游的个性化设计，也依赖着下游稳定的交通运输能力。传统装修（工期30天）和装配式装修（工期10天）流程见图2。

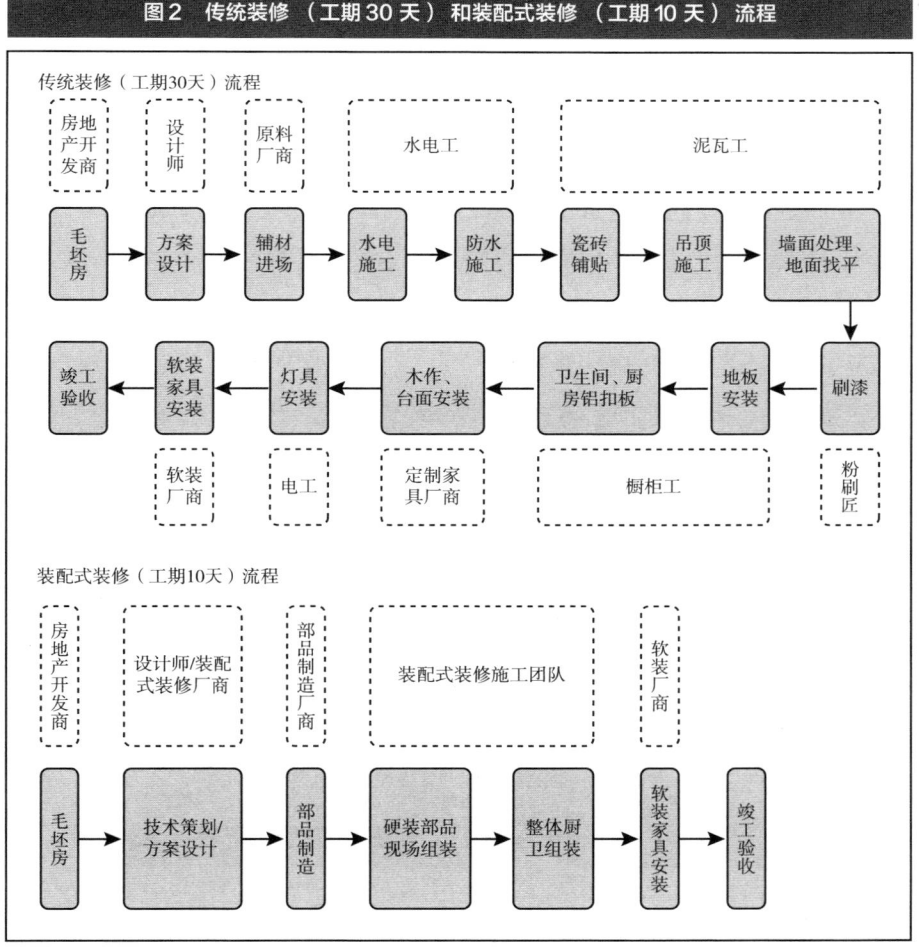

图2 传统装修（工期30天）和装配式装修（工期10天）流程

（一）装配式装修将传统装修产品模块化、标准化

装配式装修将单体装修项目拆解为不同部品模块进行标准化设计与生产制造（见图3），并在装修环节将分散的部件、材料拼装为一个整体，在提升性能的同时实现了干式工法（不涉及抹泥子、找平、刷墙等需要晾干与手工调整的湿法作业），易于交付和装配。

装配式装修公司对每种部品部件提供若干选项，由此形成标准化中的个性化，产品丰富；虽为大批量工业化生产，但强调预先在生产环节完成部品的个性化定制（不同的表面花纹或材质等），从而避免在装配现场进行二次加工。

根据专家访谈的信息，与传统装修作业模式相比，当前装配式装修模式的物料成本高于传统装修模式（见图4），但现场施工环节节省了大量人工。总体而言，要达到类似的装修效果，装配式装修的造价略高。但由于装配式装修行业尚处发展早期，市场普遍供不应求，因此装配式装修项目的赢利能力显著优于传统装修项目。

图3 装配式装修各主要模块

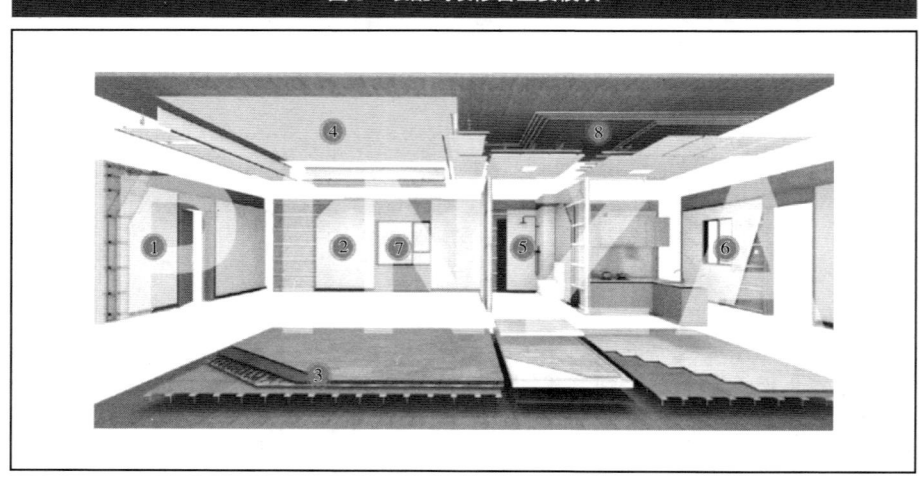

注：①非砌筑内隔墙模块；②饰面墙板部品模块；③楼面地面部品模块；④集成吊顶部品模块；⑤集成卫浴部品模块；⑥集成厨房部品模块；⑦内门窗套部品模块；⑧SI布线部品模块。

（二）提速节能，重构装修工艺流程

装配式装修通过重构装修工艺流程，在缩短工期、降低成本、减少废料、节能环保等方面拥有诸多优势，见表2。

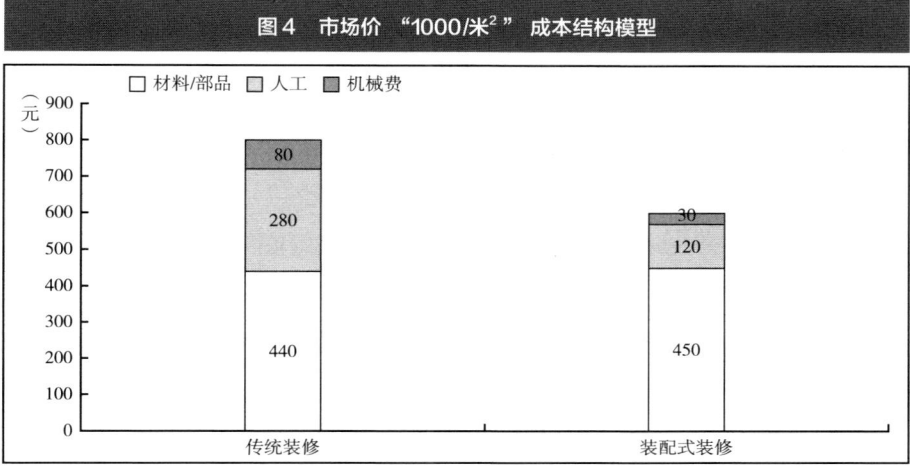

图4 市场价 "1000/米²" 成本结构模型

表2 传统装修与装配式装修对比

	传统装修	装配式装修
设计环节	尺寸多变,手工作业,定制化逻辑	一体化、标准化、模块化、工业化建造逻辑
建造环节	现场施工为核心,原材料现场加工处理	工厂预制为核心,大批量集成制造,现场仅进行组装
运维环节	需要砸、凿、补,影响主体结构	标准化部件在主体结构之上拼装,运维更换部件即可
品质控制	高度依赖手工,质量参差不齐,易产生污染	高精度标准化组装,绿色环保,即装即住
预算控制	标准化程度低,费用波动大,预算不可控因素多	预算可控性较高
成本运营	细分项目繁多,开发与施工周期长,易增加额外的管理、销售和财务费用	大幅降低人工成本,节约约60%工时费,加快开发周期,节约资金和时间成本,节省建设管理费用和财务成本,降低项目生产成本
现场工种	涉及10多个工种,如瓦工、泥工、木工、油漆工等,易扯皮纠纷,推诿责任	只涉及安装工及电工
工期	30天	10天
原材料	材料种类繁多,选购麻烦,现场加工制作浪费资源,材料难以回收再利用	部品集中生产,生产误差小,节约环保、性能优良、部品可回收再利用,装修安全、耐久

资料来源:北京市保障性住房建设投资中心、北京和能人居科技有限公司编著《图解装配式装修设计与施工》,化学工业出版社,2019。

三 装配式装修行业发展

（一）市场规模巨大，仍处于前工业阶段

我国装修行业市场规模巨大，但近年来增速放缓，装修模式尚处于前工业阶段。根据国家统计局数据，2019年我国装饰装修行业总产值达到1.24万亿元，同比增长-1.2%；随着劳动力红利消失，传统装修行业发展遭遇了瓶颈，正面临很大的转型压力，行业增速自2016年以来有所放缓，近年来持续处于10%以下。但由于装修服务具有一定的必选消费与刚需属性，整体市场有较强的需求支撑作为基础。

我国装修行业目前仍普遍处在前工业发展阶段，即以手工艺人现场施工装修为主，未能实现大规模工业化的运作体系，现有运作模式也导致行业存在大量浪费。据统计，装修行业每个房屋更新周期约为10年，初次装修平均每套房会产生2.5吨左右的垃圾，二次装修平均每套房则会产生4吨左右的垃圾，高损耗与高度人工依赖使得行业有向工业化发展的动力。2002~2019年我国装饰装修行业产值情况见图5。

（二）人口老龄化，建筑产业有待转型升级

建筑行业作为劳动密集型产业面临劳动力老龄化的直接冲击，用工成本快速攀升，迫切需要转型升级。根据国家统计局数据，近年来我国劳动力老龄化程度迅速提高，40岁以上农民工比例由2008年的30.0%上升至2019年的49.4%（见图6）。而根据专家访谈的信息可知，受到建筑行业工作环境恶劣、收入相对较低且工作量大等因素影响，目前建筑工地中劳动力平均年龄已达到50岁左右，年轻劳动力极度短缺。

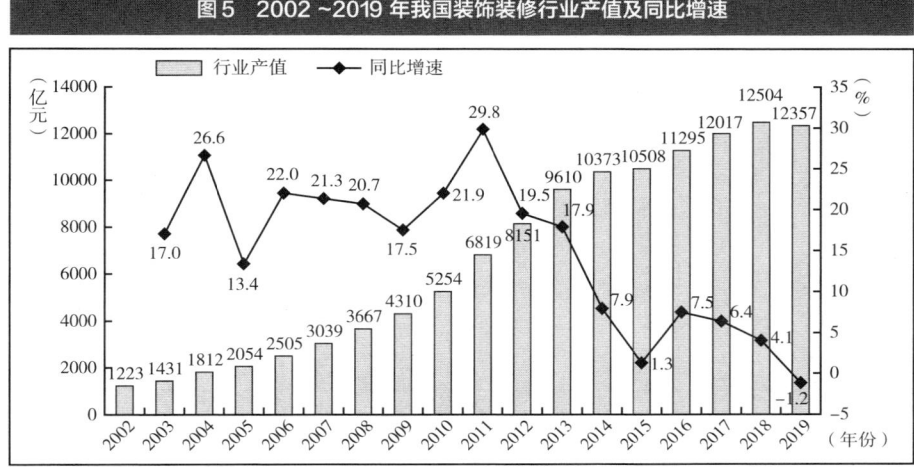

图5　2002~2019年我国装饰装修行业产值及同比增速

资料来源：国家统计局。

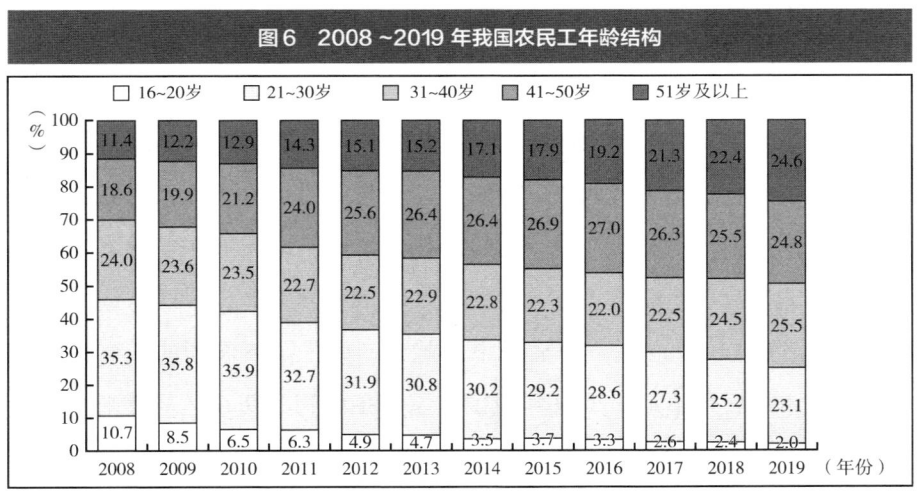

图6　2008~2019年我国农民工年龄结构

资料来源：国家统计局、Wind。

受到人力资源情况恶化的影响，我国建筑业用工成本近年来快速攀升，建筑业农民工月平均收入由2009年的1625元上升至2019年的4567元，提高了近2倍（见图7）。在这一趋势下，减少用工量与降低施工作业中的人力成本成为产业转型最迫切的需求之一。

图7　2009~2019年国内建筑行业用工成本

资料来源：国家统计局、Wind。

（三）房地产周期导致市场增速放缓，仍有发展空间

装修市场受到房地产周期影响增速放缓，但仍有新的增长点与较大发展空间。装修行业属于房地产后周期行业，与房地产景气度紧密相关，需求一方面来自新增房驱动，另一方面来自存量房驱动。近几年国家对房地产开发的调控政策趋严，坚持"房住不炒"的基本方针，我国房屋竣工面积2014年达到10.7亿平方米后呈下滑趋势，处于高位波动的状态，导致新房装修市场后劲不足，2019年我国房屋竣工面积为9.6亿平方米，同比增长2.6%（见图8）。

然而在存量房方面，近年来二手房交易市场不断扩大，2019年增长到7.6万亿元，同比增长17.4%（见图9）。我国租赁市场交易额于2019年达到14.9万亿元，同比增长13.0%（见图10），二手房与房屋租赁市场一同成为翻新需求增长的动力来源。

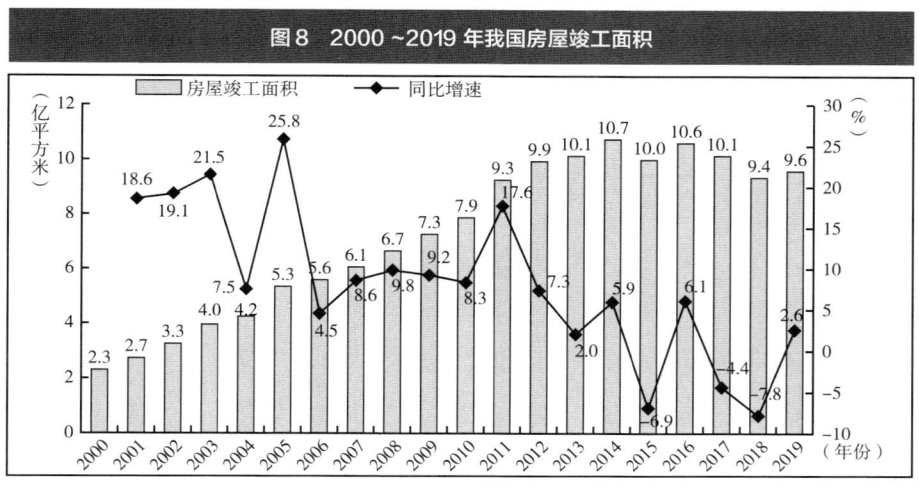

图8 2000~2019年我国房屋竣工面积

资料来源：国家统计局、Frost & Sullivan。

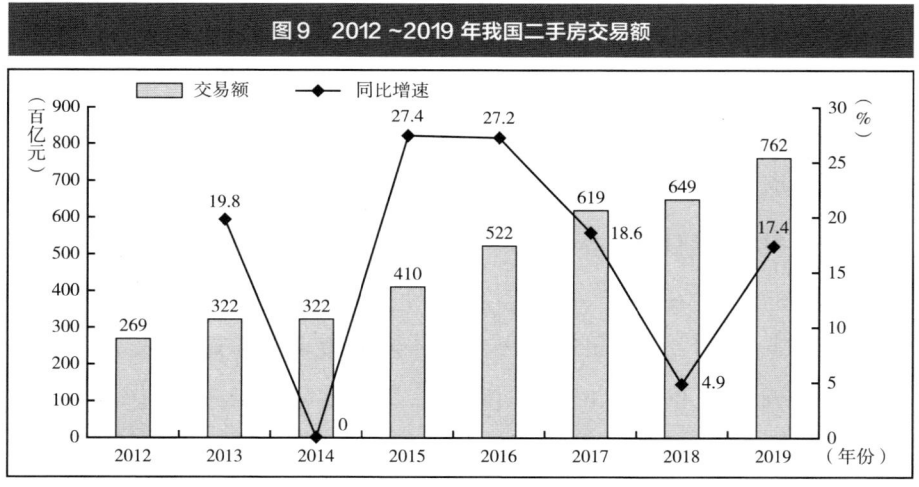

图9 2012~2019年我国二手房交易额

资料来源：国家统计局、Frost & Sullivan。

（四）装配式装修市场方兴未艾，不断快速增长

装配式装修是与装配式建筑同时诞生的概念，我国对装配式建筑的推广主要开始于2017年，由于相关技术规范体系的建立滞后，装配式装修

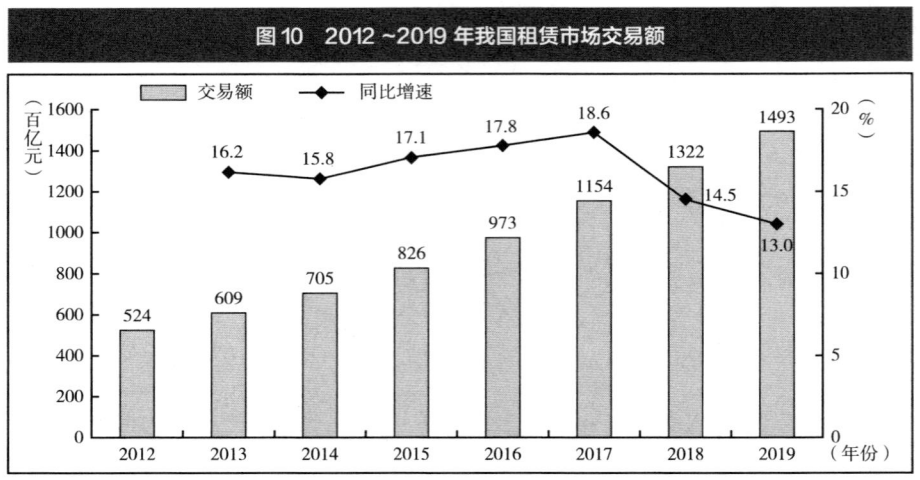

图10 2012~2019年我国租赁市场交易额

资料来源：国家统计局、Frost & Sullivan。

的大规模推广要晚于装配式建筑。

根据专家访谈所获得的信息，建筑与装修行业普遍认为装配式装修的技术完备度与商业可行性比装配式建筑更加成熟，因此装配式装修目前成为政府推动建筑装配化率提升过程中不可或缺的部分与主要的发力方向。

根据住建部统计的数据，在政策推动下我国装配式装修行业产值从2016年的3.7亿元增加至2019年的905.8亿元，复合年均增长率约为525.6%（见图11）；装配式装修在整体装修市场的渗透率由2017年的0.3%上升到2019年的7.3%（见图12），渗透率快速提升，但绝对水平仍相对较低，未来依然有较大的发展空间。

（五）规模化市场需求已经形成

装配式建筑与装修的市场份额快速提升，已形成规模化市场需求。2012年以来，装配式建筑实现了快速发展，全国装配式建筑新开工建筑面积从2015年的7300万平方米上升至2019年的4.2亿平方米，复合年均增

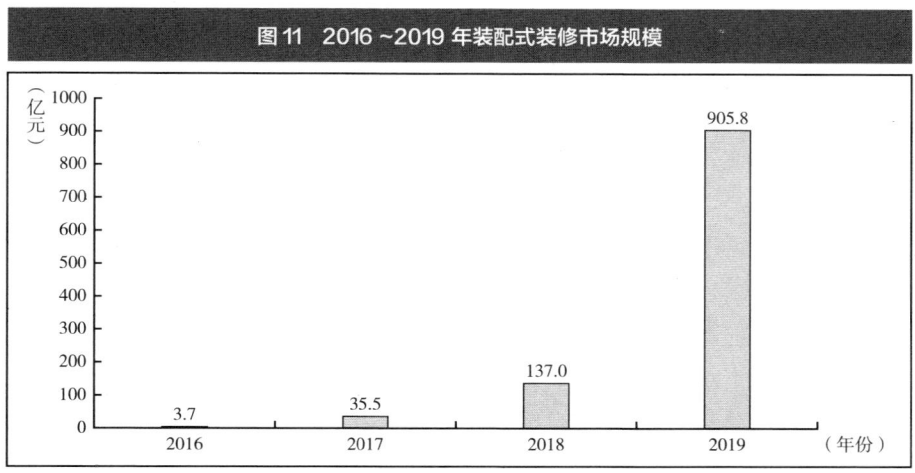

图11 2016～2019年装配式装修市场规模

资料来源：住建部、智研咨询。

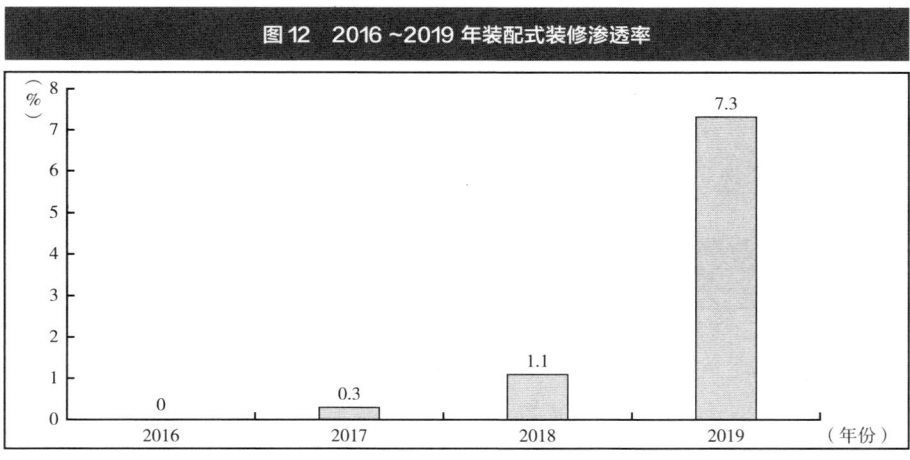

图12 2016～2019年装配式装修渗透率

资料来源：住建部、智研咨询。

长率约为55%，占新建建筑面积比例由4.7%提升至18.5%（见图13）。未来装配式建筑的渗透率预计将进一步提升，假定每年新建建筑面积22.72亿平方米不变，按全国装配式建筑占新建建筑的比例达到20.7%计算，2020年新建装配式建筑面积将达到4.7亿平方米，同比增长11.9%；按装配式建筑占新建建筑比例达30%计算，2020年新建装配式建筑面积则将达到6.8亿平方米。

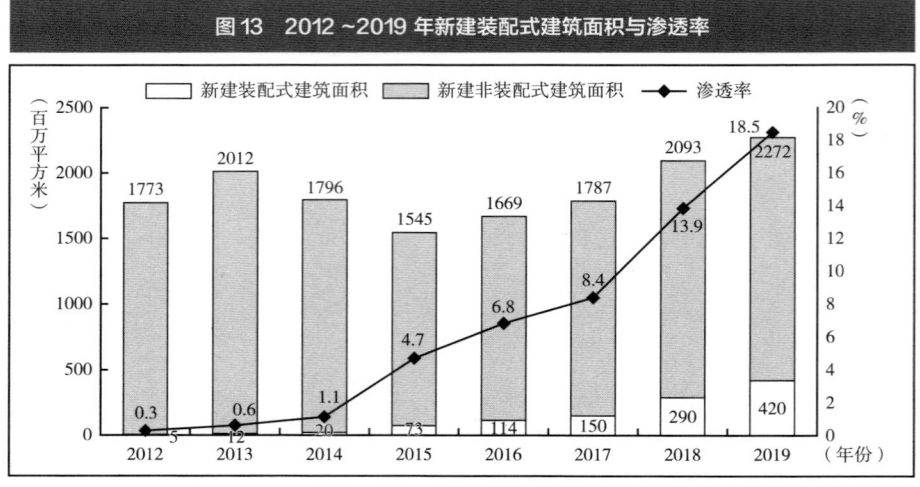

图13 2012~2019年新建装配式建筑面积与渗透率

资料来源：住建部、智研咨询。

根据住建部的统计，2018年新开工装配式装修面积约为699万平方米，仅占新开工全装修面积的5.8%；2019年新开工装配式装修面积为4529万平方米，同比增长547.93%（见图14）。虽然起步较晚，但装配式装修已处于快速增长的轨道中。

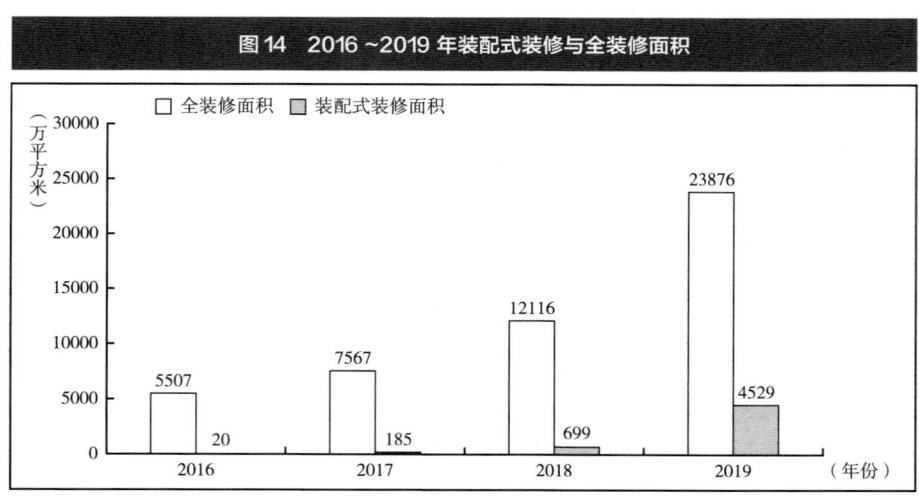

图14 2016~2019年装配式装修与全装修面积

资料来源：住建部、智研咨询。

四 政策动态

（一）政策助力装配式建筑/装修市场快速发展

2015年以前，装配式建筑的市场环境并不友好，主要原因在于技术限制和钢筋混凝土施工一直是主流。由于装配式装修/建筑优势明显，近年来各级政府密集出台政策加以扶持，推动力度大。其中2016年国务院发布的《关于进一步加强城市规划建设管理工作的若干意见》提出，用十年左右的时间要使装配式建筑的比例达到30%，极大推进了装配式装修的发展；《关于大力发展装配式建筑的指导意见》对装配式建筑的比例做了进一步明确——到2020年达到15%，2025年达到30%。近些年相关政策逐渐由装配式建筑向装配式装修细化，装配式装修政策和行业标准体系逐步完善。装配式建筑/装修相关政策梳理见表3。

表3 装配式建筑/装修相关政策梳理

发布时间	政策名称	政策内容
2016年	《关于大力发展装配式建筑的指导意见》	发展装配式建筑是建造方式的重大变革，是推进建筑业供给侧结构性改革的重要举措。力争用10年左右的时间，使装配式建筑占新建建筑面积的比例达到30%
2017年	《"十三五"装配式建筑行动方案》	到2020年，全国装配式建筑占新建建筑的比例达到15%以上。加快推进装配式装修，提倡干法施工，减少现场湿作业。推广集成厨房和卫生间、预制隔墙、主体结构与管线相分离等技术体系
2017年	《装配式建筑评价标准》	将干法施工楼面、地面，集成厨房，集成卫生间，管线分离等装配式装修纳入装配式建筑评分表

续表

发布时间	政策名称	政策内容
2018年	《住房城乡建设部建筑节能与科技司2018年工作要点》	积极推进建筑信息模型BIM技术在装配式建筑中的全过程应用,推进建筑工程管理制度创新,积极探索推动既有建筑装配式装修改造,开展装配式超低能耗高品质绿色建筑示范
2019年	《装配式钢结构住宅建筑技术标准》	装配式钢结构建筑内部饰品应满足装配式装修的要求
2020年	《民用建筑工程室内环境污染控制标准》	为减少装饰装修造成的现场大量湿材料污染,可采用装饰装修一体化设计,选择标准化、集成化、模块化的装修材料/部品,现场装配式装修
2020年	《绿色建筑创建行动方案》	强调推广装配化建造方式,推动装配式装修

资料来源:住建部、国务院、地方住建委、中国工程建设标准化协会。

建立并完善行业标准和体系有效推动了装配式建筑的快速发展。2014年,《装配式混凝土结构技术规程》发布。2017年以后,其他技术标准逐步得到完善。2018年,住建部发布了《装配式整体卫生间应用技术标准》,2019年,住建部发布了《装配式钢结构住宅建筑技术标准》等。装配式技术标准发布时间见表4。

表4 装配式技术标准发布时间

发布时间	技术标准
2014年2月	《装配式混凝土结构技术规程》
2018年12月	《装配式整体卫生间应用技术标准》
2019年6月	《装配式钢结构住宅建筑技术标准》
2019年10月	《装配式铝合金低层房屋及移动屋》
2019年11月	《装配式住宅建筑检测技术标准》

资料来源:东北证券、住建部。

(二)各省份相继出台多项装配式建筑与保障房政策

为了推动装配式建筑市场的发展,政府通常会规定保障性住房采用装配式建筑方式,各省份的装配式建筑与保障性住房相关政策汇总见表5。

表5 各省份装配式建筑与保障性住房相关政策汇总

省份	政策名称	政策内容
北京	《北京市人民政府办公厅关于加快发展装配式建筑的实施意见》	各类保障性住房无论是否纳入保障房建设计划,均应采用装配式建筑(地上建筑面积小于2万平方米的除外)
北京	《北京城市总体规划(2016年—2035年)》	未来5年新供应各类住房150万套以上。未来5年新供应住房中,产权类住房约占70%,租赁类住房约占30%。产权类住房中,商品住房约占70%,保障性住房约占30%
天津	《关于大力发展装配式建筑的实施方案》	到2020年,全市装配式建筑占新建建筑面积的比例达到30%以上,其中:重点推进地区装配式建筑实施比例达到100%;其他区域商品住宅装配式建筑实施比例达到20%以上。实施装配式建筑的保障性住房和商品住宅全装修率达到100%
天津	《天津市2019年住房保障重点工作安排》	(一)新开工建设棚户区改造安置房2.58万套 (二)基本建成棚户区改造安置房1万套
天津	《天津市2018年住房保障重点工作安排》	(一)新开工建设棚户区改造安置房2万套(户) (二)基本建成棚户区改造安置房2万套(户)
河北	《关于加快棚户区改造工作的实施意见》	"十三五"期间,河北省计划新开工建设棚户区改造安置住房75万套。截至2020年7月底,全省已累计新开工近80.3万套安置住房,预计到2020年底完成80.5万套,将超额完成"十三五"规划的目标任务
河北	《河北省装配式建筑"十三五"发展规划》	到2020年,全省装配式建筑占新建建筑面积的比例达到20%以上,到2025年达到30%以上
河北	国务院常务会议审议通过关于雄安建设的8项决议	雄安没有商品房,全部是国家提供的公租房

续表

省份	政策名称	政策内容
河北	《2019年石家庄市城镇保障性安居工程工作要点》	棚户区改造开工15782套，基本建成12703套
	《2018年石家庄市城镇保障性安居工程工作要点》	公租房基本建成5000套；棚户区改造开工20778套，基本建成20612套
	《2020年全省住房城乡建设工作要点》	2020年新开工棚户区改造18万套，基本建成8万套，新开工公租房1500套，发放租赁补贴1.7万户
江苏	《江苏省"十三五"建筑产业现代化发展规划》	至2020年全省装配式建筑占新建建筑比例达到30%以上、成品住房比例达到50%以上。对采用装配式建筑技术进行建造的保障性安居工程给予不超过300元/米^{2}的奖励，并将新农村建设的装配式建筑纳入奖补范围
	《南京市住房保障"十三五"规划》	南京开工建设1500万平方米保障性住房。建成购租并举、进退有序的住房制度。城镇常住人口保障性住房覆盖率不低于23%，中低收入住房困难家庭实现"应保尽保"
陕西	《陕西省城镇住房保障"十三五"规划》	各类棚户区改造50.39万户
	《西安市深化住房供给侧结构性改革实施方案》	2018~2021年，全市计划建设和筹集公租房20万套、共有产权住房15万套
	《关于大力发展装配式建筑的实施意见》	新建保障性住房项目和财政资金、国有企业全额投资的房建工程将采用装配式建造方式。到2020年，陕西省装配式建筑占新建建筑的比例在重点推进地区将达到20%以上，2025年全省范围将达到30%以上

资料来源：住建部、国务院、地方住建委、中国工程建设标准化协会。

五 竞争格局

（一）装配式装修主要竞争者情况

装配式装修企业大多以技术、专利为切入手段，为政策性住房建设集团或地产商等客户提供从装修设计到部品部件制造再到施工维保的装配式装修服务。根据专家访谈收集到的信息，目前我国装配式装修市场参与方较多，但大部分缺少完整的技术体系与大规模商业化实施能力，仅有和能人居、亚厦股份等少数企业拥有较为成熟的产品与交付案例。我国装配式装修市场主要竞争者情况如表6所示。

表6 装配式装修市场主要竞争者情况

企业名称	类型	成立时间	竞争能力	业务规模与交付案例
和能人居	新兴创业企业	2012年	优势：行业龙头与第一品牌，具有大批量生产交付能力，签单量与交付量行业领先 劣势：现有成熟产品适用性偏向于政策性住房，定位中端；精装房等高端产品尚处于小批量阶段	已交付7万套住宅、3000套长租公寓、5万平方米办公楼、60个美容连锁店等总计600万平方米的建筑，已经应用的服务场景包括商品房、公租房、人才房、写字楼、酒店公寓等领域
金螳螂	传统装饰企业	1993年	优势：较高品牌认知和丰富市场触角，特别是公装领域 劣势：刚开始尝试部品体系，无工厂支撑	2019年整体收入体量为308.3亿元，但装配式装修仍处于样板阶段，无实际的营业收入贡献，有部分装配化率要求的项目通过传统材料拼凑来满足
亚厦股份	传统建筑装饰企业	1995年	优势：品牌认知、良好的政府关系与制造能力 劣势：技术体系不完善，缺乏足够的项目打磨，产品定位高端，成本较高	2019年整体收入体量为107.9亿元，但装配式装修交付规模相对较小，2018年9月首签装配式装修订单，绍兴上虞预计交付规模达上百套。有较多合同订单正在执行，但主要针对地产商精装修类项目，主要满足平均每平方米投入2000元以上的中高端需求
科宝·博洛尼	整体家装企业	1992年	优势：传统领域的品牌认知以及围绕木作的设计能力和经验 劣势：仍停留在全屋木制定制家装的理念，在装配式内装领域属于摸索阶段	招商银行营业网点、北京万科·公园5号、雅世合金公寓项目、阳光100博客空间，部分空间和部品尝试，体量较小

续表

企业名称	类型	成立时间	竞争能力	业务规模与交付案例
科逸	部品企业	2006年	优势：在卫浴的部品体系方面认知度较高，有大规模制造的能力 劣势：全屋体系不成熟	装配式卫浴市场占比达60%，专注于卫浴业务，并在卫浴部分拥有大批量装配式装修的能力
标准院	装配式设计主导机构	1956年	优势：标准和技术集成优势 劣势：没有生产和施工能力	以设计与技术输出为主，不参与大规模生产与施工；代表项目为鲁能济南领秀城 P-2 地块百年住宅示范工程，总建筑面积为18.82万平方米
品宅科技	住宅定制化全装修集成服务商	2015年	优势：以装配式装修为主的企业 劣势：集成为主、无工厂生产能力	商业住房：上海景瑞城中公园312户 商业办公：浙江金华国贸景澜酒店50户 与国内20多家一线开发商、运营商建立了合作伙伴关系，累计服务100多个项目，交付6000套住房，交付面积为38万平方米，覆盖6大核心物业类型
开装建筑	装配式内装企业	2015年	优势：具有装配式装修的体系理念，主要是公寓领域 劣势：不同产品领域的体系不完善	在嘉定马陆拥有基地，产能有限，客户单一，主要集中在公寓类装修
中寓住宅	装配式内装企业	2018年	优势：体系构建合理 劣势：体系不够成熟，未经市场验证	与金科地产、金茂地产、中建八局、城建亚泰、金螳螂、品宅科技、瑞和股份等几十家房地产/工装公司进行战略合作，并且曾参与北京大兴国际机场、成都当代璞誉、成都蓝光江安城、如家酒店、日照喜来登酒店等精装房、快捷酒店、商业连锁店、保障性住房的装修项目，同时为中国装配式装修单体最大的项目——北京市副中心周转房（约10000套），提供装配式部品部件及系统方案

资料来源：各公司官网。

从龙头企业市占率情况来看，2018年行业CR3（金螳螂、广田集团、亚厦股份）营收市占率仅为1.15%。2015年以前，龙头企业市占率逐步提升，2009～2015年装饰装修行业CR3集中度从0.46%上升至1.37%。此后，建筑行业开始清理挂靠现象的出现直接导致了龙头企业集中度的下滑，相比2010年前后装饰装修龙头企业集中上市后的市场扩张速度，2015年以后龙头企业市占率提升的速度十分缓慢。装配式装修行业市场集中度低的原因主要有三点：其一，行业区域分布分散；其二，技术壁垒较低；其三，行业竞争集中在成本控制和关系营销上。不过，随着公司商业模式的创新和行业快速的迭代，市场集中度有望上升。

（二）装配式装修行业主要上市公司分析

1. 金螳螂：传统公装龙头，定位材料集成商

公司在传统公装领域常年排行第一，是首批获得住建部认定的国家"装配式建筑产业基地"之一。2015年公司成立"装配式研发中心"，开始进行装配式内装体系的研发；2018年金螳螂装配式内装1.0研发成果发布；2020年公司推出装配式工业产品体系，包括住宅、公寓、酒店、医疗康养四大类共11项新品。公司形成了"装配式内装十大部品体系"，并已在多个城市开展装配式批量精装、装配式办公、装配式酒店领域的研发设计与施工服务。此外，公司参与了多项装配式装修技术标准的编制，主编中国建筑装饰协会《住宅装配式装修技术规程》、江苏省《装配式装修技术规程》，技术实力居行业前列。

一般的材料生产商根据自身材料延伸进入装配式装修赛道，金螳螂公司的定位则为材料集成商，依托工程管理能力和产业链整合能力切入装配式装修业务，即依靠其他品牌的材料进行装饰装修。所以在商业模式上，公司整合产业链以提供装配式装修产品服务。

2019年以来公司推动了多项实质性改革，其中最重要之一的是组建大工

管平台。供应链管理平台的优势有望持续赋能装配式装修业务。公司大工管平台的建立是实现集资源、降成本、增效率的重要举措，是助力公司高质量发展的关键保障。一方面，通过深度的资源整合，对庞杂的原材料进行集中招标、集中采购和集中调拨，去除中间环节成本，在实现规模经济的同时提升公司在供应链中的话语权，促进良性循环；另一方面，通过精细化的工程管理，对公司项目在质量、工期、安全和收款等维度进行全方位的监督和管理，能够对潜在隐患及时预警，杜绝不良问题的发生，以最大努力提升客户满意度。大工管平台的建立，使公司打通了部门墙、优化了管理流程、形成了作战体系，为公司打造更多的精品工程注入了强大的推动力。

2. 亚厦股份：装配式装修龙头，定位为精装修地产商

公司较早进入装配式装修领域，在传统公装领域常年排行第二。2012年开始组建装配式装修研发团队，2018年初见成效，2019年开始培育和引导客户。公司目前拥有建筑装饰行业唯一一家国家住宅产业化基地、国家装配式建筑产业基地和CNAS实验室，并且凭借自身技术优势，参与行业规则制定，2018年12月公司与住建部、清华大学等共同编写的《建筑工业化内装工程技术规程》发布，填补了国内装配式装修行业标准的空白。公司严格落实"以EPC模式向大体量项目与海外市场发力，重点布局和推动装配式装修的产业升级，通过2018~2022年五年的努力，实现稳固行业龙头"的战略目标，致力于成为以技术研发为核心、工业制造为平台、产业服务为导向的建筑装饰行业领跑者。2016~2019年亚厦股份主营收入构成见图15。

公司工业化装配式装修运作日渐成熟，充分发挥工业化装配式装修先发优势，开展工业化技术营销培训，强化营销人员能力建设，打通供应链、生产配套机制，以前期沟通、考察、样板房制作等方式有计划有步骤地在重点区域市场布局，推介工业化装配式装修的理念和优势，接洽工业化装配式装修项目，全面布局工业化装配式装修这个新蓝海领域。与金螳螂的定位不同的是，亚厦股份采用自研主材替代传统建材作为饰面材料，具有节省成本、提高客户接受度和保障材料性能的优势。

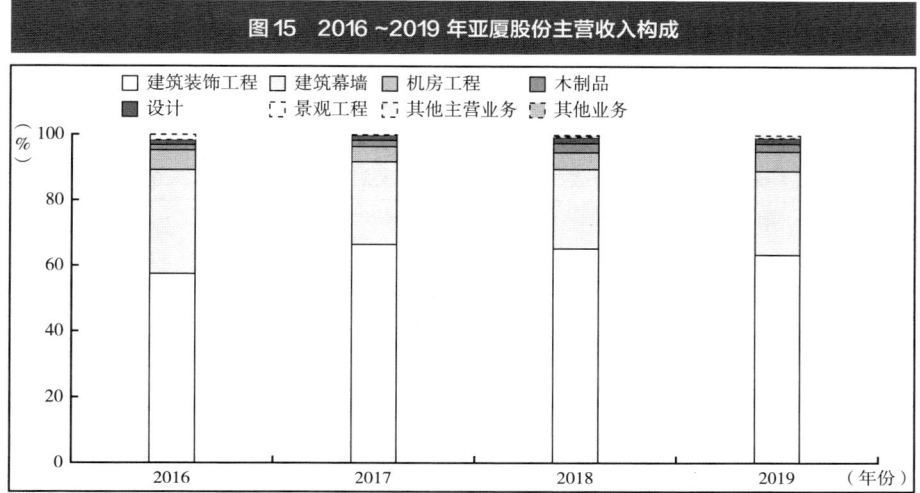

图15 2016~2019年亚厦股份主营收入构成

资料来源：Wind。

公司在工业化装配式装修道路上的探索和实践过程中，一方面提炼成功经验并形成市场策略，另一方面主动出击、精准卡位，撬动、创造和赢得市场，通过持续的战略聚焦，在市场上提高品牌知名度，拉开和竞争对手的差距，赢得客户和市场的认可，从而提升企业核心竞争力，实现公司跨越式发展。从成都当代璞誉样板房到郑州启迪样板房，再到长安通讯和江与城工业化项目，这些项目在短时间内超预期完成任务标志着公司实现了工业化装配式装修项目的量产能力。营销、研发、工厂、交付的一体化，促使工业化全系统能力提升。

3. 全筑股份：特色工业化装配式装修，聚焦租赁住宅装配式装修

全筑股份系住宅全装修整体解决方案及系统服务提供商，经过多年发展，业务范围涵盖包括设计、施工、配套部品加工及售后服务在内的完整产业链。全筑股份在过去十年中发展迅猛，营业收入由2011年的11亿元增长至2019年的69.3亿元，图16为其2016年至2020年第三季度的归母净利润及增速情况。公司的主营业务是建筑装修，其中住宅全装修在整体业务收入中占比80%以上。近年来，由于国家对房地产行业的调控，地产资金链收紧，增速开始放缓。公司所处的行业本身就对资金有很大的需求，在如此严峻的情况下，公司仍然保持了比较稳定的发展。

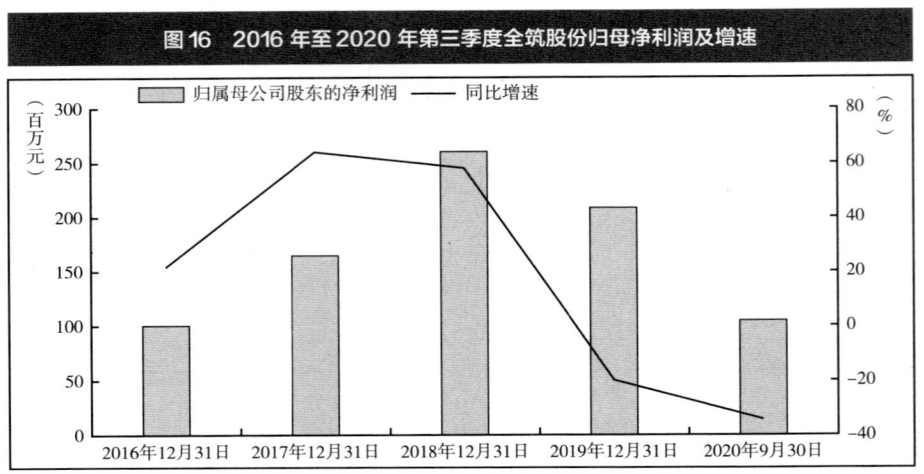

图16　2016年至2020年第三季度全筑股份归母净利润及增速

资料来源：Wind。

全筑股份将租赁住宅作为装配式内装发力方向，与上海知名地产商携手打造浦江世博、环保大楼等租赁住房。依赖在住宅人居领域积累的经验，全筑股份能够为租赁住房提供装饰EPC解决方案，包括全筑建科的智慧公寓及智慧运营解决方案、全筑木业收纳体系、全筑易家软装体系等一系列围绕住宅人居环境塑造的完整解决方案，以及高品质的施工与体系完善的施工管理服务。全筑股份直击租赁住房在房型变化、缩短工期、便捷化运营管理和住户个性化需求等多方面的痛点，努力走出一条特色的装配式装修发展之路。

中国玻璃制造行业发展特点和投资趋势

袁春健

一 玻璃基本情况介绍

（一）玻璃主要分为平板玻璃和深加工玻璃，下游主要应用于建筑地产

玻璃主要分为平板玻璃和深加工玻璃。平板玻璃按照生产工艺可分为普通平板玻璃、浮法玻璃、压延玻璃等。普通平板玻璃一般是指通过引上法、平拉法等工艺生产的平板玻璃，目前基本已经被淘汰；浮法玻璃是指用浮法工艺生产的平板玻璃，目前是平板玻璃最主要品种，广泛用于建筑、汽车、家具、家电、电子、光伏等领域；压延玻璃是指用压延工艺生产的平板玻璃，主要用于光伏和建筑（比如室内隔断、部分门窗玻璃）。

根据上述工艺生产出来的平板玻璃为玻璃原片，玻璃原片须被深加工后才能应用于下游领域，不同玻璃原片被深加工工艺加工出来的玻璃有钢化玻璃、镀膜玻璃、镜面玻璃、中空玻璃、夹层玻璃、夹丝玻璃等。被深加工后的玻璃可用于多个领域，如光伏玻璃、汽车玻璃、建筑玻璃（工程玻璃、节能玻璃）、家电玻璃、电子玻璃等（见图1）。

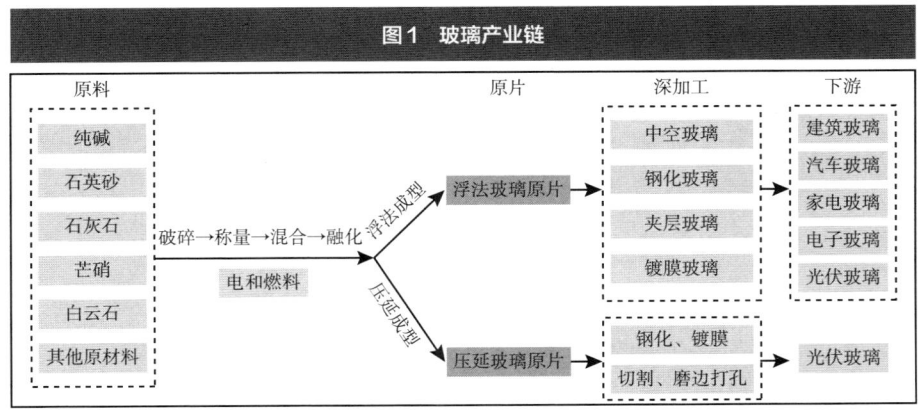

图1 玻璃产业链

（二）我国玻璃产线主要集中在华北、华东和华南

截至 2020 年 10 月末，我国浮法玻璃生产线共有 384 条（包含在产、冷修等产线），主要分布在华北、华东和华南地区（见图 2），其中生产产量方面河北、山东、江苏、浙江、广东、福建占比靠前。玻璃价值量相对较低且易碎，运输成本占比大，这个属性决定了玻璃生产线一般布局在玻璃原材料的产地或消费地。同时玻璃该种属性也决定了其销售模式的特点，在 300 公里内厂商主要采用密集式营销，300~800 公里采用选择式分销，800 公里以外一般采用独家营销。需求的区域性和交通运输的便利性是玻璃企业进行生产线布局的主要考量。华北、华东和华南经济规模较大，是玻璃的主要消费地和原材料供应地，玻璃企业在这些地区进行较大规模的产能布局。

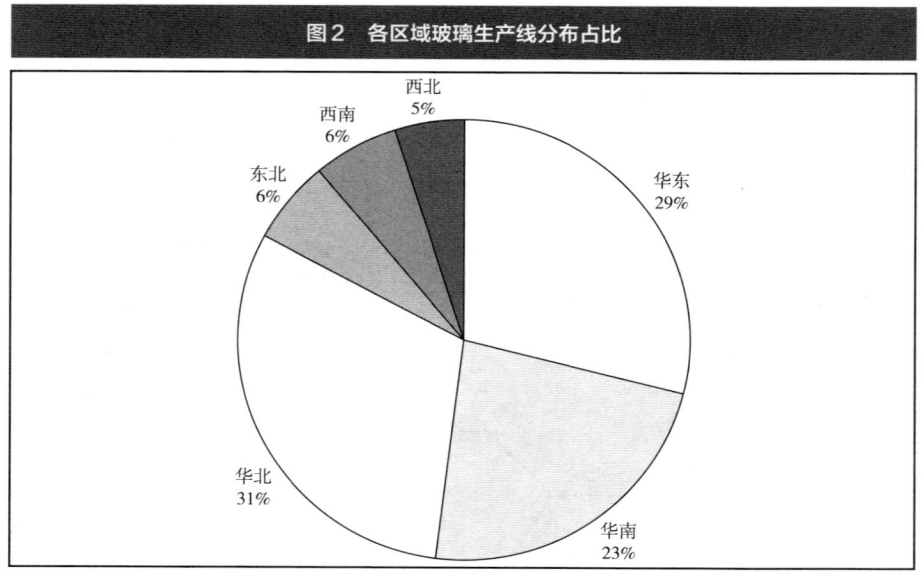

图 2　各区域玻璃生产线分布占比

资料来源：Wind。

（三）原材料和燃料是玻璃生产中最重要的成本构成

玻璃的原材料主要为纯碱、石英砂，玻璃的燃料主要可以分为石油焦、重油和天然气三类，使用不同燃料的成本略有差异。在成本结构占比中，原材料占比在40%以上，燃料占比在35%~40%；而在原材料中，纯碱占比最大，超过50%，因此纯碱和燃料价格是玻璃生产成本的重要影响因素，用玻璃与纯碱、燃料的价差可以识别玻璃行业盈利状况的变化（见图3）。

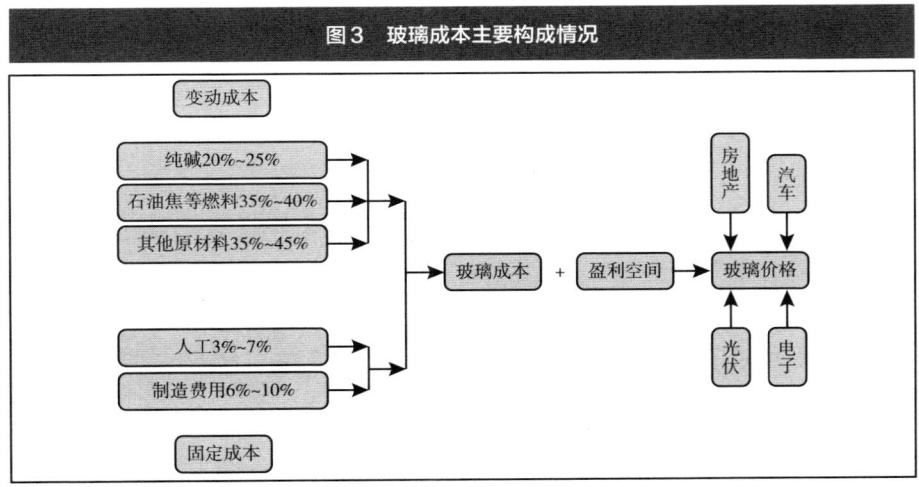

图3 玻璃成本主要构成情况

资料来源：Wind。

（四）玻璃生产线停产后复产成本较高，供给具备刚性

玻璃的生产过程包括原材料加工、高温加热、成型、热处理等。浮法玻璃生产需要炉窑的温度在1000摄氏度以上并24小时不间断运作。玻璃生产线一旦运行便很难停产，玻璃生产线通常需要7~8年运营才会

停产冷修，主要原因有三：第一，原材料高温熔化之后如果停工，会残留在设备内部冷却，造成堵塞；第二，玻璃生产过程中的辅助材料熔点极高，重新启动重新加热需要耗费大量的能量；第三，玻璃停产后耐火材料一般需要重新更换，同时玻璃炉窑的停窑冷修期一般需要4~6个月。

此外，浮法玻璃生产线停产后复产壁垒较高，主要原因有三。第一，资金壁垒。一条浮法生产线固定资产投入需约3亿元，还需流动资金购买材料，应收账款周转亦相对较慢。第二，停产复产存在合规问题。退出的部分玻璃中小厂商此前并未拿到审批文件，复产时需要补齐所有文件。第三，煤改气或其他环保成本较高。目前，玻璃行业中近一半的企业使用天然气，烧非天然气的环保成本更高，玻璃行业停产比例超过1/5，复产率不足3%。因此，玻璃行业具备供给刚性的特点。

二 玻璃需求侧分析

（一）浮法玻璃下游需求主要为房地产、汽车、出口，其中房地产和汽车分别约占70%和20%

从玻璃产业链来看，玻璃行业上游主要为石英砂、石灰石、纯碱等，能源燃料包括重油、天然气等，下游主要为地产、汽车等（见图4）。

在玻璃的产业链上游行业中，重油、天然气价格相对刚性，下游的玻璃企业基本不具备议价能力。纯碱价格波动较大，且在玻璃成本中占比较高，但是由于纯碱行业集中度较高，且可以通过控制投料量控制产量，在行业需求较弱时可以通过减少供给来稳定价格，因此玻璃企业对纯碱企业的议价能力也较弱。

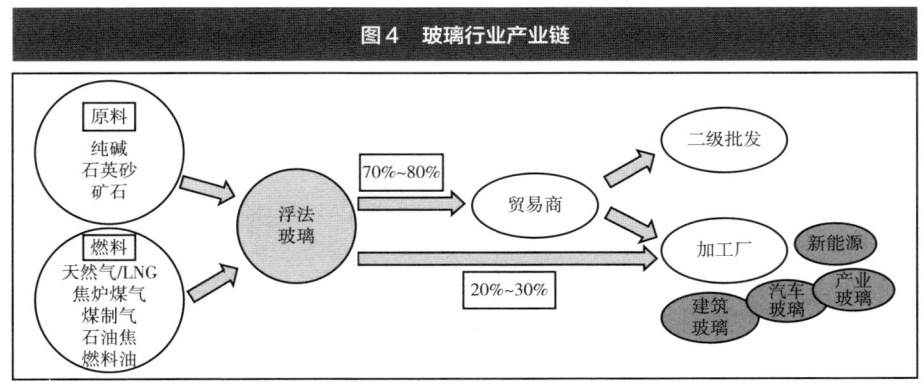

图4 玻璃行业产业链

资料来源：中国玻璃网。

在玻璃的产业链下游行业中，需求主要来自房地产、汽车和出口，其中房地产和汽车分别约占70%和20%，房地产和汽车行业景气度基本决定了浮法玻璃需求景气度（见图5）。房地产与汽车行业都具备一定的周期性，使得玻璃需求也呈现一定的周期波动，对于房地产开发商，由于集中度较高，且玻璃属于大宗品，品牌差异不大，玻璃厂商基本为价格接受者，

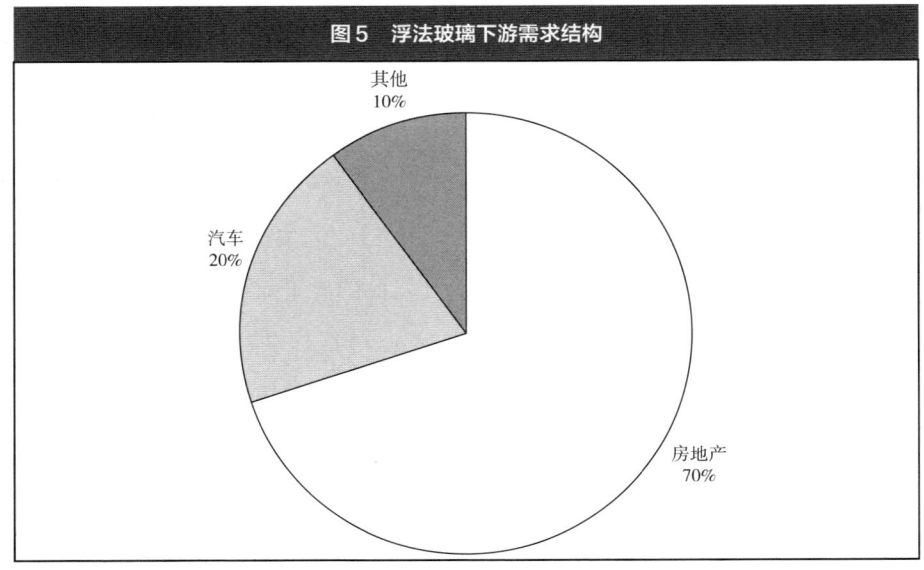

图5 浮法玻璃下游需求结构

资料来源：中国玻璃网。

因此对下游的议价能力偏弱。综上，玻璃行业在上游和下游的产业链中均处于比较弱势的地位。历史上，由于玻璃行业集中度不高，大企业没有明显的成本优势，原片及深加工企业赢利能力呈周期波动。

（二）玻璃需求以销量衡量，地产竣工和施工与需求相关性较大，疫情仅部分影响节奏，预计2021年房地产竣工周期延长

玻璃产量相对稳定，需求以销量衡量。与水泥不同的是，玻璃在通风干燥的库房中可以长期存放，而玻璃生产线在点火生产之后需保持连续生产，停产冷修成本较大，导致短期内玻璃的供给端刚性较强。从玻璃月度产量和销量数据可以看出，玻璃产量相对稳定，在一段时期内具有刚性，销量相对产量存在更大的波动性，库存在其中起着调节作用。

2020年新冠肺炎疫情影响地产竣工节奏，但不改本轮竣工周期趋势。2020年1季度新冠肺炎疫情较大程度影响整个地产产业链，地产销售、新开工及竣工面积均出现较大幅度下滑。2020年1季度地产销售面积为21978万平方米，同比下滑26.3%，地产投资21963亿元，同比降低7.7%，新开工面积为28203万平方米，同比下滑27.2%，竣工面积为15557万平方米，同比下滑15.8%。

但2020年3月全国复工复产迅速启动，地产产业链恢复的节奏较快。宏观及流动性方面也较大程度支持地产产业链的恢复，央行大幅释放流动性，国务院等大力推动贷款利率下行，开发商的融资难度和成本在2020年上半年均出现较大幅度的下降。地方政府为保障财政收入来源，大力推动优质土地资源入市，开发商拿地面积率先恢复到2019年同期水平，2020年5月单月土地出让面积同比增长达到50%。2020年5月，房地产开发投资也快速恢复，新开工面积和竣工面积单月增速均同比转正。但受到房地产商加快开工推盘销售影响，地产开发资金有一定前移，叠加一定错月因素，地产竣工面积增速在2020年7~9月有一定反复，但总体竣工周期延

长。根据国家统计局2021年1月19日公布的数据，2020年中国房屋竣工面积为91218万平方米，下降4.9%，降幅比2020年1~11月收窄2.4个百分点，2019年为增长2.6%（见图6）。预计2021年的整体竣工数据将逐步向好。

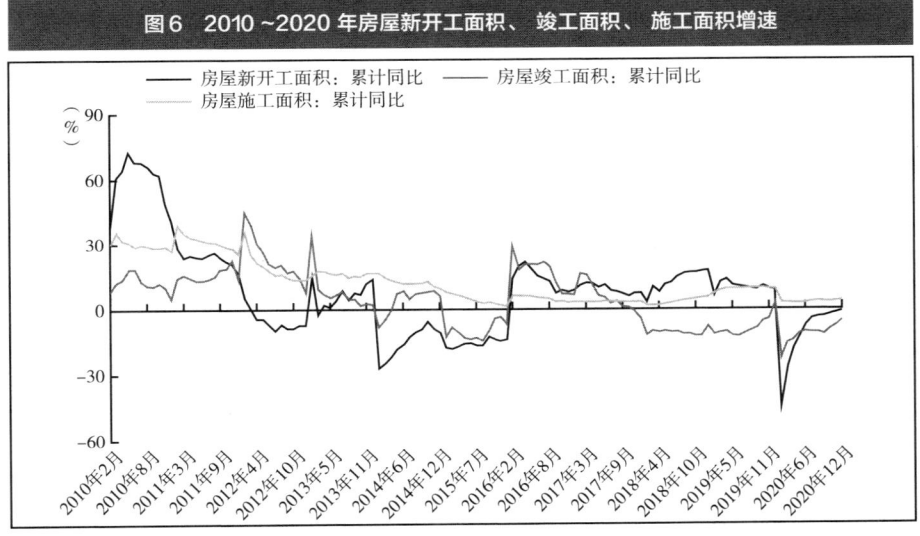

图6 2010~2020年房屋新开工面积、竣工面积、施工面积增速

资料来源：Wind。

三 玻璃供给侧分析

（一）2016年至今，冷修停产和复产是影响玻璃供给的关键点

玻璃窑炉需高温连续生产，一定时期内供给相对刚性。玻璃的生产需要在高温窑炉中进行，窑炉温度在1000摄氏度以上，使用周期在8年左右，超过连续使用寿命的产线需停产进行冷修。玻璃窑炉的冷修成本较

大,关停复产难度和成本较高,因此窑炉点火生产后需连续高温生产,造成玻璃供给在一段时期内存在刚性。

影响有效供给的主要矛盾经历三轮变化。影响玻璃实际有效产能的因素包括新增点火投产的产线、冷修停产的产线和冷修复产的产线三个方面(见图7)。在不同时期,影响产能供给的主要矛盾并不相同,可以分为三个阶段的变化:2009年之前,新增点火产线对我国玻璃的供给起主要影响作用;2010~2015年,新增点火、冷修停产和冷修复产产线均对我国玻璃的供给有较大影响;2016年至今,冷修停产和复产是影响我国玻璃供给的主要矛盾。

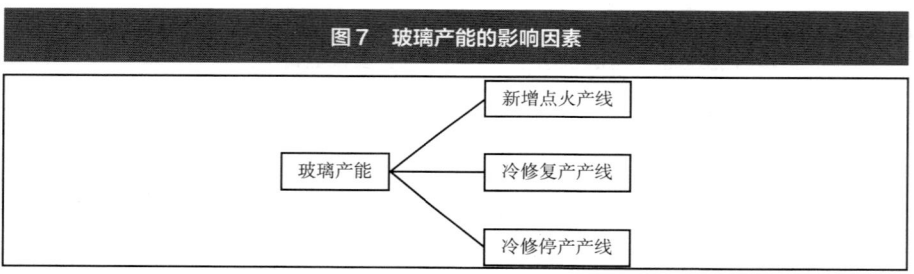

图7 玻璃产能的影响因素

2009年之前,浮法玻璃实际产能主要由新增点火产能决定,浮法产线数量从2002年的83条增长至2009年末的211条,大量新增产能尚未进入冷修期,整体开工率保持在90%以上。

2009年之后,特别是2011年以后,2005年前后集中建成的玻璃生产线陆续进入冷修期,行业开工率有所下滑。同时新增产能暂未受到严格限制,2009~2014年每年新增的浮法玻璃产线均在20条以上,浮法玻璃实际产能受到新增产能、冷修停产产能、复产产能的三重影响。

2016年至今,浮法玻璃实际产能主要受到冷修停产和复产的影响。2016~2018年国务院和工信部等分别发布了《关于促进建材工业稳增长调结构增效益的指导意见》和《关于印发钢铁水泥玻璃行业产能置换实施办法的通知》《关于严肃产能置换、严禁水泥平板玻璃行业新增产能的通知》

（见表1），严禁备案和新建扩大产能的平板玻璃项目，玻璃新增产能被严格限制，每年新增的浮法产线数量大幅下降。产能主要受冷修产线和复产产线影响，在两者动态调整下，浮法玻璃实际产能基本维持在9亿重量箱上下。

表1　玻璃行业产能相关政策

时间	文件名称	主要内容
2011年5月	《关于抑制平板玻璃产能过快增长引导产业健康发展的通知》	要求严格市场准入管理，严控新增产能，新上平板玻璃建设项目必须经国家主管部门核准
2012年7月	《平板玻璃工业"十二五"发展规划》	"十二五"期间玻璃工业将坚持总量控制，继续严格控制平板玻璃产能盲目扩张，淘汰落后产能，提高生产集中度
2013年10月	《国务院关于化解产能严重过剩矛盾的指导意见》	2015年底前再淘汰炼铁1500万吨、炼钢1500万吨、水泥（熟料及粉磨能力）1亿吨、平板玻璃2000万重量箱
2014年9月	《平板玻璃行业准入条件（2014年本）》	2017年底前，严禁建设新增平板玻璃产能的项目
2016年5月	《关于促进建材工业稳增长调结构增效益的指导意见》	到2020年，平板玻璃产量排名前10家企业的生产集中度达60%左右；2020年底前，严禁备案和新建扩大产能的平板玻璃建设项目，压减一批平板玻璃产能使产能利用率回到合理区间
2017年12月	《水泥玻璃行业产能置换实施办法》	严禁备案和新建扩大产能的平板玻璃项目。确有必要新建的，必须实施减量或等量置换，位于国家规定的环境敏感区的建设项目，需置换淘汰的产能数量按不低于建设项目的1.25倍予以核定，其他地区实施等量置换
2020年1月	《水泥玻璃行业产能置换实施办法操作问答》	停产两年或三年内累计生产不超过一年的水泥熟料、平板玻璃生产线不能用于产能置换
2020年10月	《水泥玻璃行业产能置换实施办法（修订稿）》	停产两年以上的水泥熟料、平板玻璃生产线不能用于产能置换，产能置换实施办法的相关规定也适用于新建光伏玻璃、汽车玻璃等工业玻璃原片项目。可以不用产能置换的情形：依托现有水泥窑和玻璃熔窑实施治污减排、节能降耗等不扩产能的技术改造项目；熔窑能力不超过150吨/天的新建工业用平板玻璃项目

资料来源：各政府部门官网。

（二）2021年供需格局或将边际趋紧

2020年至今有效产能仅增长1.49%，2021年供需格局或将边际趋紧。2020年初疫情影响下，玻璃市场出现玻璃产线集体冷修的情形，也存在可复产产线推迟复产的情况，供给呈收缩状态，产线开工率仅61%、产能利用率仅65%，均为历史最低水平。2020年下半年行业开工率和产能利用率开始提升，基本回升至2019年平均水平。从2020年全年来看，年初浮法在产产能为9.32亿重量箱，截至12月初为9.45亿重量箱，在产产能增长1.49%，整体保持偏紧态势。从产线冷修停产和复产来看，截至2020年11月底，进入冷修或停产的产线有18条，主要集中在上半年（见图8）；集中冷修的产线在下半年逐渐复产，同时玻璃价格达到罕见的历史高位，使得部分产线提前点火，截至11月底共新点火和复产25条产线（见图9）。冷修停产和复产的生产线仍是2021年供给的主要矛盾，供需格局或将边际趋紧。

超白浮法转产，或驱使供给缺口从光伏玻璃向浮法玻璃切换。2020年下半年，全球光伏装机需求复苏，双玻组件加速渗透，供给端却因疫情及工信部政策的限制（2020年1月光伏玻璃行业亦被认定成产能过剩行业）释放延迟，供不应求驱动下半年光伏玻璃价格持续抬升：主流3.2mm光伏玻璃从上半年低点的24元/米^2，涨至11月中旬的42~45元/米^2。根据部分券商判断，预计2021年光伏玻璃将延续供不应求态势，或促使部分超白浮法产线转供光伏组件背板。根据行业协会数据，券商判断2021年或有9条浮法产线转产光伏级，总供应量将达5700吨/天，有效缓解光伏玻璃供应压力，却可能放大浮法玻璃供需矛盾：2021年建筑用浮法玻璃供给缺口约为6400万重量箱/年，约占2020年预计平板玻璃总产量的6.8%。

中国玻璃制造行业发展特点和投资趋势

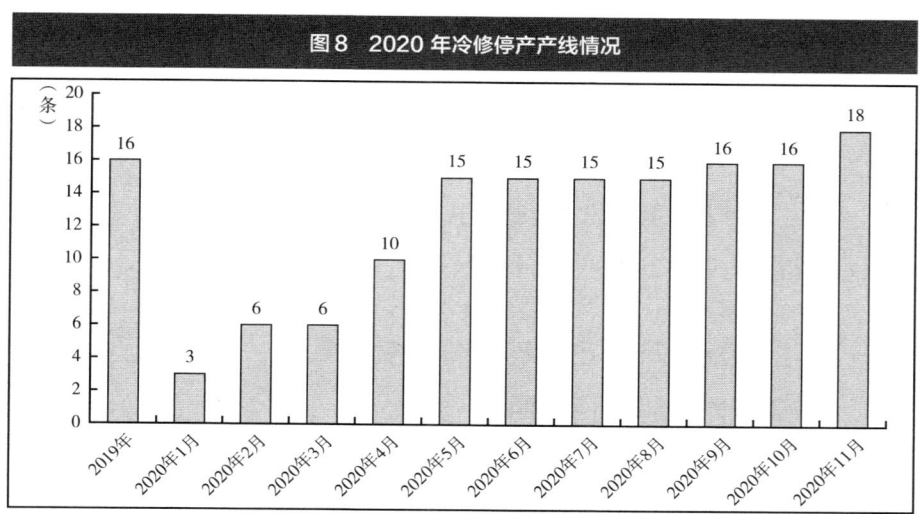

图8 2020年冷修停产产线情况

注：图中数据为各年累计数据。
资料来源：卓创资讯。

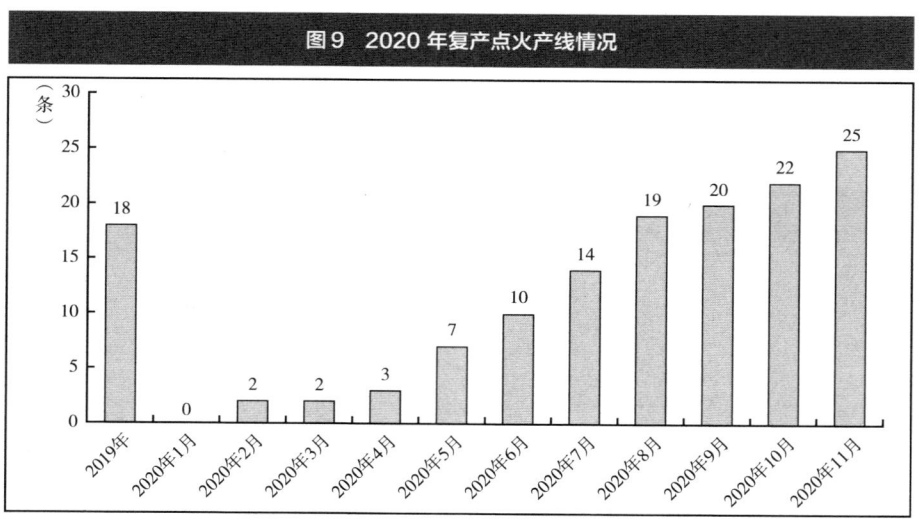

图9 2020年复产点火产线情况

注：图中数据为各年累计数据。
资料来源：卓创资讯。

169

四 玻璃行业市场竞争格局分析

浮法玻璃行业正朝着集中度持续提升的方向发展，具备核心竞争力的优质企业将成为引领行业的综合性龙头。

（一）浮法玻璃：行业正加速从分散变为集中，旗滨集团和信义玻璃双龙头趋势日渐明显

与建材行业里的水泥行业、玻纤行业等相比，浮法玻璃行业集中度仍不高，旗滨集团产能排名第一，产能占比为7.6%，其次是信义玻璃，产能占比为6.9%，CR2为14.5%，CR5为27%，CR10为44%（见图10、图11）。造成目前浮法玻璃行业集中度低的主要原因来自过去行业成本端存在经济学角度的逆向选择，同时玻璃的新建产能始终较多。一方面，2017年以来玻璃行业新进入者较多，使得行业较为分散；另一方面，由于

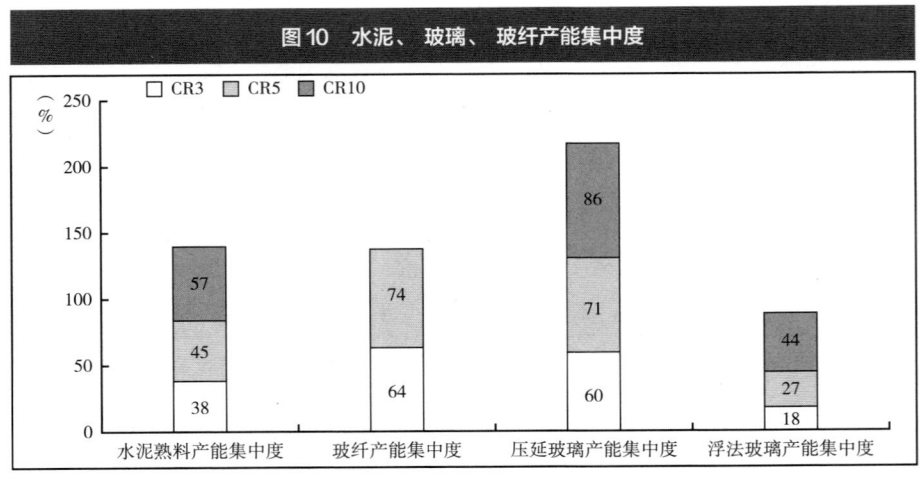

图10 水泥、玻璃、玻纤产能集中度

资料来源：数字水泥网，中国钢铁工业协会，中国玻璃信息网，Wind。

玻璃生产有多种燃料系统，过去环保不规范、下游对建筑玻璃品种重视度也不高，污染越大、产品品质越差的企业生产成本反而越低，因此优秀公司很难通过高效管理或者利用规模效应来弥补这种燃料选择的差距。不过近两三年以来，玻璃行业产能置换政策严格执行、环保升级使得成本端的逆向选择被改变，优质企业和资质平平公司的赢利能力、资产负债率差距正在拉开，行业正朝着集中度提升的方向发展。

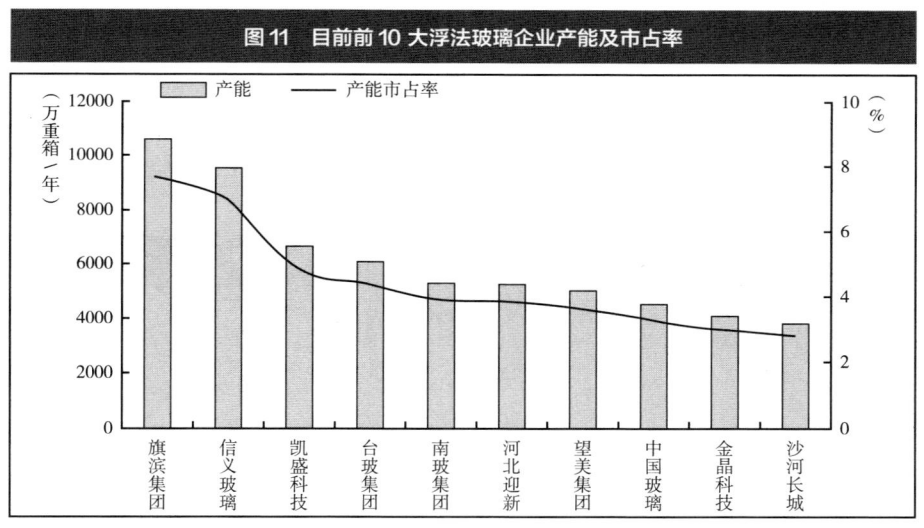

图11 目前前10大浮法玻璃企业产能及市占率

资料来源：中国玻璃信息网。

虽然浮法玻璃行业总产能在2015年后未见扩张，但是信义玻璃、旗滨集团两家公司的头部效应越来越明显，主要体现在其产能的持续扩张以及与行业赢利能力差距的拉大。

第一，信义玻璃和旗滨集团通过国内并购以及海外扩张持续做大规模。旗滨集团2013~2014年完成对浙江玻璃的收购，信义玻璃则收购倒闭的江苏华尔润产能用于张家港以及北海产线的建设。2020年10月底，旗滨集团以及信义玻璃的国内浮法产能分别达到了16400吨/天和19880吨/天。同时两大公司均在马来西亚建设海外工厂，若加上海外产能，旗滨集团、信义玻璃总产能则分别达到了17600吨/天、23880吨/天。第二，环保监管趋严及公司经营不善驱使行业落后产能持续出清。2016年前河北沙河地区曾为国内浮法产能聚集地，产能占比超20%。但自2017年开始，沙河不环保产能呈现逐年缩减态势，2017年11月集中关停9条产线，2018年8~9月再停4条产线，而2019年9~10月与2020年4~5月分别关停2条、5条产线，2020年9月底沙河在产产能较2016年底压缩过半。

（二）光伏玻璃：行业已经呈现较高集中度，信义光能和福莱特占光伏玻璃约50%市场份额

光伏玻璃行业长期保持着较高的集中度，行业前两名一直都是信义光能和福莱特，目前CR2达52%，呈现双寡头格局（见图12和表2）。

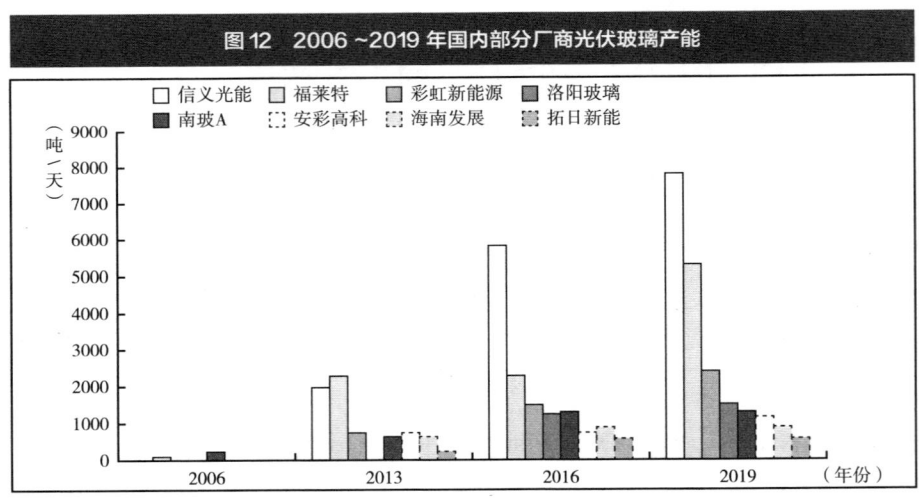

图12 2006~2019年国内部分厂商光伏玻璃产能

资料来源：Wind。

表2 国内光伏玻璃企业产能情况

序号	光伏玻璃企业	产能（吨/天）	产能市占率（%）
1	信义光能	9800	31.7
2	福莱特	6290	20.3
3	彩虹新能源	2400	7.8

续表

序号	光伏玻璃企业	产能（吨/天）	产能市占率
4	迁西金信	2150	6.9
5	中国建材	1530	4.9
6	南玻A	1300	4.2
7	安彩高科	900	2.9
8	拓日新能	900	2.9
9	亚玛顿	650	2.1
10	中航三鑫	650	2.1
	其他	4390	14.2

光伏玻璃行业这种高集中度格局的原因来自几个方面。一是光伏玻璃有明显的规模效应和技术领先优势，具备规模和技术领先优势的企业，其成本和赢利能力也将保持领先态势；二是光伏玻璃设备是专用设备，压延生产线基本只能用作光伏玻璃生产，早期光伏玻璃需求较小，周期波动大，使得很多优质传统玻璃公司并没有参与进来，或者即使参与但没有进行大的产能扩张；三是光伏玻璃行业不同企业经营管理能力差异较大，福莱特和信义光能毛利率显著高于其他光伏玻璃企业。

展望2021年之后，信义光能和福莱特二强格局仍有可能迎来变局，具备产线和技术优势的传统玻璃企业份额有望提升。一是光伏玻璃持续高景气、行业需求空间越来越大，使得优质传统玻璃企业进入该行业，比如南玻A拟在安徽凤阳建设4条1200吨/天光伏玻璃生产线，金晶科技拟分别在宁夏和马来西亚建设3400吨/天和1200吨/天的光伏玻璃项目；二是随着光伏玻璃产能置换新政［2020年1月和2020年10月工信部分别出台《水泥玻璃行业产能置换实施办法操作问答》和《水泥玻璃行业产能置换实施办法（修订稿)》文件，正式将光伏玻璃纳入产能置换范围］的发布，超白浮法开始用于晶硅电池组件，具备产线和技术优势的传统玻璃企业的竞争力在加强，如旗滨集团2020年9月公告拟在郴州建设一条1200吨/天光伏基板生产线，2020年10月公告拟在绍兴建设一条1200吨/天光伏背板生产线，并计划改造现有浮法生产线为浮法超白生产线来扩充光伏玻璃产能，2020年11月中国玻璃公告拟在原有的高端汽车玻璃生产线上加入光伏用超白浮法玻璃品种，产能将达1000吨/天。

（三）汽车玻璃：福耀玻璃全球排名第二，在国内汽车玻璃市场占有率达65%

汽车玻璃行业格局相对固化，行业扩容红利将被头部参与者共享。从国内汽车玻璃市场看，福耀玻璃具有绝对优势。根据公司互动e平台披露，福耀玻璃2019年国内汽车玻璃市场占有率达65%，福耀玻璃国内市场份额稳步提升（见图13）。从全球市场来看，市场份额高度集中，2019年全球汽车玻璃市场CR3接近80%，行业尚无新进入者，竞争格局相对稳定（见图14）。在汽车玻璃行业格局固化前提下，预计当前天幕渗透率提升带来的行业扩容红利大概率被行业寡头玩家分享。

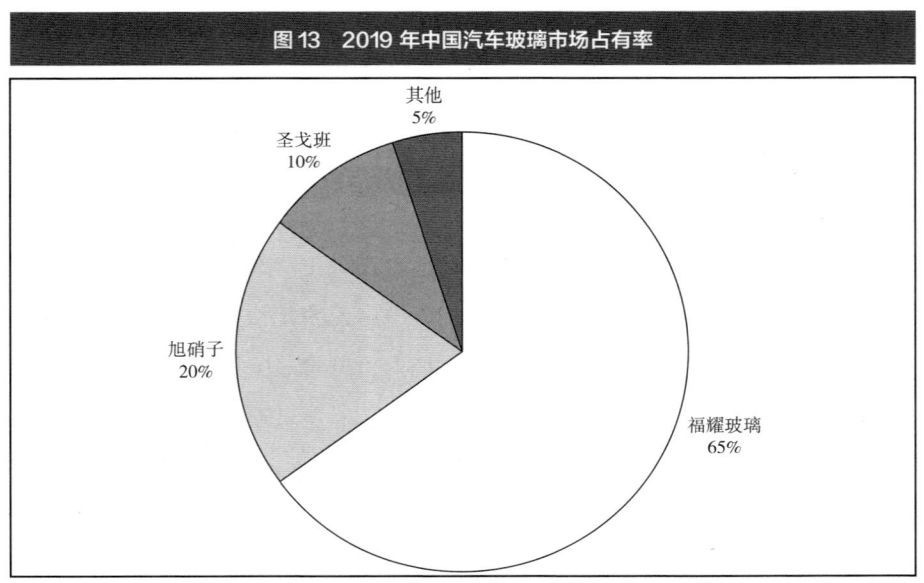

图13　2019年中国汽车玻璃市场占有率

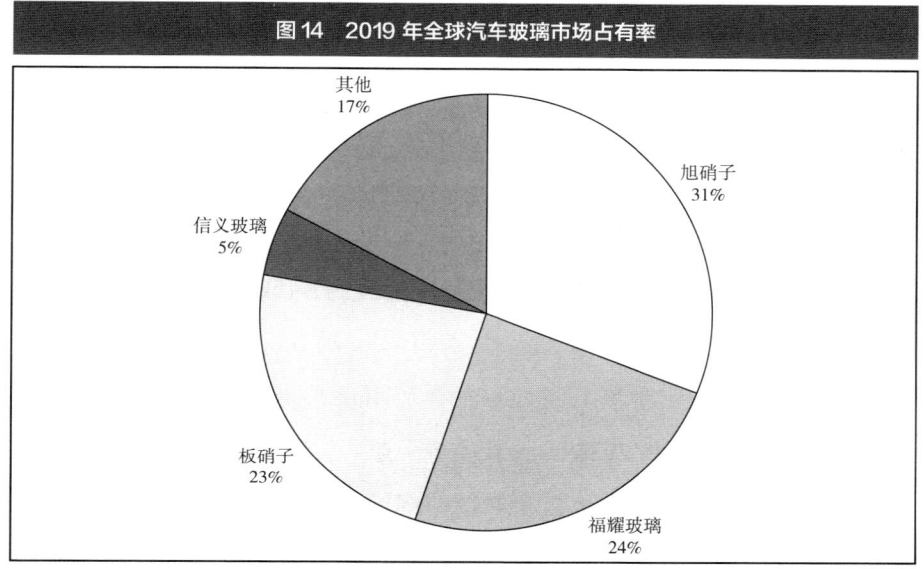

图14 2019年全球汽车玻璃市场占有率

五 玻璃企业核心竞争力分析

从国内外玻璃龙头来看，玻璃企业的核心竞争力体现在几个方面：一是产业链一体化，优质企业应该具备硅砂矿、玻璃原片、玻璃深加工一体化能力；二是成本控制力，优质企业应该具备技术、规模、管控能力，综合体现为低成本优势；三是产品高端化，优质企业应该具备技术能力，切入技术门槛高、市场空间大、赢利能力强的高端产品，拓宽护城河。

（一）玻璃产业链横向和纵向整合

产业链一体化是指玻璃企业应建立"硅砂—玻璃原片—玻璃深加工"产业链。一方面，随着环保趋严，硅砂矿将逐渐变得稀缺，矿石涨价是长期来看的大趋势，尤其是超白砂本身就比较稀缺；另一方面，通过下游深加工布局可以获取更多产业链利润，平滑玻璃原片的周期波动，同时深加工有一定品牌和渠道黏性，好的企业能更好更及时开发出满足客户需求的产品，掌控市场需求。

（二）原材料和燃料的规模化采购，有良好的成本控制力

优秀的玻璃企业应该具备较好的生产技术、规模优势、地理布局、产品管控能力，总体来说即低成本优势。第一，大型玻璃企业具备明显的规模优势，可以实现原材料和燃料的规模化采购，相对来说具有较强的议价能力。第二，优秀的玻璃企业具备技术优势，可以通过持续加大研发投入，不断优化改进燃料与生产工艺，实现玻璃的成品率提升和单位消耗系数下降，带来单位成本下降。第三，优秀的玻璃企业具备较好的地理位置布局，体现为一方面拥有位置较好的优质砂矿，另一方面工厂所在地靠近市场，有物流优势，拥有水运运输条件尤其是配套港口条件的玻璃生产企业比较稀缺，这类企业具有独特的成本优势。第四，优秀的玻璃企业具备较好的运营管理能力，持续提升人均效率和周转率，降低管理成本。

（三）玻璃产品高端化，拓宽护城河

从国内外行业经验来看，产品高端化能力是玻璃行业公司核心竞争力之一。目前玻璃行业一些特殊产品诸如 TFT-LCD 液晶面板玻璃基板和中性硼硅药用玻璃的生产有较高的技术门槛，同时下游需求有较大的增长潜力，能切入这些玻璃基板和中性硼硅玻璃等高端产品领域，可以获取较高的利润率和未来行业需求增长的红利，拓宽玻璃公司护城河。

六 玻璃行业主要上市公司分析

（一）旗滨集团

1988年旗滨集团实际控制人俞其兵先生创建了宁海县建安实业有限公司，2005年通过收购株洲玻璃厂正式进入玻璃行业，并成立株洲旗滨玻璃集团有限公司，该公司是旗滨集团的前身，旗滨集团于2011年成功登陆上交所。

上市公司实际控制人为创始人俞其兵，截至2020年中报，其通过福建旗滨集团等间接及直接持有上市公司股份41.12%。2016年4月，俞其兵卸任公司董事长职务，上市公司管理逐步过渡至职业经理人管理阶段。

旗滨集团主要产品为优质浮法玻璃（见图15）。旗滨集团以浮法玻璃生产销售为主，此外还包括多种深加工玻璃，包括low-e节能玻璃、太阳能组件用背板玻璃等。旗滨集团2020年收入为96.44亿元，同比增长3.63%，归母净利润为18.32亿元，同比增长36.03%（见图16和图17）。

（二）信义玻璃

信义玻璃控股有限公司创建于1988年，总部位于中国香港，于2005年2月在香港联交所主板上市。信义玻璃是全球领先的综合玻璃制造商，主要产品为优质浮法玻璃、汽车玻璃、节能建筑玻璃等，销售网络遍布全球130多个国家和地区。信义玻璃在国内拥有九大生产基地，分布于珠三角、长三角、环渤海经济区、成渝经济区、北部湾经济区,并且在马来西亚马六甲州建立了大型海外生产基地,积极推动业务全球化、完善全球战略布局。

截至 2020 年半年报,信义玻璃的实际控制人及创始人李贤义通过控制 Realbest Investment Limited 持有上市公司 18.03% 的股份,是公司第一大股东,其配偶董系治持有公司 3.23% 的股份;董清波控制的 High Park Technology Limited 为公司的第二大股东,持股比例为 6.63%;李贤义的妹夫李圣典通过控制 Telerich Investment Limited 间接持有公司 6.25% 的股份。信义玻璃核心的参控股公司为信义光能控股有限公司,是全球最大的太阳能光伏玻璃制造商之一,目前在国内拥有两大太阳能光伏玻璃生产基地,分别坐落在芜湖和天津。

信义玻璃三大主营业务为浮法玻璃、汽车玻璃、建筑玻璃,2020 年营业收入占比分别为 63.36%、24.76%、11.88%。信义玻璃 2020 年收入为

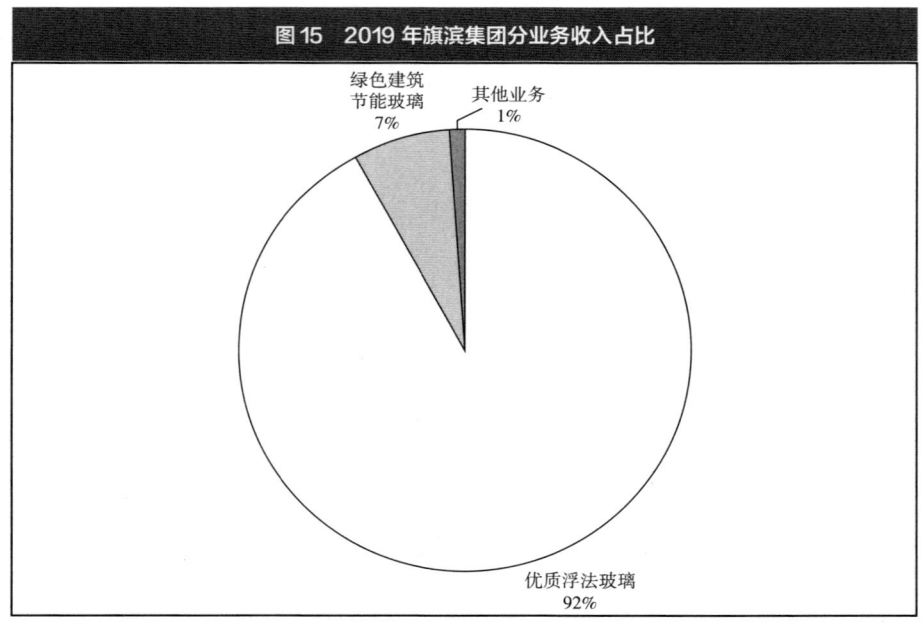

图15　2019 年旗滨集团分业务收入占比

资料来源:Wind。

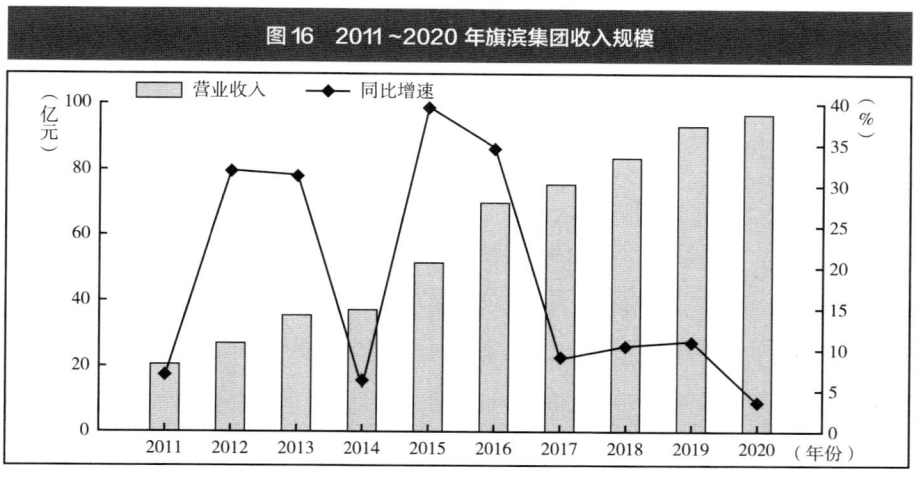

图16　2011~2020年旗滨集团收入规模

资料来源：Wind。

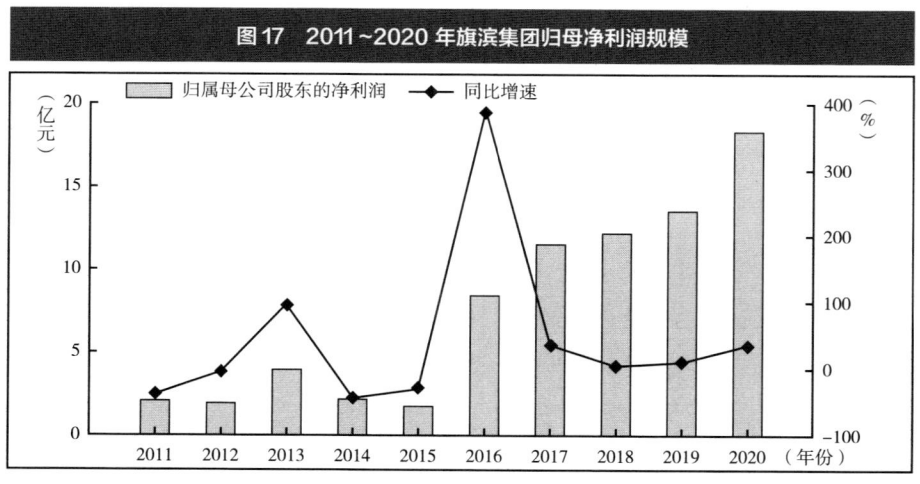

图17　2011~2020年旗滨集团归母净利润规模

资料来源：Wind。

168亿元，同比增长13.68%（见图18），归母净利润为54亿元，同比增长43.42%（见图19）。信义玻璃在三大玻璃业务领域均是细分行业的龙头，参股公司信义光能也是光伏玻璃领域的龙头。

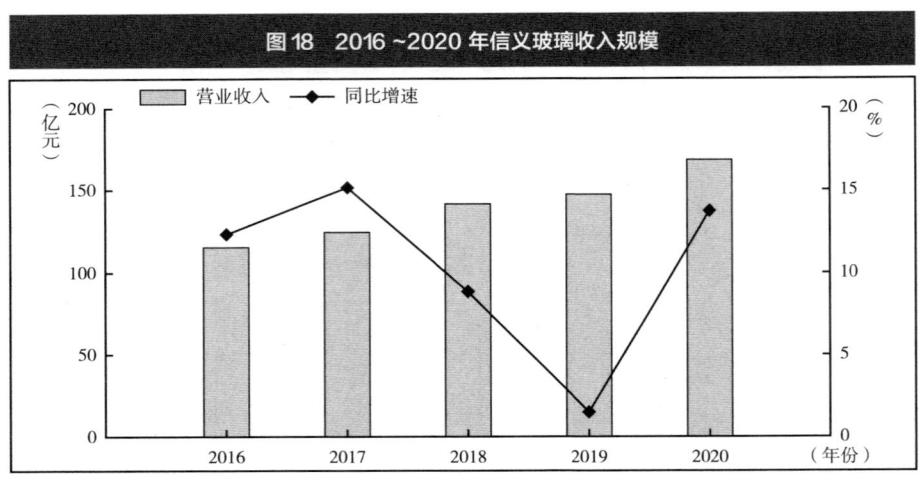

图18 2016~2020年信义玻璃收入规模

资料来源：Wind。

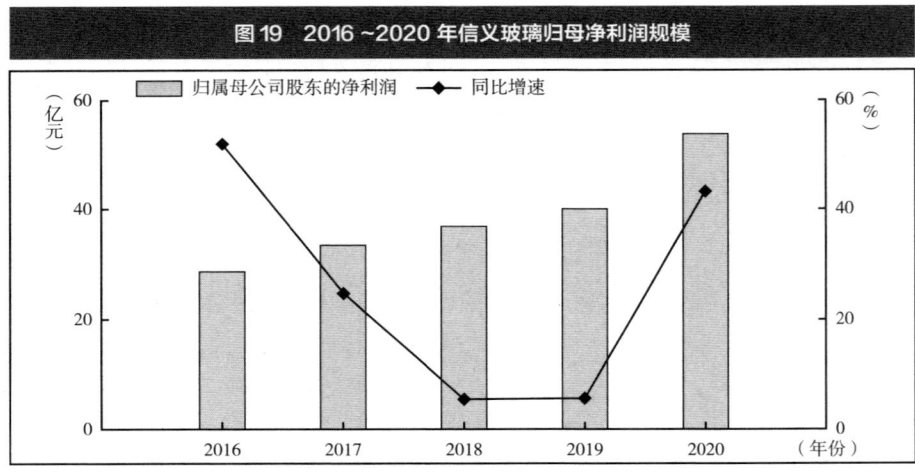

图19 2016~2020年信义玻璃归母净利润规模

资料来源：Wind。

（三）福莱特

福莱特是中国第一家实现光伏玻璃国产替代的公司，是我国光伏玻璃行业的龙头之一。福莱特前身耐邦经贸成立于1998年，主要从事玻璃产品的贸易；2000年福莱特公司开始从事玻璃加工，产品主要为浮法玻璃深加工产品；2006年，福莱特公司打破国外企业对光伏玻璃生产技术的垄断，并成为国内第一家取得瑞士SPF认证的光伏玻璃企业；2015年福莱特在港股上市，2019年完成在A股的上市。

股权结构稳定。截至2021年1月18日，福莱特公司前四大股东分别为香港中央结算（代理人）有限公司、阮洪良、阮泽云、姜瑾华，分别持有4.83亿、4.39亿、3.51亿、3.24亿股，占总股本的22.67%、20.59%、16.43%、15.19%。其中，阮洪良与姜瑾华是夫妻关系，阮洪良、姜瑾华与阮泽云是父女、母女关系，公司副总经理赵晓非与阮泽云之间是夫妻关系，以上四人于2016年9月签订了一致行动人士协议，阮洪良成为公司控股股东。

福莱特公司深耕玻璃产业，2019年收入为48.07亿元，同比增长56.89%（见图20），归母净利润为7.17亿元，同比增长76.09%（见图21），从收入结构上看，光伏玻璃收入占比超过70%。福莱特公司一直以来专注于玻璃的研发与生产，主要业务涵盖四大板块，分别为光伏玻璃、浮法玻璃、工程玻璃与家居玻璃。其中光伏玻璃通常贡献超过70%的收入（见图22），该部分业务毛利率水平高，对盈利的贡献一般超过80%，支撑公司长远发展与价值创造。

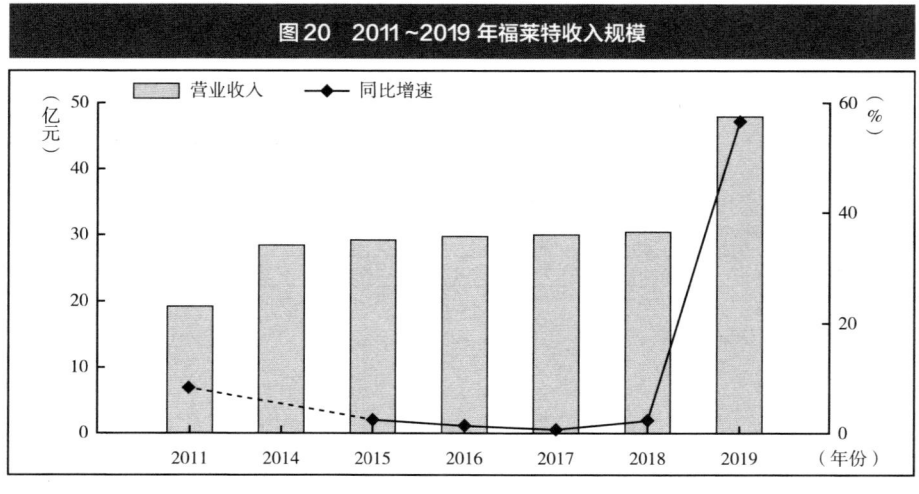

图20　2011~2019年福莱特收入规模

资料来源：Wind。

中国工业制造投资发展报告（2021）

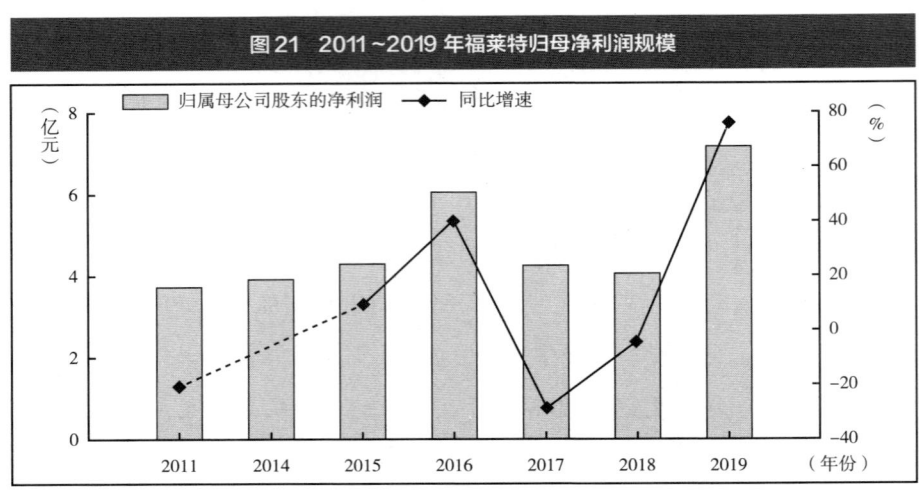

图21　2011~2019年福莱特归母净利润规模

资料来源：Wind。

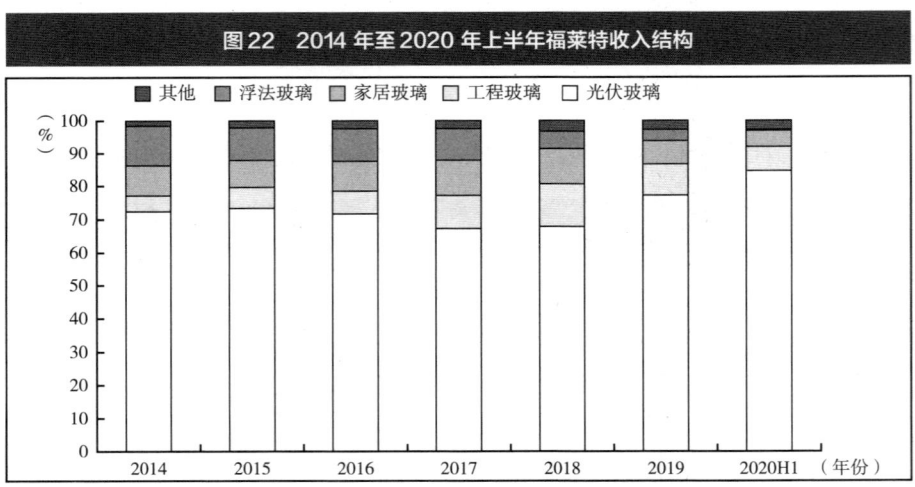

图22　2014年至2020年上半年福莱特收入结构

资料来源：Wind。

（四）福耀玻璃

福耀玻璃是一家专注于汽车玻璃生产的汽车零部件供应商，主要从事汽车级浮法玻璃及汽车玻璃制品的研发、生产和销售，不但为国内汽车品牌提供配套产品，而且已成为德国大众、奥迪，韩国现代，日本三菱、丰田、铃木，美国通用及福特等国际整车品牌的供应商。福耀玻璃成立于1987年，在国内 AM 汽车配件市场获得第一桶金，其后进军 OEM 整车配套，为一汽捷达、东风雪铁龙等车企配套汽车玻璃。福耀玻璃后来确立了专一汽车玻璃供应商定位，自建浮法生产线布局全产业链上下游，逐步收窄业务面，深耕汽车玻璃，稳固国内市场的同时开拓海外市场，目前已建成包括国内、俄罗斯、德国、美国、日本等在内的覆盖全球的生产销售网络。

股权集中，管理层稳定。福耀玻璃分别于 1993 年和 2015 年在 A 股和 H 股上市。2020 年中报数据显示，福耀玻璃公司前十大股东控股比例为 62.10%，公司高级管理人员平均服务年限达 20 年以上，且公司董事会、监事会、高管均以硕士学历为主。

福耀玻璃凭借多年深耕投入，目前已成为国内汽车玻璃市场的龙头企业，并与圣戈班、板硝子、旭硝子、信义玻璃四家厂商并列为国际汽车玻璃行业五大龙头。2000 年以来，福耀玻璃营收和归母净利润总体稳健增长，2000~2019 年营业收入复合年均增长率达 19.17%，远超汽车行业平均值，2019 年营收为 211.04 亿元，同比增长 4.35%（见图 23），归母净利润为 28.98 亿元，同比下降 29.66%（见图 24）。

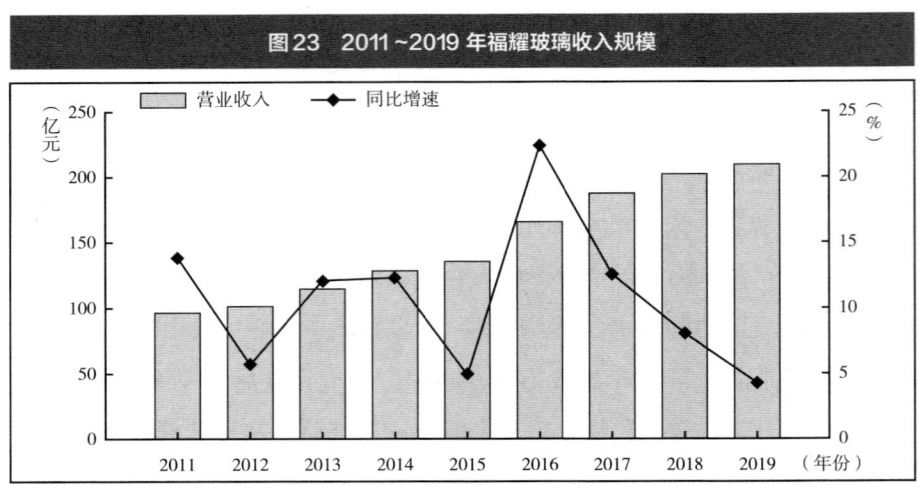

图23 2011~2019年福耀玻璃收入规模

资料来源：Wind。

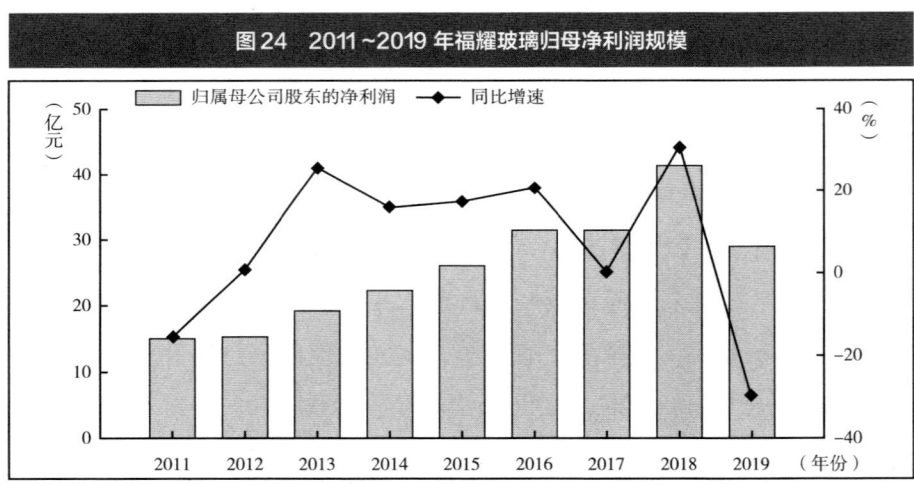

图24 2011~2019年福耀玻璃归母净利润规模

资料来源：Wind。

中国柔性电路板行业发展特点和投资趋势

程佳琳

一 行业宏观环境分析

（一）PCB行业简介

印制电路板（Printed Circuit Board，PCB）是指在通用基材上按预定设计形成点间连接及印制元件的印制板。PCB的主要功能是使各种电子零组件形成预定电路的连接，起中继传输作用。PCB是组装电子元件用的关键互连件，不仅为电子元器件提供电气连接，而且承载着电子设备数字及模拟信号传输、电源供给和射频微波信号发射与接收等功能，为绝大多数电子设备和产品的必需部件。PCB的制造品质，不仅直接影响电子产品的可靠性，而且影响芯片与芯片之间信号传输的完整性，其产业发展水平反映和影响着一个国家/地区电子信息产业的发展水平。

未来几年全球PCB电路板行业产值将保持持续增长，到2022年全球PCB电路板行业产值将达到近760亿美元，2009～2019年全球PCB市场规模可参见图1。与美洲、欧洲、日本、中国台湾、韩国等地区相比，中国大陆已成为PCB行业增长速度最快的地区，2019年中国大陆的PCB产值有望达336亿美元，2014～2019年CAGR约为5.1%，高于PCB行业全球产值的增速，截至目前，中国为PCB行业第一制造大国。

目前，制作PCB的上游原材料主要为铜箔、铜球、覆铜板、半固化片、油墨和干膜等。而对于其下游行业，PCB的应用覆盖现代电子工业的每一个领域，主要包括企业端和消费端两个大的行业方向。其中在企业级应用中，主要的具体下游应用领域为通信设备、医疗工控、航空航天与汽车电子，而在消费级应用中，则为计算机、移动终端、家用电器与其他消费电子等。

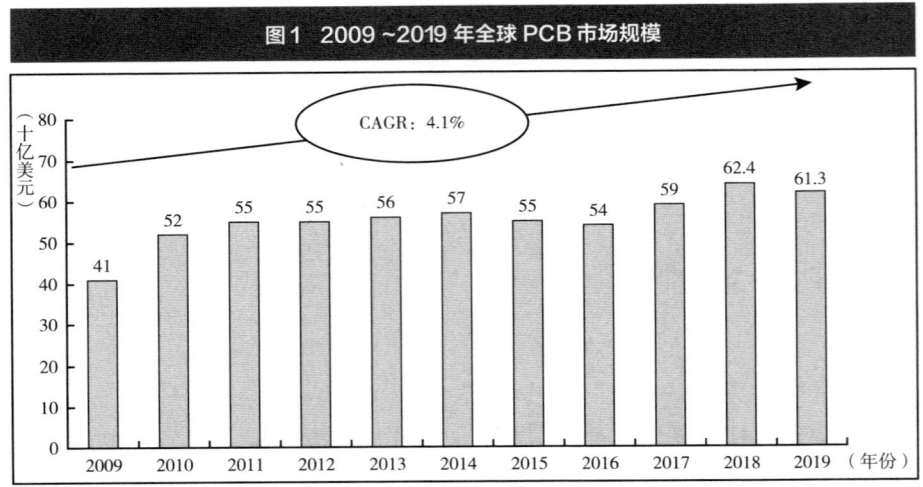

图1 2009~2019年全球PCB市场规模

资料来源：Prismark。

在PCB行业中，集成电路板主要分为如下三类，即刚性板、柔性板（Flexible Printed Circuit board，FPC）和刚柔性结合板。

（二）FPC产品介绍

FPC是PCB中的一种重要类别，具有高度可靠性、绝佳可挠性等特点。和其他印刷电路板相比，具有配线密度高、重量轻、厚度薄、可折叠弯曲等优势，更加符合电子产品智能化、便携化的发展趋势，因而被广泛运用在现代电子产品中。

从全球FPC产值分布情况来看，按厂商所属地划分，全球FPC生产企业主要分布在日本、中国台湾和韩国，FPC产值占比分别为37%、28%和17%，而中国大陆仅占16%。而按制造地划分，随着FPC产业逐渐向中国转移，国际厂商纷纷在中国投资设厂，大陆的FPC产值不断上升，2018年中国大陆FPC产值占比达56%。

FPC具有其他类型PCB无法比拟的优势，在现阶段电子产品应用上，被替代的可能性较低。其优点可以总结为以下四点：其一，FPC的可挠性强、体积小与重量轻，在相同载流量下，与刚性 PCB 相比，重量减轻约 90%，节省空间 60%~90%；其二，FPC 装连的一致性好，装连接线时不会发生错接失误；其三，FPC 电气参数设计的可控性良好，由于其可控制电容、电感、特性阻抗的特性，能够极大地延迟信号传输的衰减；其四，FPC 的整体实现具有低成本性，相应的端口连接更换方便，同时其结构设计简化，能够有效减少线夹和其固定件。

（三）FPC 行业发展现状

相比日本等地区，中国 FPC 行业起步较晚，行业发展始于 20 世纪 90 年代初。自 21 世纪起，中国本土 FPC 企业在全球产业向中国转移的浪潮下开始快速发展。2017 年后，中国 FPC 工艺技术逐渐成熟，行业进入发展成熟阶段。至今，中国 FPC 行业共经历如下三个发展阶段。

· 阶段一：初步发展阶段（20 世纪 90 年代初~2000 年）

中国国内的 FPC 的生产制造始于 20 世纪 90 年代初，刚开始仅应用于国防军工等领域，随着国内的改革开放，全球 FPC 的生产制造工厂向中国转移，同时中国 FPC 的行业开始进入民用领域。

· 阶段二：快速发展阶段（2001~2016 年）

2001~2003 年，仅在日本旗胜旗下，中国工厂所在的珠江三角洲地区就涌现出上百家小型 FPC 企业；2003~2016 年，随着 FPC 产业转移加速，中国 FPC 行业获得技术人才交流引进和产业链配套发展红利。

· 阶段三：稳步发展阶段（2017 年至今）

随着华为、小米、OPPO、vivo 等中国本土消费电子产品品牌的崛起，中国 FPC 市场需求稳步上升，本土 FPC 企业迎来与本土客户深度合作的机遇。

在第三阶段（2017 年至今），汽车电子、可穿戴智能设备、太阳能电池、可折叠智能手机、一次性电子产品、医疗信息化等新兴消费类电子产品市场的快速兴起为柔性印刷电路板产品带来新的增长空间，各个领域的详细比例可见图2。同时，各类电子产品显示化、触控化的趋势也使得柔性印刷电路板借助中小尺寸液晶屏及触控屏进入了更为广阔的应用空间，柔性电路板市场需求日益增长，2018年我国柔性电路板（FPC）市场规模达到1111.93亿元，较2017年同比增长15.94%。

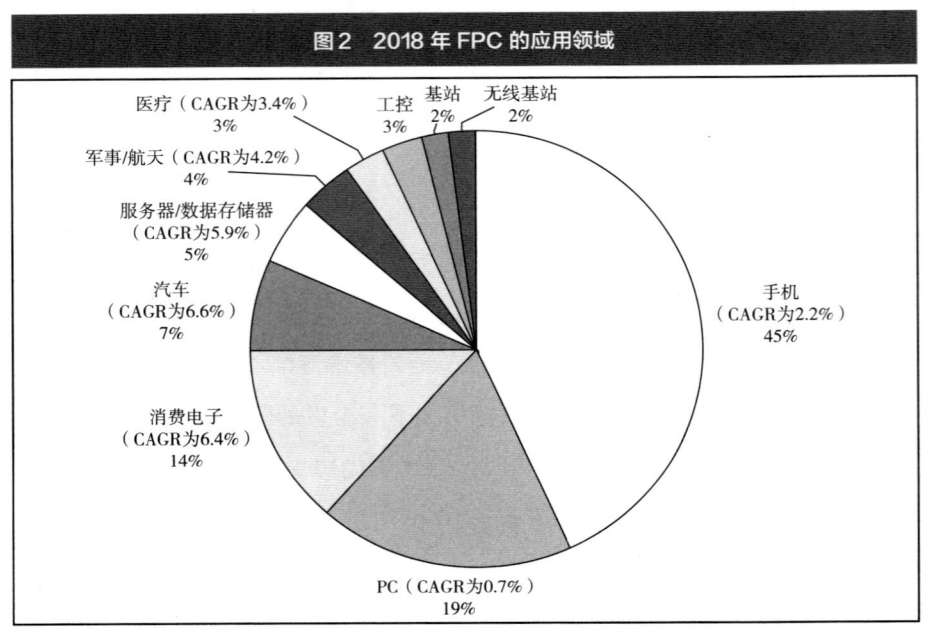

图2 2018年FPC的应用领域

注：统计的为2017~2022年预期CAGR。
资料来源：Prismark。

（四）FPC行业驱动因素

1. 智能手机拉动FPC使用

（1）5G渗透率提升拉动FPC使用量增加

全球迎来5G换机潮，5G手机出货量快速增长。自2019年5G正式商用以来，全球5G手机出货量快速提升，根据Canalys数据，2019年全球5G手机出货量约为0.13亿部，占全部智能手机出货量的0.9%，预测

2023年将达7.74亿部,占全部智能手机出货量的51.4%,从而超越4G手机成为主流手机机型,2019~2023年全球5G手机出货量年复合增速达179.9%,详情可见图3与图4。

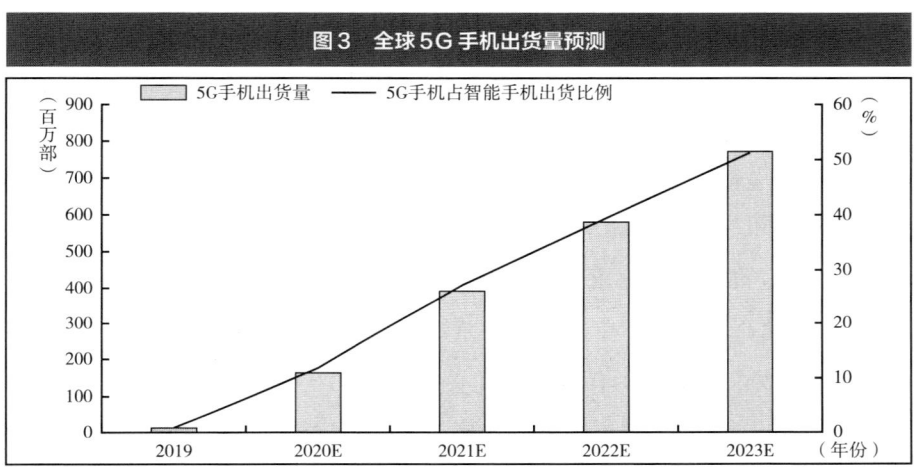

图3 全球5G手机出货量预测

资料来源:Canalys。

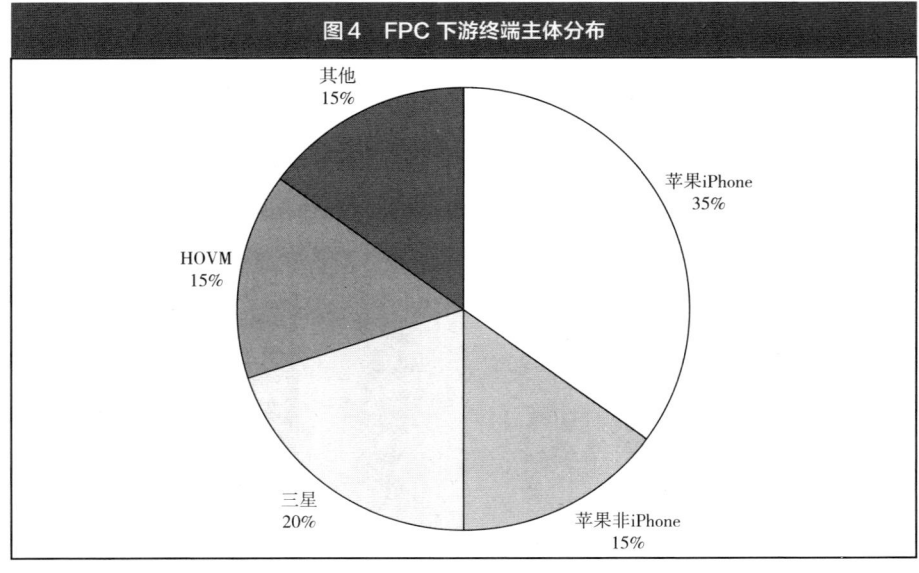

图4 FPC下游终端主体分布

注:HOVM代表华为、OPPO、vivo和小米。
资料来源:Canalys。

5G时代智能手机功能创新带动FPC等高性能PCB板用量增加。当前智能手机市场进入存量竞争,各品牌通过不断创新手机性能吸引消费者,多摄镜头、无线充电等新兴功能给手机带来了更大的数据处理量以及更多的内部元件模组,对手机内部的集成、散热及稳定能力提出了更高要求。为实现5G通信功能,手机内射频天线模组由MIMO技术升级为Massive MIMO,天线及射频传输线等器件的增多使得手机内部空间进一步压缩。FPC配线密度高、质量轻、低损耗、弯折性强的优点,能够很好满足5G时代智能手机更高性能需求。

(2) 5G高速高频需求致使单机FPC用量增加

5G高速高频需求下单机天线数量增加,单机FPC用量增加。目前4G主要采用2×2 MIMO技术,即手机必须支持2天线,而基站也拥有2天线。5G通信主要使用多天线阵列系统(Massive MIMO),其主要工作原理为通过增加天线数量减少高频率电波的损耗,预计64×8 MIMO技术将成为5G市场主流配置,即手机必须支持8天线,而基站拥有64天线。而目前市场上的4G手机主要支持2×2 MIMO技术,随着64×8 MIMO技术的渗透,手机天线数量将需要增加3倍,FPC弯折性好,可在占用空间较小的情况下增加更多的手机天线,因此FPC天线的用量也会增加,详情可见图5。

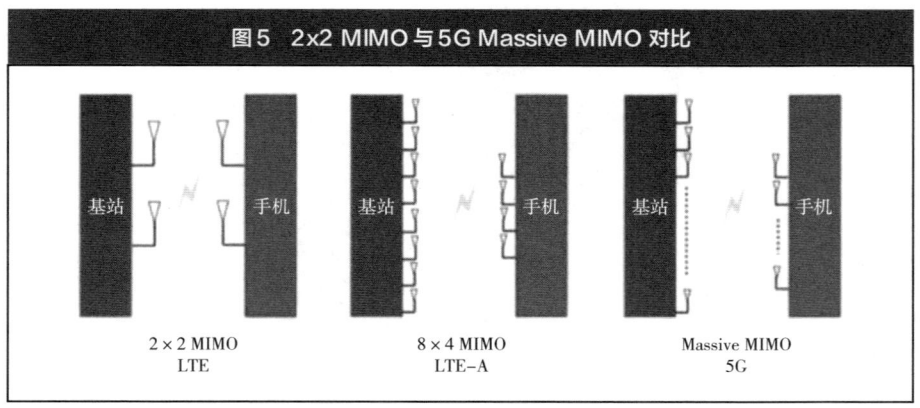

图5 2×2 MIMO与5G Massive MIMO对比

资料来源:ifanr。

(3) 智能手机光学升级（多摄+3D Sensing）拉动 FPC 需求

手机多摄模组方面，为满足消费者拍照高清晰度的需求，手机开始突破单摄性能限制，2016 年 iPhone 7 开启 iPhone 双摄时代，2019 年 iPhone 11 Pro 推进三摄设计，详情可见表 1。而安卓在多摄上比苹果走得更快，2018 年华为 P30 成为世界上第一部三摄手机，目前安卓手机三摄渗透率已达 60%。3D Sensing 包括双目立体成像、3D 结构光和 TOF。2018 年苹果 iPhone X 首先使用 3D 结构光实现人脸识别，2019 年 TOF 技术开始在安卓系高端机型快速渗透，华为 P30 Pro、三星 S20 Ultra 先后配置了 TOF 后置镜头。随着智能手机光学升级，摄像头模组数量的增加结合 3D Sensing 技术的应用使得手机光学功能复杂化，内部空间进一步被压缩，FPC 已经成为 PCB 硬板的优质替代品。

表 1 FPC 元器件在智能手机光学摄像头中的应用

	双摄	三摄	四摄
核心需求	加强画质和深度测距	实现焦段的全覆盖	强调 3D 视觉和创新
FPC 元器件描述			

资料来源：中关村在线网。

(4) 苹果手机功能创新不断引领 FPC 需求提升

iPhone 手机迎来换机周期。根据苹果公司统计，iPhone 活跃用户已超 10 亿，潜在换机客户规模庞大，iPhone 12 是苹果首款 5G 手机，预计在 2020 年 iPhone 出货 2 亿部，2021 年、2022 年分别达 2.3 亿、2.5 亿部，预计 2020~2022 年 iPhone 出货量 CAGR 为 11.8%。

手机功能创新不断引领 FPC 需求提升。iPhone 4 中 FPC 单机用量仅为 10 片，而 iPhone XS 中 FPC 单机用量已经增长到了 24 片，2020 年 iPhone 12 的 FPC 使用量达到 28~30 片。与此同时，单机 FPC 价值量也由 iPhone

4 的 16 美元增长到了 iPhone XS 的 50 美元（见表 2）。目前，手机内 FPC 主要应用场景包括摄像头、振动器、屏幕触控、天线、听筒、麦克风等。智能机普及后，苹果对 FPC 行业有绝对的话语权，引领行业创新发展，因此全球龙头 FPC 厂商基本都是苹果 iPhone 供应商（日－台－韩）。

表2 FPC 在苹果各机型中的应用

手机品牌	苹果					
机型	iPhone 6	iPhone 7	iPhone 8	iPhone X	iPhone XS	iPhone 11
FPC 用量（片）	14~15	15~17	16~18	20~22	24	26
FPC 价值量（美元）	21	23	25	40	50	60
机身厚度（mm）	6.5	7	7.5	8	8	—
功能优化	+大容量电池	+双摄	—	+无线充电	+双卡双待	
供应商	旗胜、臻鼎、住友电工、MFLEX、藤仓、台郡科技、嘉联益等					

资料来源：苹果公司公告。

（5）5G 时代安卓系 FPC 单机价值量提升空间大

与 iPhone 相比，安卓系 FPC 用量增长空间大。与苹果相比，安卓系手机 FPC 用量仍然较少，只有少数品牌高端机型中 FPC 用量与 iPhone 机型相当，如 2019 年推出的华为 Mate30 Pro 中，单机 FPC 使用量为 20 片左右，而 2018 年推出的 iPhone XS Max 单机 FPC 使用量已达 24 片，其他品牌于 2018～2019 年推出的智能手机 FPC 用量均不及 15 片。由于技术创新及 5G 应用下，FPC 相较于传统 PCB 优势明显，且苹果手机始终为智能手机阵营中的技术引领者，未来安卓系手机将向苹果看齐，未来安卓系单机 FPC 用量将有大幅增长空间。

安卓手机出货量快速增长，单机 FPC 量价齐升。根据 IDC 数据，预计安卓手机出货量 2024 年达到 12.86 亿部。据 Prismark 数据，2018 年安卓头部手机厂商的 FPC 单机价值量已超 10 美元。预计未来安卓系将加快对 FPC 的应用进程。从 FPC 单机用量对比可以发现，华为、OPPO、Google、vivo 和三星旗舰机FPC单机用量为10~15片，不足iPhone XS中FPC用量的1/2。

2. 汽车电子化与智能化的趋势增加FPC的用量

电动车和汽车电子化是汽车行业两大重要趋势。随着环保问题日益严重，新能源车的普及变得越来越重要。根据EV Sales数据，2019年全球新能源乘用车销量为221万辆，同比增长10%，预计到2025年可以增长到1100万辆，2019~2025年CAGR将为30.67%，详情可见图6。

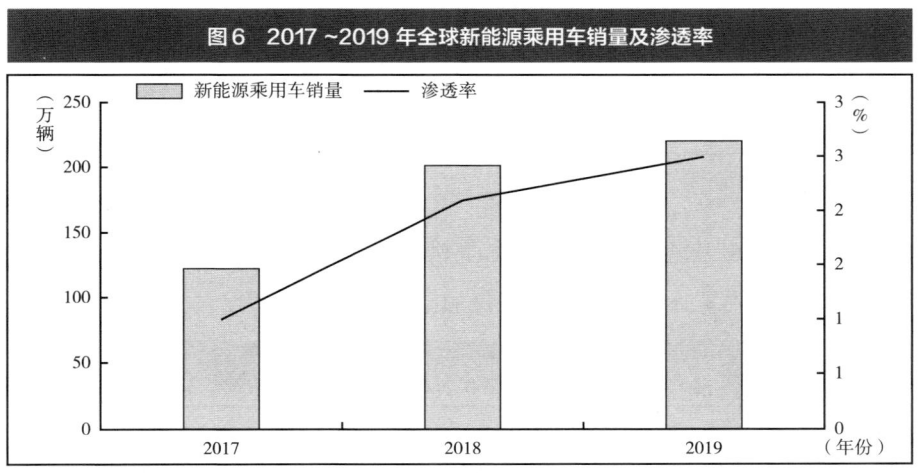

图6 2017~2019年全球新能源乘用车销量及渗透率

资料来源：EV Sales。

新能源汽车将成为FPC新增长点。根据iFixit数据，传统汽车使用FPC的数量大约为100片，新能源汽车对FPC的需求可达传统汽车的5~8倍。随着新能源汽车普及程度的逐年提高，车用FPC市场或迎来快速增长，见图7。

车用FPC增长空间大，日系旗胜主导市场。目前车用FPC主要应用在LED车灯、变速箱、BMS、车载显示屏、信息娱乐系统等。随着自动驾驶产业化以及车载雷达、汽车LED、车载显示、车载信息娱乐设备等领域在汽车行业的持续渗透，未来单车FPC用量有望超过100片，详情可见图8。新能源汽车强调智能制造与电子化，核心诉求是续航里程，在动力电池中采用FPC取代传统线束可实现减重，在相同电池容量下降低电线电阻，减

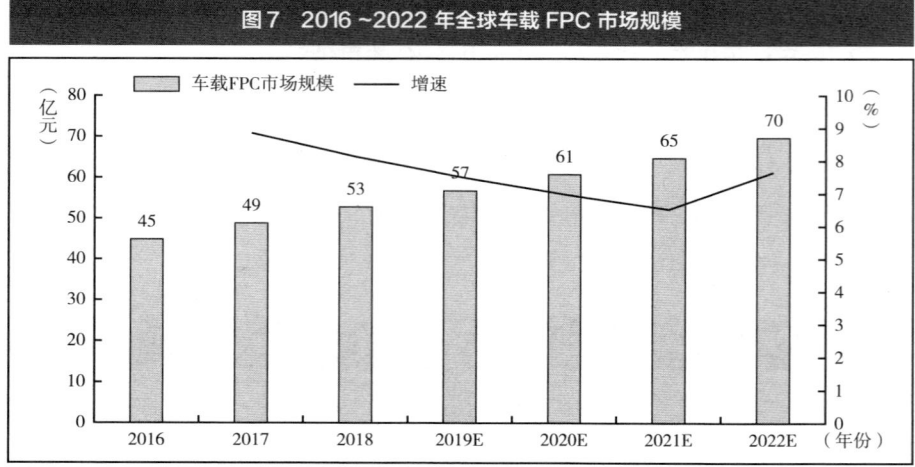

图7 2016~2022年全球车载FPC市场规模

资料来源：Wind。

少损耗，进而提升续航里程。以竞争格局上来看，日系厂商旗胜在车用FPC布局早，占据龙头地位，市场份额高达50%。

图8 FPC广泛应用于汽车中各模块

注：1. 车载显示器群及车用电子设备；2. 发动机系统；3. 座椅、车门、车控等电控自动系统；4. 汽车影响系统及传感器等自动安全系统（粗略统计，每辆普通汽车需要FPC 100片）。
资料来源：iFixit。

3. 可穿戴等新兴产品创新升级利于扩容FPC的市场需求

全球可穿戴设备的出货量增长迅速。IDC数据显示，2018年全球可穿戴设备的出货量达1.72亿只，其中出货量前三的产品是智能手表、手环和耳机，出货量分别约是 7760 万只、5132 万只和 3771 万只，2019 年智能手表、手环和耳机的全球出货量分别约为 9240 万只、6940 万只和 13236 万只，同比增长 19.1%、35.2% 和 251.0%。其中，全球 TWS 耳机出货量增长势头强劲，Counterpoint 预测，到 2020 年，全球 TWS 耳机出货量将达到 2.3 亿只。

可穿戴设备市场成为 FPC 产业发展的强大驱动力。目前，新兴可穿戴电子产品正在大量使用 FPC。FPC 具备轻薄、可弯曲、配线密度高等优良特性，与可穿戴设备小型化、轻薄化的趋势契合度极高，是其首选的连接组件，FPC 会在高密度、小型化趋势的智能产品中占比越来越高，例如 Apple Watch 与 AirPods 中均使用了较多 FPC，其中 Apple Watch Series 4 使用了 13 片 FPC，AirPods Pro 使用了 7~10 片 FPC。未来可穿戴设备功能将进一步丰富，其他品牌可穿戴设备中也将提升 FPC 用量，短期内可穿戴设备将成为 FPC 产业的主要扩张应用市场。

（五）产业链分析：上中下游

从产业链角度来看，FPC 的原材料主要由压延铜箔、聚酰亚胺（PI）薄膜和聚酯（PET）薄膜构成，基材则为柔性覆铜板（FCCL），行业的上游是各类石油加工产品、基本金属、化工原料，因此 FPC 行业与大宗商品市场紧密联系，而大宗商品市场则受全球宏观经济景气度及全球通货膨胀水平的影响。FCCL 是生产 FPC 最关键的基材，其组成部分是压延铜箔、聚酰亚胺薄膜或聚酯薄膜基材薄膜和胶黏剂。FCCL 占整个 FPC 产品成本的 30% 左右，FCCL 产品的价格对 FPC 成本的影响较大。FPC 的下游行业广泛，包括计算机、通信设备、消费电子、汽车电子、航空及医疗等，广泛的应用分布为印制电路板行业提供巨大的市场空间，降低了行业发展的风险，其中智能手机不仅单体使用 FPC 数量较多，而且是全球出货量最大的电子产品，智能手机的未来走向将直接影响 FPC 行业的格局。关于 FPC 产业链上中下游的具体关系，详情可参见图 9。

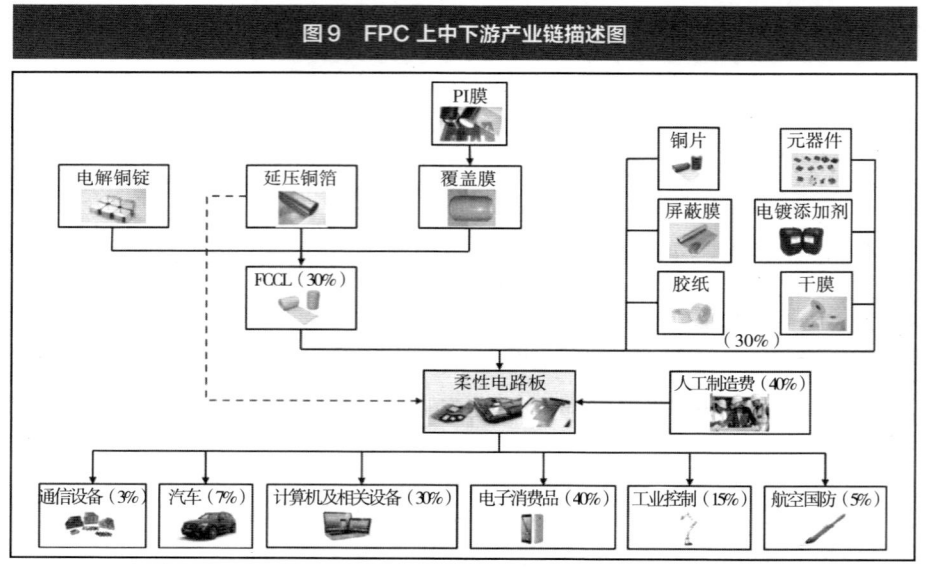

图9　FPC上中下游产业链描述图

资料来源：Prismark、中国产业信息网、Counterpoint。

目前我国 FPC 行业更多的还处于产业链的生产和组装环节，全产业链布局的企业比较少，在附加值更高的上游关键原材料领域，总体技术仍然较落后，更多地依赖进口。随着国家产业政策的倾斜和自主研发力度的加大，未来存在广阔的进口替代空间。

1. 上游：原材料的供应对 FPC 整体盈利水平构成重大影响

FPC 的上游原材料主要分为以下三种重要原材料：PI 薄膜、电解铜箔与压延铜箔。

（1）PI 薄膜

PI 薄膜被称为"黄金薄膜"，PI 膜是 FPC 的核心材料，一般用铜箔与 PI 薄膜材料贴合制成柔性铜箔基板（FCCL），用覆盖膜、补强板及防静电层等材料制作成软板。PI 薄膜的市场价格达到每吨 30 万~60 万元人民币，其中双轴向拉伸电子膜市场价格均在每吨 100 万元人民币以上。目前国内市场 PI 薄膜需求快速增长，严重依赖进口，需求潜力巨大，处于严重供不应求的状态，门槛极高，供给高度集中。目前国际产业链的供给集中于少数公司，如美国杜邦、日本宇部兴产、日本钟渊，以及韩国 SK 和 KOLON。

(2) 电解铜箔

电解铜箔是通过酸性镀铜液在光亮的不锈钢辊上析出，形成一层均匀的铜膜，经过连续剥离，收卷而获得的。电解铜箔自欧美人发明以来，由日本人将其精细化应用，并不断向全世界扩张，韩国及中国台湾地区紧随其后，并纷纷来中国大陆设厂。内地企业起步相对较晚，经过多年不停追赶，现在技术水平已经得到大幅提高，目前在此技术领域较为领先的有宁德时代、诺德股份、嘉元科技、花园集团、灵宝华鑫等企业。

(3) 压延铜箔

压延铜箔是指铜箔在压延机的压力下伸展而出 5um～135um 薄的铜箔。压延铜箔的弯曲性是普通电解铜箔的 4 倍，但其价格也较贵，所以对弯曲性要求不高的产品（如按键板、模组板、3D 静态挠性电路等），可以选择用高延电解铜箔来替代压延铜箔材料，当然可靠性要求比较高的情况下（如滑盖手机板、折叠手机板等），还是采用压延铜箔材料较好。

压延铜箔性能较电解铜箔更优，但对设备、工艺要求也更高。压延铜箔使用物理锻造法制造的原箔通常具有更好的物理性能，在铜纯度、强度、韧性、延展性等指标上优于电解铜箔。但压延铜箔的薄度与宽度会受到轧辊尺寸的限制，对设备的要求较高、工艺复杂、生产成本高，且相关工艺专利被日美少数企业垄断，如日本的日矿集团 Nippon Mining、福田金属 Fukuda、日立电线 Hitachi Cable，以及美国的奥林黄铜 Olin Brass 等。

2. 中游：FCCL 为核心中游原材料，占 FPC 成本的 40%

挠性覆铜板（Flexible Copper Clad Laminate，FCCL）又称为柔性覆铜板，是挠性印制电路板（Flexible Printed Circuit board，FPC）的中游加工基板材料，是由挠性绝缘基膜与金属箔组成的。在工业应用中，又以薄膜、胶黏剂和压延铜箔三种不同材料所复合而成的三层挠性覆铜板（简称"3L-FCCL"）应用最多。FCCL 除具有薄、轻和可挠性的优点外，用聚酰亚胺基膜的 FCCL 还具有电性能、热性能、耐热性优良的特点。它的较低介电常数（Dk）性，使得电信号得到快速的传输；良好的热性能，使得组件易于降温；较高的玻璃化温度（Tg），使得组件在更高的温度下可良好运行。由于 FCCL 大部分的产品，是以连续成卷状形态提供给用户，因此采用 FCCL 生产印制电路板，利于实现 FPC 的自动化连续生产和在 FPC 上进行元器件的连续性表面安装。

2008~2017 年全球 FCCL 市场规模一直呈现扩大趋势，2004 年全球的产业规模为 17.5 亿元，2017 年达 34.2 亿元，增长 95.4%，较 2016 年的 29.2 亿元同比增长 17.1%，见图 10。从 2018 年全球产量来看，中日韩是全球 FCCL 的主要生产地，其中日本占比最多，达到 36%，韩国 22% 居次，中国大陆以 21% 居第三，见图 11。FCCL 价格仍居高位，但已逐渐下行，2019 年价格为 50.02 元/米^2。从产能角度看，虽产能有所增加，但产品良品率仍有提高空间，产能利用率仍处于相对低位，维持在 43%~50%。但随着国产替代的推进及生产技术的进步更迭，预计未来利用率会有所提升。

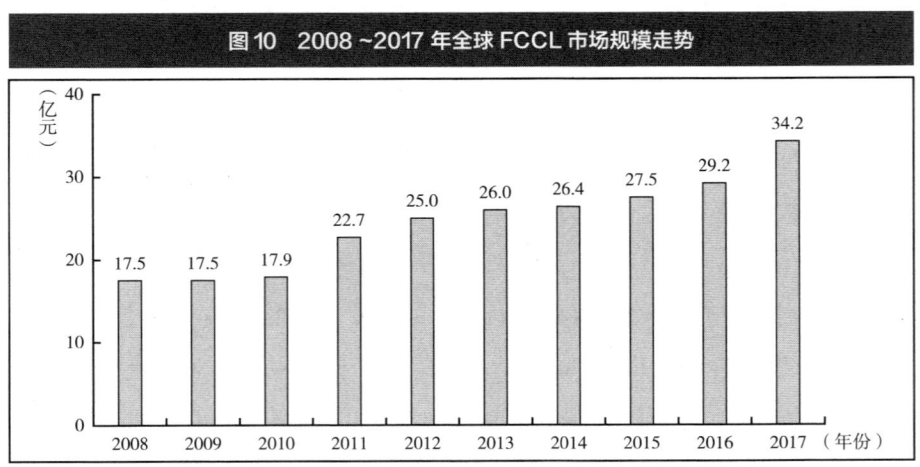

图 10　2008~2017 年全球 FCCL 市场规模走势

资料来源：Prismark、中国产业信息网。

图11 2018年全球FCCL产业分布

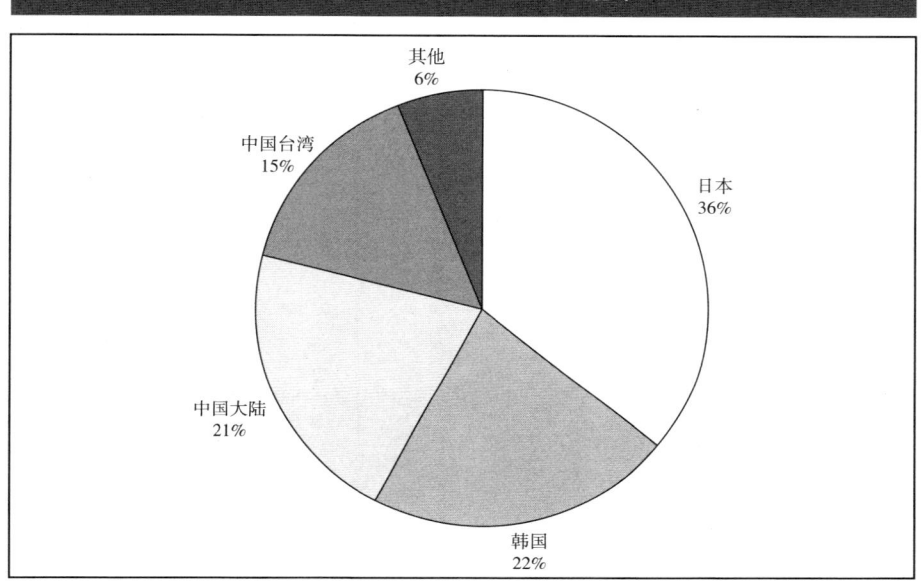

资料来源：Prismark、中国产业信息网。

另外，在中游原材料FCCL中，高端2L-FCCL是COF柔性封装基板生产的核心原材料，我国的2L-FCCL生产技术力量远远落后于日本、韩国，目前生益科技、丹邦科技是国内极少数掌握高端2L-FCCL制造工艺并大批量生产的厂商，打破了国内企业依赖进口高端2L-FCCL的局面，其生产的2L-FCCL可以替代国外同类高端产品。

3. 下游：应用行业广泛，互相联系紧密，抗风险能力强

FPC的下游市场主要为消费电子，FPC不仅可以通过显示模组、触控模组、指纹识别模组、摄像头模组等进入下游，也可直接用于智能手机、平板电脑、PC、消费类电子、功能手机和其他产品，占比分别为28%、21%、13%、19%、6%和13%，见图12。此外，下游应用领域还包括通信设备、汽车电子、医疗器械和仪器仪表等领域。其一，智能手机的大面积推广和创新功能将把FPC的使用推向新的高度；其二，汽车的自动化、联网化与电动化趋势将孕育出 FPC 新的市场机会；其三，可穿戴设备应用规模的迅速扩大，将催生轻薄型 FPC 的需求。

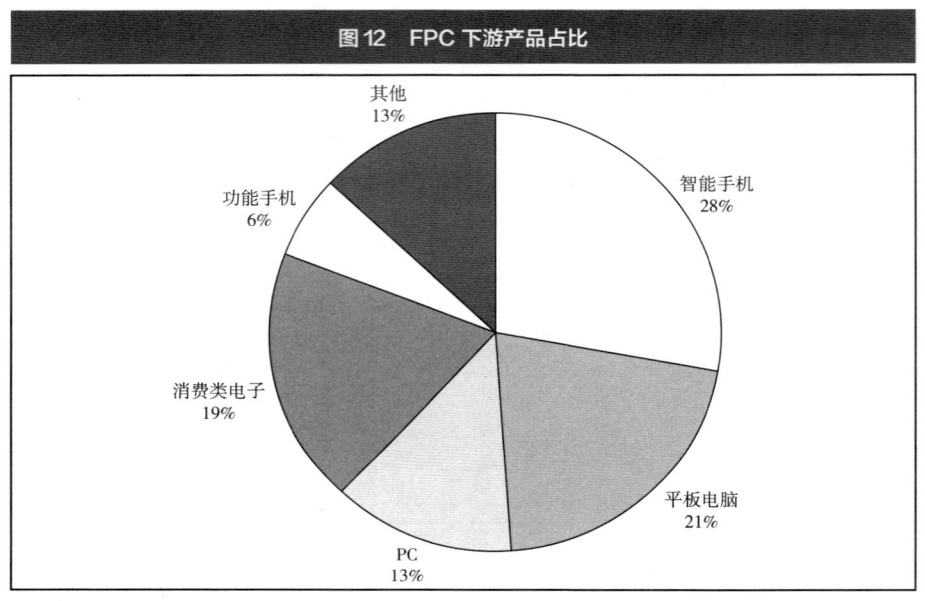

图12　FPC 下游产品占比

资料来源：Prismark。

4. 加工生产三大要素

材料、设备和工艺是 FPC 加工生产的三大要素，而工艺是 FPC 厂商的核心竞争力。在材料端，压延铜箔、覆盖膜、金盐、半固化片、油墨、铜球和铜粉等是 FPC 的主要原材料，其中聚酰亚胺（PI）和液晶聚合物（LCP）绝缘膜等高端原材料的生产技术主要由日本和美国厂商掌握，FPC 制造商通常不会自己生产，主要采用外购的方式获取。在设备端，激光钻孔机台、自动光学检测设备等高精密度设备制造技术由美日欧企业垄断，我国 FPC 企业主要通过海外进口的方式购买生产设备。由于上游原材料和设备供给集中度较高，FPC 制造商议价能力不强。

工艺是 FPC 企业脱颖而出的法宝。在生产工艺方面，FPC 制作工艺流程十分复杂，共有高达 100 多道工序，同时 FPC 的高定制化特点要求厂商根据基材厚度和材质、目标线宽和线距、精度及客户指定需求等，确定不同的生产工艺和设备，进行定制化生产和服务，核心工序和设备没有相应的行业标准，因此需要制造商在该领域拥有较长时间的经验积累，并不断对生产设备及工艺进行升级改造，以保持产品的持续竞争力。

二 行业竞争格局分析

（一）上中游原材料公司

我国关于 FPC 产业的上中游原材料公司如表 3 所示。

表3　关于 FPC 产业的国内上中游原材料公司

公司名称	产品领域	具体介绍
生益科技	CCL/FCCL	我国覆铜板行业龙头，全球第二大专业覆铜板生产厂家，占全球 12% 的市场份额。2017 年 7 月，公司从 LG 化学受让涂布法无胶 FCCL 相关的生产工艺、专用设备、技术、专利、商标等全套资产及技术指导服务，进一步提升涂布法无胶 FCCL 的技术水平和生产能力
丹邦科技	PI 膜/FCCL/FPC	国内唯一一家拥有 PI 膜—FCCL 材料—FPC 柔性电路产品的全产业链垂直一体化的公司。公司投产的电子级 PI 膜项目试产成功，年产达 300 吨，改善了国内依靠进口的现状
建滔化工	铜箔/CCL	全球最大 CCL 生产商之一，连续十年稳居全球 CCL 市场第五，中国最大印刷线路板制造商
金安国纪	铜箔/CCL	中厚型覆铜板龙头，在中厚板细分市场占有率高达 70%
超华科技	铜箔/CCL/FCCL	铜箔—CCL—PCB 垂直产业链布局。2017 年 7 月拟募集资金 8.8 亿元，用于年产 8000 吨高精度电子铜箔工程（二期）、年产 600 万张高端芯板项目和年产 700 万平方米 FCCL 项目

续表

公司名称	产品领域	具体介绍
中色奥博特	压延铜箔	高精度压延铜箔,可生产6~35微米等多规格的光箔,产能达5000吨
中铝上铜	压延铜箔	率先投产经表面处理的压延铜箔产品,结束了几十年来大陆企业不能生产压延铜箔的历史
正威集团	PI膜/FCCL	规划建设2条具有国际先进水平的高端电子级PI膜生产线,年产能达400吨;引进国际先进的FCCL成套装备和一流的技术团队,构建高端FCCL产业链
光韵达	加工测试设备	FPC精密成型,收购金东唐,进入PCB/FPC自动检测设备领域

资料来源:券商研报、Wind。

整体而言,从FPC上中游原材料和设备供应商状况可以看出,我国本土企业在国际竞争中正在寻求突破,未来随着FPC上游产业链国产化链条逐渐打通,成本端将大大提升本土FPC企业竞争力。

(二)FPC全球龙头企业与市场规模

从全球范围来看,FPC生产制造领域的龙头企业的情况如表4所示。

表4 关于从事FPC生产制造的全球龙头企业的相关情况介绍

地区	公司	业务布局	PCB营收(百万美元)		
			2017年	2018年	2019年
日本	旗胜	隶属于NOK集团,主要生产精密橡胶和塑料及FPC,2015~2019年NOK集团电子产品业务(主要包括FPC)销售额占比分别为54.9%、51.4%、49.5%、44.4%和45.2%,近年来逐步下降	3198	2704	2597

续表

地区	公司	业务布局	PCB营收（百万美元）		
			2017年	2018年	2019年
日本	藤仓	分为电力和电信系统、电子业务（包含FPC、连接器和其他产品）、汽车产品、房地产事业和其他这五个事业部；近5年来FPC业务销售额占比稳定在15%左右	1109	1155	956
	住友电工	分为汽车、信息通信、电子、环境与能源和工业材料与其他这几个事业部；FPC业务包含在电子事业部内，电子事业部2015～2019年销售额占比分别为10%、8%、8%、7%和8%，呈现缓慢的下降趋势，FPC业务在2018和2019财年销售额占比为3.14%和2.36%	1097	820	671
中国台湾	鹏鼎	主要生产FPC、RPCB、HDI、SLP；FPC占比约为80%，SLP占比约为5%，HDI+RPCB占比约为15%	3575	3929	3887
	台郡	公司主要生产FPC	849	888	843
中国大陆	东山精密	拥有印刷电路板、触控面板及LCM模组、LED及其模组、通信设备组件等业务；公司分别于2016年和2018年收购了柔性线路板和柔性电路组件主要供应商MFLX和伟创力旗下的PCB制造业务Multek；2016～2019年营收占比分别为23.44%、41.52%、51.62%和62.23%，呈快速上升趋势	946	1725	2115
	景旺电子	主要业务为印制电路板，近5年来占公司营收的98%左右，具体可分为刚性电路板、柔性电路板和金属基电路板三种业务类型；FPC业务在2015～2019年营收占比分别为26.01%、29.88%、31.45%、30.09%和34.97%	620	755	914
	弘信电子	拥有柔性电路板、刚挠结合板、偏光片、硬板、背光板和触摸屏业务，FPC业务在2015～2019年营收占比分别为77.78%、77.11%、61.86%、59.55%和58.72%，呈下降趋势	219	341	355
韩国	永丰	分为电子元件、冶炼、半导体、商品中介、租赁管理五个部分，电子元件部门（永丰电子）从事FPC和软硬结合板的制造和销售，此外公司旗下还有子公司Interflex从事FPC生产	1715	1217	1149
	BHflex	主要生产单面、双面、多层软板以及软硬结合板	612	698	562

资料来源：券商研报、Wind。

(三)下游市场预测

据 Prismark 预测,未来几年汽车电子、消费电子(包括智能穿戴、TV、VR/AR、无人机、智能家居、游戏机、数码相机等)和服务器/数据存储器行业将成为 FPC 市场下游应用中成长最快的领域,预计 2017~2022 年复合年均增速分别为 6.6%、6.4% 和 5.9%,而手机市场为 2.2%,相关数据见表 5。

表5 FPC 应用领域 2017~2022 年 CAGR 预测

应用领域	2017-2022 年 CAGR
手机	2.2%
PC	0.7%
消费电子	6.4%
汽车电子	6.6%
服务器/数据存储器	5.9%
军事/航天	4.2%
工业	3%
医疗	3.4%

资料来源:Primark。

同时根据 Prismark 的数据,2019 年全球 FPC 市场规模约为 138 亿美元。在智能手机、消费电子、汽车电子、航空航天、医疗等领域的带动下,预计全球 FPC 市场规模于 2025 年达到 287 亿美元,2019~2025 年 CAGR 为 13.0%;2030 年该市场规模有望达到 378 亿美元,2019~2030 年 CAGR 为 9.6%。具体细分来看,预计 2025 年智能手机用 FPC 市场规模将达到 127 亿美元,即 2019~2025 年 CAGR 为 14%;预计 2025 年全球消费电子(除智能手机)带动 FPC 市场达到 114 亿美元,即 2019~2025 年 CAGR 为 12%;预计 2025 年车用 FPC 市场规模达到 16 亿美元,即 2019~2025 年 CAGR 为 10%。

三 潜在投资企业分析

（一）鹏鼎控股

鹏鼎控股（深圳）股份有限公司成立于1999年，前身为富葵精密，在2017年更名为鹏鼎控股，并于2018年在深圳证券交易所上市。公司深耕PCB行业超过20年。鹏鼎主要业务为各类PCB设计、研发、制造和销售。根据Prismark数据，鹏鼎2019年营业收入位居全球PCB企业第一。公司目前营收约80%来自FPC（柔性电路板），HDI（高密度互连电路板）、SLP（类载板）及RPCB（硬式印刷电路板）占营收的20%左右。

广泛的下游产品布局：鹏鼎控股深耕PCB行业多年，下游产品从传统的台式电脑、笔记本电脑拓展到现阶段的智能手机、TWS等产品，并且公司已经布局AR、VR等产品。

长期绑定头部客户：在科技硬件领域，鹏鼎控股客户从电脑时代的戴尔开始，到传统手机时代的诺基亚、摩托罗拉等，再到智能机时代，苹果为公司目前第一大客户。目前公司与苹果公司、OPPO、华为、Google、Amazon、Microsoft、Facebook等客户建立深入合作关系，公司已是全球排名第一的PCB企业。2016~2019年，公司第一大客户苹果公司销售额占营收比例分别为61.32%、63.30%、70.28%、65.76%，其中鹏鼎控股相关的财务概要和主要收入构成可见图13与图14。

（二）东山精密

苏州东山精密制造股份有限公司创建于1998年，2010年在深交所上

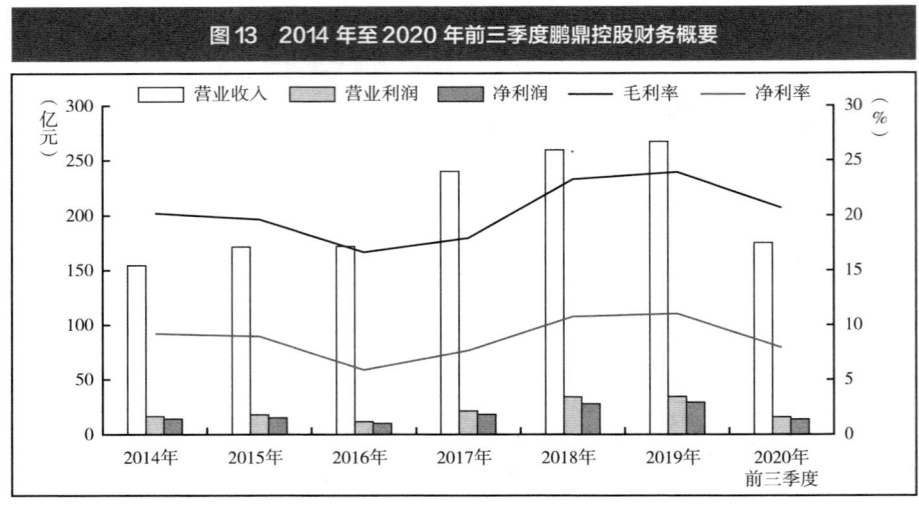

资料来源：Wind。

资料来源：Wind。

市，传统主业是从事精密钣金结构件工艺设计、制造服务。公司2016年收购全球排名第五的FPC制造商、苹果供应商MFLX，2018年收购伟创力旗下PCB子公司Multek，收购完成后，公司成为兼具高精密FPC、HDI和高多层PCB量产能力的全球领先电路板供应商。袁氏父子三人为公司控股股东和实际控制人,合计持股30.91%。

公司主营业务分为五大类:FPC、RPCB(HDI)、LED封装、LCM &触控模组和通信结构件。(1)FPC:iPhone、iPad、AirPods、特斯拉、国产手机等终端应用;2019年约占公司总收入的49%。(2)RPCB:Multek为生产主体,包括手机、服务器、交换机、路由器、基站等终端应用,2019年占总收入约13%。(3)LED封装:包括各类小间距以及LED封装,2019年该业务收入占总收入约10%。(4)LCM &触控模组:2019年已剥离部分,保留部分主要为FPC业务,做研发和销售配套,2019年该业务收入占总收入约16%。(5)通信结构件:包括4G传统天线、滤波器、陶瓷介质滤波器(艾福)等,2019年占总收入约11%。

公司业绩稳步提升。2015~2019年营收CAGR达55.84%,归母净利润CAGR达116.50%。公司FPC和RPCB双板的持续发力,是公司提升营业收入及归母净利润的主要驱动力。2015~2019年,公司营收从39.93亿元增加到235.53亿元,年均复合增速达到55.84%,其中东山精密相关的财务概要和收入构成可见图15与图16。

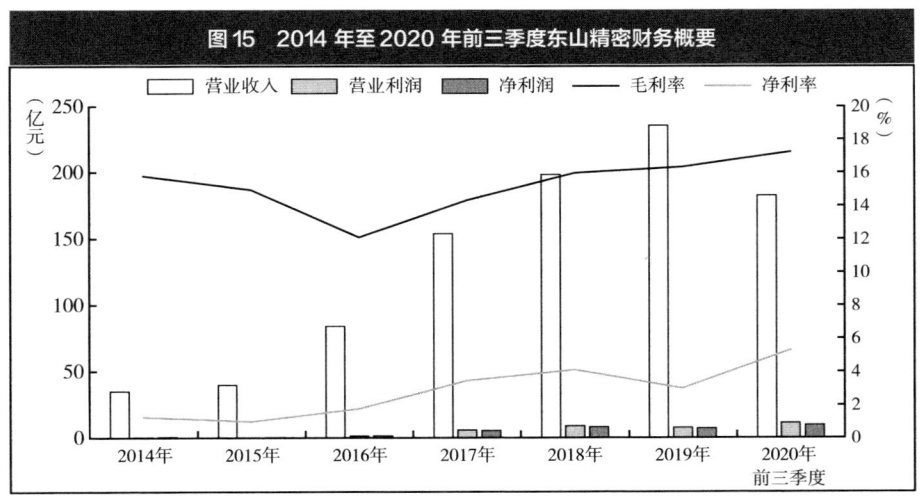

图15 2014年至2020年前三季度东山精密财务概要

资料来源:Wind。

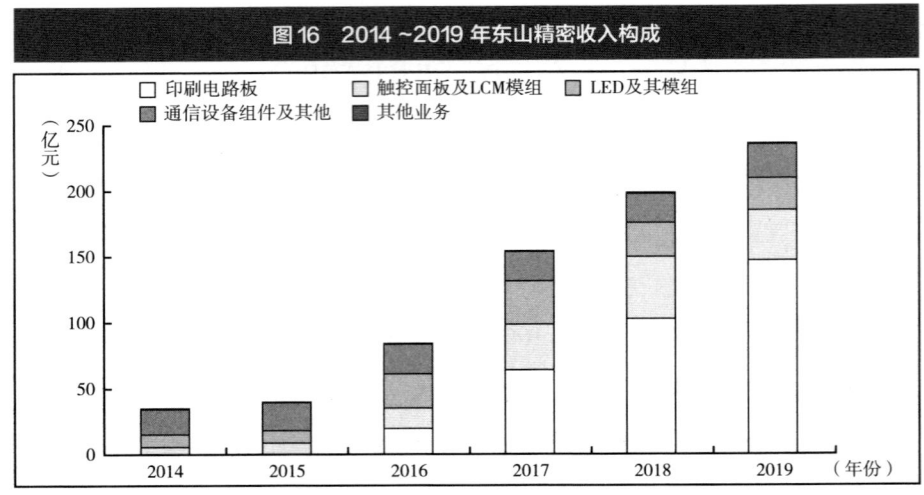

图16 2014~2019年东山精密收入构成

资料来源：Wind。

（三）弘信电子

厦门弘信电子科技股份有限公司成立于2003年，注册资本为3.41亿元，于2017年在深交所A股上市，公司主营业务为挠性印刷电路板（FPC）、背光板、刚挠结合板等，营收占比分别为58.72%、31.37%和8.26%，公司产品应用于显示、触控、指纹识别、摄像头、车用电池等模组，涉及智能手机、平板电脑、车载电子、工控、医疗等终端领域。其中上市公司弘信电子主营FPC相关研制与销售，子公司厦门弘汉光电科技有限公司于2013年涉足背光板业务，江苏弘信华印电路科技有限公司设立于2015年并于同年开始软硬结合板业务。在FPC+领域，通过成立柔性电子研究院、并购瑞湖科技，推进公司在柔性电子应用方面的研制发展。

弘信电子主要从事FPC、背光模组和刚挠结合板的研发、生产和销售。受益于市场开拓及产能提升，2019年实现营业收入24.60亿元，同比增长9.40%，其中FPC类收入占比为58.72%，仍为公司主要收入来源。其他业务主要是废料废液收入等，规模相对较小。2020年，受COVID-19疫情影响，公司生产基地产能利用率不足、成本高企，公司2020年1~9月营业收入为19.12亿元，较上年同期下降1.45%，综合毛利率降至9.75%，其中弘信电子的收入与利润情况可见图17和图18。

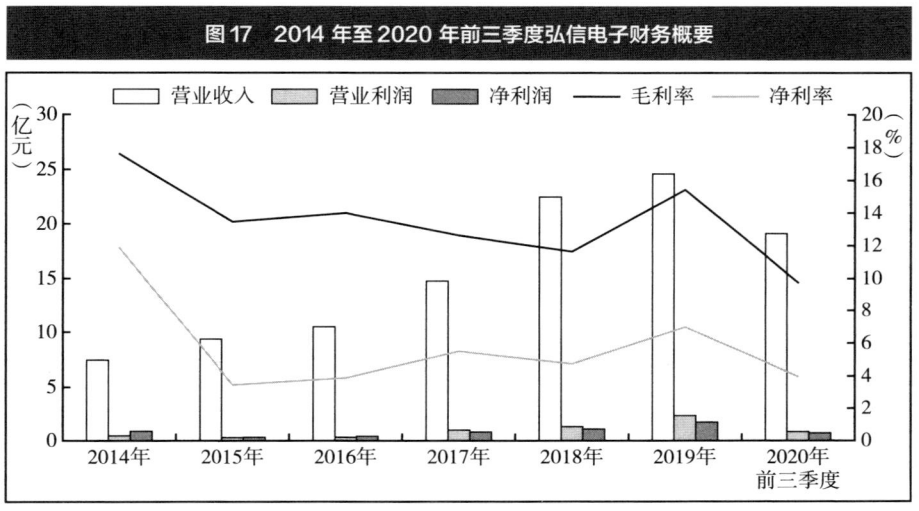

图17 2014年至2020年前三季度弘信电子财务概要

资料来源：Wind。

图18 2017~2019年弘信电子收入构成

资料来源：Wind。

（四）行业总结观点

预计 2023 年 FPC 市场规模将达到 142.31 亿美元，彼时 2018~2023 年 FPC 市场规模 CAGR 将达到 2.8%，下游应用领域包括智能手机、PC、汽车、平板电脑、其他消费电子产品。FPC 产业发展未来主要受益于：

（1）5G 时代，智能手机承载的功能进一步增加，且需要新增更多的电子元器件，将对手机内部空间提出更大的挑战，5G 智能手机 FPC 的需求量将得到明显提升，预计增速为 2.9%；

（2）可穿戴设备包括无线耳机、智能手表、智能眼镜等产品逐步放量将成为 FPC 行业的新动力，预计可穿戴设备用 FPC 增速为 3.9%；

（3）汽车电动化和智能化，尤其是 ADAS 系统对于 FPC 的需求量将显著提升，汽车用 FPC 有望成为 FPC 行业"宽而长"的新赛道，预计汽车用 FPC 增速为 5.2%。

从 FPC 发展的区域分布来看，FPC 产能长期向中国大陆转移的趋势不改，国内 FPC 制造企业如景旺电子和弘信电子在近 5~6 年的营收 CAGR 分别达到了 55.6% 和 31.3%，远超全球 FPC 行业平均增速。

从竞争格局来看，韩美日企业当前仍占据行业主导地位，中国的东山精密并购美国 FPC 大厂 MFLX，成为一流梯队中唯一一家大陆 FPC 大厂。随着市场需求叠加与产业转移，在充足资金的支持下，本土企业逐渐向高端 FPC 产品靠拢，快速跻身国际一流水平。

从 FPC 产业的上游来看，FCCL（挠性覆铜板）占整个 FPC 产品成本的 30% 左右，中国大陆以 21% 产值占比位居全球第三，同时由于 FPC 加工工艺复杂，对加工设备要求高，相应的设备基本由国外垄断。我国本土的材料和设备企业在国际竞争中正在寻求技术与市场突破，未来随着 FPC 上游产业链国产化链条逐渐打通，本土 FPC 企业在成本端的竞争力将大大提升。

而从下游来看，消费电子中 FPC 产品技术壁垒和认证难度越来越低（仅苹果的 FPC 供应商中获得资质的就有 7 家以上），产业链公司通过产品价格、质量和产能优势与客户建立合作关系，但相应的被替代的风险也大；汽车电子使得 FPC 原有行业天花板被解构，单车 FPC 量价提升驱动 FPC 进入成长新周期，同时车规级别的产品认证是企业长期盈利和需求保障的竞争优势，汽车 FPC 有优于消费电子的竞争环境，这也是日本企业早早开始布局汽车 FPC 的原因。对于国内企业来说，在消费电子领域提升销售额和市场份额的同时需要积极布局汽车产业链，打入供应商体系取得供应资质，这样才能为公司长期的发展保驾护航。

企业篇

中冀投资：自主可控，高端制造产业的核心机会　／217

富士康：加速转型升级，布局未来产业　／227

创维：发展智能人居产业，推动家电制造业转型　／241

坎德拉科技：分体式机器人多场景赋能的发展路径／253

华康同邦：科技引领，数据驱动，打造智慧医疗新型健康产业／263

中冀投资：自主可控，高端制造产业的核心机会

谭润沾

中国是制造业大国，制造业的发展情况不仅关系到经济基本面健康与否，也在很大程度上影响我国综合实力和国际竞争力。作为制造业大国，我们有两大基础优势：一是拥有独立完整的全产业链工业体系；二是拥有深且广的国内市场空间以容纳大体量的新兴产业。

但中国制造面临大而不强的难题。随着中国与世界经济的联系越来越紧密，中国制造已经深深嵌入全球产业链分工体系，以往我国制造业以中间品贸易为主，在上游的关键材料、核心技术设备、核心零部件、主要工业软件等方面的进口依赖情况十分普遍。工信部2018年的数据显示，在其调研范围内的130多种关键材料中，32%仍为空白，52%依赖进口；在核心元器件领域，95%以上的计算机及服务器通用高端芯片和70%以上的智能终端处理器依赖进口；在装备制造领域，高档数控机床、大飞机、汽车等高精尖加工生产线上超95%的制造及检测设备依赖进口。

自中美贸易摩擦以来，诸多产业的高端核心环节脆弱性凸显。可以预见，美国等发达国家将持续打压中国核心技术和战略性产业的发展。发达国家"再工业化"和"制造业回归"步伐加快，其他发展中国家也在加快推进工业化进程，这些都对我们新阶段的制造业发展提出了新的挑战。

2020年9月11日，习近平总书记在北京主持召开科学家座谈会时强调，我国经济社会发展和民生改善比过去任何时候都更加需要科学技术解决方案，都更加需要增强创新这个第一动力。随着基础科学的进步，依托重大科技专项等举国体制框架下的重大项目，中国将会有很大的机会在多个行业产业内突破技术限制，实现追赶，甚至通过技术创新，在特定领域实现弯道超车。事实上，我国在高铁、光伏、动力电池、面板等领域正在追赶甚至超越国际水准，中国技术和品牌纷纷崛起，在国际上占有一席之地。

基于此，中冀投资股份有限公司（以下简称"中冀投资"）在高端制造的不同赛道展开布局，重点关注突破"卡脖子"技术的企业，在自主可控领域精选投资标的。

如何在高端制造领域找到优秀的被投企业？

对于投资人来说要坚持研究驱动投资。高端制造细分赛道繁多，要深入研究产业发展趋势，做预判性投资，避免追风口，重点选择市场空间广阔，竞争结构相对健康，自主可控需求迫切的行业作为重点赛道。对于被投资企业我们重点关注四个方面。一是具备持续创新的基因。企业内生的创新驱动力在突破技术难点过程中非常必要，企业从一个领域切入，不断探索延展，直到再次迎来突破和发展，建立良性循环，这是技术企业能否持续发展的关键。二是企业家精神。投资就是投人，核心团队是企业发展的灵魂。有格局观、有胸怀又有执行力的创业团队，能够通过严谨的分析，洞察问题，解决问题，发现机遇，构建良好的治理结构，带领企业走向成功。三是客户为导向的思维。高端制造也不能唯技术论，产品能为客户提升多少效率、带来多大价值，企业需要有深入的思考和判断。四是精益求精的工匠精神。企业要对产品投入极大的热情和专注，把大小事情做到极致。

成功的投资必然是投资人与产业方相互促进和相互成就的过程，投资人为企业全方位对接产业链上下游资源、关键人才、金融资源以及帮助企业改进公司治理极为重要，系统而优质的投后管理可以为企业插上腾飞的翅膀，也能够化不利为有利，投资企业切不能"靠天收"。

中冀投资过往在高端制造自主可控的一些细分领域做了布局和探索，其中一些案例具有典型性，与读者一起分享。

江航装备——优质军工，混改突围

当前军工集团的资产证券化率相对较低，不少军工领域的公司是从研究所转型而来，积淀了极强的技术能力，并且聚集了一批热爱装备产业的员工，他们懂国防战术、懂科学技术，在把军工做好这件事情上尤为专注。

近年来，在多重政策的推动下军工企业混合所有制改革全面提速。引入社会资本对于军工企业完善治理结构，激发经营活力有显著作用，中冀投资参与的合肥江航飞机装备股份有限公司（以下简称"江航装备"或"江航"，证券代码：688586.SH）混合所有制改革就是案例之一。

1. 多项技术国内唯一，打破国外技术封锁

江航装备成立于2007年，是隶属于中国航空工业集团有限公司的一家大型军民结合型航空高科技企业。江航装备聚焦于航空装备及特种制冷领域，主要产品涵盖航空氧气系统、机载油箱惰性化防护系统、飞机副油箱等航空产品以及军民用特种制冷设备。

江航装备是我国唯一的航空供氧装备研发基地，已形成航空氧气装备系列产品，配装国内所有型号的军机。第三代战机之前主要使用液氧、气氧等方式提供氧气，缺点是体积大、重量重、提供氧气时间短，导致战机作战半径小。江航经过不断努力，研发出了机载分子筛制氧技术，从第三代战机开始全面采用该技术。这打破了国外的技术封锁，使我国成为美英法之后，全球第四个掌握该技术的国家。该项目也获得了国家科学技术进步奖特等奖、国防科学技术进步奖一等奖。

江航装备团队持续投入研发，采用空气分离机载制氮技术，自主研发出机载油箱惰性化防护系统。该系统的成功研发也填补了我国在该领域的技术空白，达到世界先进水平，使我国成为继美国之后全球第二个成功自主研发的国家。此后，机载惰性化防护系统开始在最新型号的军机上配套，未来该系统在军民航空领域均具有广阔的应用前景。

在特种制冷领域，公司旗下的"天鹅"品牌是国内最早的家用窗式空调和军用方舱空调品牌，在特种制冷领域享有较高的行业知名度。目前，江航的军用特种制冷设备已实现空军、陆军、海军、火箭军等全军种覆盖，并通过军用技术成果转化发展民用特种制冷设备，重点开拓工业用特种耐高温空调、专用车空调等细分市场。

2. 混改"双试点",股权激励激发企业活力

江航装备的混合所有制改革走得又早又稳。国家发改委在选择首批军工企业混改试点时,航空工业机载系统就将目光投向了江航装备。2016年7月,江航装备正式申报混改试点,最终江航装备从8家申报企业中脱颖而出,2017年3月,其混改方案获得发改委批准。此后,江航装备又入选国家国防科技工业局首批三家军工企业混改试点名单,成为央企混改"双试点"企业。2018年江航启动外部战略投资人引入计划,中冀投资在这时参与进来。

新进入的战略投资人积极推进公司治理完善,在几家投资机构的强烈建议下,江航开始研究员工股权激励机制。江航装备并不是国家选择的员工持股试点,但公司在仔细研究财政部相关政策后提出申请,在取得相关主管部门单位批准后,江航装备迅速实施了员工持股计划,帮助锁定企业核心人员。核心员工持股进一步激发企业潜能,科研、生产、经营和管理各个领域高效开展,尤其在对待混改和公司规范治理等方面,员工的支持度和参与度明显提升。"利益共享、风险共担"的捆绑经营理念也在公司改革发展中释放了积极效果。

2019年5月,国家发改委政研室副主任兼新闻发言人孟玮在回应中国证券报记者提问混合所有制改革相关情况时,特别提到合肥江航是具有标杆示范意义的优质混改企业。

2020年7月31日,江航在上交所科创板正式挂牌上市。当前和今后一个时期是国防和军队现代化建设的关键时期,作为保军单位,江航长期服务于国防军工领域,以关键技术的突破为国防事业保驾护航。登陆科创板之后,江航将进一步夯实其在航空氧气系统、机载油箱惰性化防护系统、飞机副油箱及特种制冷产品上的竞争能力和行业地位,更好地履行"航空强军,航空报国"的使命责任。

燧原科技——做大芯片拼硬科技

1. 好角度切入好赛道

在高端制造行业中,上海燧原科技有限公司(以下简称"燧原科技")所在的高端芯片制造领域是一个典型的宽赛道。燧原科技 2018 年 3 月成立于上海,在上海和北京设有研发中心,以高端人工智能训练产品切入数据中心市场,致力于为人工智能产业发展提供普惠的基础设施解决方案,提供具有自主知识产权的高算力、高能效比、可编程的通用人工智能训练和推理产品,从而赋能金融、医疗、教育、交通等诸多行业的服务商,为城市云、政务云、公有云等智能化场景提供 AI 算力。

AI 芯片是智能制造网络层面的实施基础,主要实现信息传输与处理。随着制造业信息化推进,对算力的需求呈指数级增长,大规模算力业已成为必不可少的条件。几年前,市场上 AI 芯片行业的参与者多是国际巨头,如果形成垄断,对我国高端制造、人工智能行业的发展又将形成一道枷锁,是一个必须要攻克的"卡脖子"赛道。

与其他赛道参与者不同,燧原科技在切入赛道时另辟蹊径,选择做 AI 训练加速芯片,这是 AI 芯片中技术门槛最高的一个方向,且被巨头高度垄断。但作为一个处于比较早期阶段的新兴市场,这个市场还是蓝海,还没有过多知识产权、技术授权等问题的束缚,是高度依赖技术实力的、完全开放的战场。同时,AI 芯片市场空间巨大,以英伟达为例,2019 年 AI 训练卡为其贡献了 20 亿美元利润,占到其数据中心业务利润的 2/3。据赛迪顾问预测,2021 年中国 AI 芯片市场规模将达到 305.7 亿元,其中云端训练芯片占比最大,规模将达到 139.4 亿元。

毫无疑问,燧原科技所处的是一个好的细分赛道。

2. 好团队落地好产品

燧原科技选择的发展路径依赖于卓越的团队和雄厚的技术实力。燧原科技的研发团队来自全球各大知名高科技企业，平均工作经验在 10 年以上，实战经验丰富。燧原科技的团队建设以"芯片驱动软硬件设计以便尽快落地"为目标，人员覆盖从架构设计、产品设计到最终量产的所有环节，涵盖从软硬件开发、芯片完整模块设计、芯片顶层设计、芯片流片、芯片量产到产品设计的整个生态。从设计、验证到项目流程管理，都对标世界级芯片公司。公司"执行、创新、尽快落地"的文化氛围推动企业快速前进。

2019 年 12 月，燧原科技发布了人工智能训练产品"云燧 T10"，这是一款基于高性能通用人工智能训练芯片"邃思"打造的面向云端数据中心的人工智能训练加速卡，可广泛应用于互联网、金融及政务等云端训练场景。同时，燧原科技还发布了最新的可支持业内主流框架的计算机及编程平台"驭算"。短时间内，燧原科技自主研发了完全通用可编程的神经网络处理器，并攻克了 2.5D 封装难题。为应对云端数据中心大规模训练集群的挑战，公司还创造性地提出 200GB 双向 ESL 互联技术，大幅降低系统复杂度和成本。2020 年 9 月，具备完全自主创新的产品"云燧 T10"正式落地商用。这也标志着燧原科技向着打破垄断、实现自主可控的目标，跨出了突破性的一步。

为了做到快速落地，燧原团队在公司创始阶段就已经开始铺路。在早期阶段，团队选择了腾讯作为战略合作伙伴。腾讯拥有丰富的 AI 业务场景，开发了众多 AI 算法和模型，双方从技术交流到项目合作，从产品研发到业务适配，为产品落地"热启动"，也为后续市场客户拓展、新产品快速落地提供了基础。

3. 聚焦中国市场实际应用和需求

中国云端 AI 芯片市场作为全球市场最重要的组成部分，市场机会巨大。燧原科技目标市场定位云端数据中心，坚持 To B 和 To G 的产品路线，为中国人工智能产业的基础设施提供普惠算力，打造性能强劲、性价比高、能效比高、软件生态完善、从云端训练到推理全覆盖的 AI 基础设施一体化解决方案。"驭算"软件平台目前支持业内主流的 AI 框架，后续也会支持起步中的国产 AI 框架。通过此举，燧原科技将和国内合作伙伴一起构筑更适合中国人工智能产业发展所需要的生态系统。

目前，燧原科技在向第二代云端训练和云端推理产品投入资源，加快产品迭代，提高市场竞争力，继续以技术创新和业务盈利为驱动力，助力中国人工智能和集成电路产业的发展。

蓝箭航天——下一代航天技术的突破者

蓝箭航天空间科技股份有限公司（以下简称"蓝箭航天"）是中冀投资 2018 年 8 月投资的一家国内领先的液体火箭研制和运营的商业公司。公司研制了国内首枚以液氧甲烷为推进剂的中大型运载火箭。同时，它也是世界第三家具备液氧甲烷发动机设计、制造能力的商业企业，该技术被认为是下一代火箭动力系统的技术支撑。

蓝箭航天成立于 2015 年，是国内最早成立的从事运载火箭系统设计和制造的商业公司之一，致力于研制以液氧甲烷为推进剂的中大型运载火箭系列产品，为市场提供高性价比、安全可靠的发射服务，打造世界一流商业火箭公司。公司主要产品包括朱雀二号（ZQ-2）运载火箭系统、天鹊（TQ-12）80 吨级液氧甲烷发动机、天鹊（TQ-11）10 吨级液氧甲烷发动机等。

液氧甲烷发动机具有无毒环保、高可靠、高性能、低成本、易操作、可重复使用等特点，代表了航天主动力技术的发展方向。在火箭的固液之争上，SpaceX 的成功已经使答案变得更为清晰，SpaceX 在最新一代的运载火箭产品中，所采用的恰恰就是液氧甲烷技术。目前，国际上掌握液氧甲烷技术线路的公司并不多，蓝箭航天是第三家。

蓝箭航天很早就将研发重心锁定在以液氧甲烷为推进剂的中大型运载火箭

上，这主要基于其对航天商业的深刻理解。商业火箭公司的核心竞争力是低成本，液体大中型火箭在成本上更经济。在大吨位运载火箭上，液体火箭成本远远低于固体火箭，而液氧甲烷的综合性价比更高。朱雀二号所用的液氧甲烷推进剂每公斤成本约为 5 元，远低于液氧煤油的每公斤十几元和液氧液氢的每公斤一百元。而中型火箭在性价比和市场灵活性上也比小型火箭更具有优势，且可回收状态下其能进一步降低成本提升经济性。在大吨位运载火箭上，液体火箭成本远远低于固体火箭。而中型火箭在性价比和市场灵活性上也比小型火箭更具有优势，且可回收状态下其能进一步降低成本提升经济性。

此外，公司的核心技术研发和保障能力为项目提供了保障。蓝箭航天是国内最早一批商业航天公司，其人才队伍在专业配比、体系建设、经历经验等方面全国领先，技术研发速度也一直占据优势。目前，公司核心技术实现自主创新，各专业子条线齐备，已覆盖从设计、研发、测试到总装的全流程，并且拥有国内首家、亚洲最大的民营火箭制造及热试车基地，基础设施保障不断增强。

经过三年打磨，蓝箭航天已完成"天鹊"80 吨、10 吨级两型发动机多项全系统热试车考核，朱雀二号液体运载火箭已完成关键试验。2020 年 12 月，蓝箭航天的针栓式喷注器试车成功。这意味着火箭发射从有去无回升级成可重复使用，这将大大提升火箭发射效率、降低发射成本。

商业航天行业已经展示出巨大的经济效益和社会效益，是中冀投资近年来重点关注的一个方向。随着商业航天迅速发展，航天航空的辐射面已经深入各国经济的各行各业，参与主体也由原来单一的政府和科研院所扩展到各类用户单位、市场化公司、高校，甚至民间团体和个人。2020 年 4 月，国家发改委首次提出"新基建"的概念，在这个概念中首次把"航天航空事业"纳入了新基建范围。这为商业航天的发展奠定了政策基础。中国航天，尤其是商业航天，在技术与市场的共同驱动下，正在取得突破性进展。蓝箭航天作为国内唯一掌握液氧甲烷发动机技术的企业，在这场商业航天腾飞的浪潮中有机会跻身全球商业火箭公司前列。

富士康：加速转型升级，布局未来产业

曹曼文

一 企业背景

富士康科技集团（以下简称"富士康"）是专业从事计算机、通信、消费性电子等3C产品研发制造，广泛涉足数位内容、汽车零组件、通路、云运算服务及新能源、新材料开发应用的高新科技企业。

凭借前瞻决策、扎根科技和专业制造，自1974年在台湾肇基，1988年投资中国大陆以来，富士康迅速发展壮大，拥有百余万员工及全球顶尖客户群，是全球最大的电子产业科技制造服务商。2002年起位居中国内地企业出口200强榜首（2019年进出口总额占中国大陆进出口总额的3.53%），2005年起跻身《财富》全球企业500强（2020年跃居第26位），截至2020年12月底，全年实现营收约1913亿美元。

富士康在发展历程中逐步确立了"扎根中国，运筹全球"的发展战略，迄今在中国大陆、中国台湾、日本、东南亚及美洲、欧洲等地拥有800余家子公司和派驻机构。集团的全球布局策略为"两地研发、三区设计制造、全球组装交货"。

"两地研发"是指以大中华区与美国为两大重要战略支点，组建研发团队和研究开发实验室，掌握科技脉动，配合集团产品发展策略和全球重要策略客户产品发展所需，进行新产品研发，创造全球市场新增长点。

"三区设计制造"的布局重点，是以中国大陆为中心，亚美欧三大洲至少设立两大制造基地，结合产品导入、设计制样、工程服务和大规模高效率低成本高品质的垂直整合制造优势，提供给客户最具竞争力的科技产品。

"全球组装交货"是指在全球范围内进行组装，保证"适品、适时、适质、适量"地把货物交到客户指定的地点。为此，配合客户所需进行全球性物流布局与通路建置，以达成要货有货，不要货时零库存的目标。

在持续增强精密模具、关键零组件、机电整合模组等产品既有技术优势的同时，富士康积极推动跨领域科技整合，在纳米科技、精密光学、环保照明、平面显示、自动化、半导体设备、云端运算服务等领域均取得丰硕成果。

富士康多年快速增长的知识产权累积成果斐然，成为华人企业驰骋全球科技业的知识产权先锋。截至2020年底，其全球专利申请已累计16万余件，核准量达到9万余件。2005~2013年连续9年位居中国大陆专利申请总量及发明专利申请量前列；2003~2019年连续17年位居台湾地区专利申请及核准量前列；2006~2019年连续14年在美国专利核准量排行榜中位居华人企业前列；2006~2014年连续9年被国际领先的技术分析机构ipIQ评定为Electronics & Instruments领域第一名。

二 发展历程

富士康在中国大陆的发展，大致可分为三个阶段。

第一个阶段是传统制造时代，富士康乘着改革开放的春风，成为第一批进入中国大陆的台资企业，在深圳扎根发展。在早期阶段，富士康主要策略就是以市场为导向，稳固生产能力、打造成本领先优势。当时，为保障机械的耐用程度与品质控制，生产设备基本采用进口，同时引入3D设计工具及资料库系统等先进软件，达到快速制造产品以占领市场的目的，富士康十年磨一剑完成该策略的构建。

第二个阶段是精密制造时代，业务改为研发导向。在这个时期通过独创出的CMMS（Component Module Move & Service，零组件、模块化、动态速度、服务）模式，富士康可以为客户提供整套采购流程的同时掌握零组件的来源和成本。为强化这些服务，富士康进一步在全球设立更多厂区以服务客户。随着富士康的垂直整合越走越深，其逐渐掌握了每个环节的零件，这为其日后进入更精密的纳米级连接器领域打下了基础,并使得富士康从"制造的富士康"走向"科技的富士康"。而富士康就是这时候开始,率先研制并掌握超精密加工这一核心技术,从传统制造向精密制造转型升级。

第三个阶段是智能制造时代。大规模的生产制造,不但需要精密制造的技术,还需要自动化、数字化、网络化和智能化,富士康围绕智能制造、绿色制造这条路做了将近十年的探索,一路从 OEM（Original Equipment Manufacture）、ODM（Original Design Manufacture）、IDM（Integration Design Manufacture）迈向现在的 IIDM（Innovation Integration Design Manufacture）创新式整合设计制造服务,即提供的不只是单纯来料加工制造服务,更包含关键零组件、核心技术创新、软体硬体整合及工业设计的一站式完整服务,将电子产业链最上游的零组件和产品需求的客户这两端串联结合。在此阶段富士康不仅开发了拥有自主知识产权的工业机器人,而且在全国几十个厂区广泛应用,实现了制造过程的自动化,并在这个基础上加传感器,实现数字化、网络化和智能化。

三　转型升级

面对复杂多变的市场环境,富士康在现任董事长刘扬伟先生的领导下展现出了坚持创新与变革的决心。疫情影响、中美贸易摩擦、5G 部署、人工智能（AI）加快应用带来挑战与机遇,结合公司多年发展积累的运营模式和管理能力等因素,富士康也提出了符合自身特点的转型升级方案。在持续深耕精密制造的同时,要让原本以"劳力"密集为本的体质,脱胎换骨为以"脑力"密集为主的结构,具体做法就是逐步迈向 F1.0 现况优化、F2.0 数字转型以及 F3.0 转型升级三个战略阶段,朝着"好、还要更好"的目标踏实大步向前。

F1.0 现况优化部分,在 2019 年已对外宣布"分工、分享、兴利、除弊"四大重点并贯彻执行,以更为科学的管理机制,提升整体战斗力。

F2.0数字转型方面，富士康则善用数字科技使整体营运更有效益。例如，优化了网站平台以便与投资大众高效沟通、提升投资人体验；建构了供应链管理平台，让上游厂商与客户都能够清楚相关订单执行情况，使公司借由明确的数字表现强化供应商管理，同时让公司能够更机动迅速地满足客户的需求变化。另外，富士康也着手建立各种大数据资料库，让各管理环节能依照客观数据，而非人的主观意识做决策，形成自动化的智能决策流程，也提高决策速度与品质。此外，无论是生产或是绩效管理，都将以数字智能化方式来"提质、增效、降本、减存"，这最终将大幅提升富士康的效能水平。

至于未来F3.0的转型升级，将借由研发新技术与投身新产业来达到目标。富士康将以"3+3"为产业引领战略，重点投资"电动车、数字健康、机器人"三大产业，以及"人工智能、半导体、新一代通信技术"。

四　战略布局

（一）5G+AI——助力"智能制造+工业互联网"

当前传统工业制造遭遇生产运营成本上升、产品质量和价值有待提升等问题，在迫切需要转型的境况下，随着数字经济的蓬勃发展，工业制造与信息技术不断融合，加速了传统产业变革。"第四次工业革命"的到来，吸引了西门子、施耐德电气、阿里云、海尔、富士康等众多全球头部企业的强势布局。

2018年，工信部发布《国家制造强国建设领导小组关于设立工业互联网专项工作组的通知》《工业互联网发展行动计划（2018—2020年）》，要求到2020年底，初步建成工业互联网基础设施和产业体系。

看准了国内对发展工业互联网势在必行的决心，数十年长期在制造业摸爬滚打已积攒丰厚家当的富士康进行了超前布局。作为集团旗下工业互联网的领军企业，工业富联制定了"智能制造+工业互联网"的双轮驱动战略，并正式对外界推出工业云（Fii Cloud）平台、专业云（Micro Cloud）体系及工业人工智能（IAI）的服务主架构。该产品核心技术涉及5G、AI、工业大数据、高效能运算（HPC）、智能制造及精密工具等高技术领域。

智能制造和工业互联网具备两种不同含义，一个是侧重于生产制造本身；另外一个则专注工业的服务侧，以产业链和生态端的协同和打造为基础和目标。智能制造以工业互联网为基础支撑，应用于设计、生产、制造、管理、服务等诸多环节，具有高效精准决策、实时动态优化、敏捷灵活响应等特征。工业互联网则依托"人/机/物"的互联互通，打通产业要素、产业链和价值链，推动建立工业生产制造与服务新体系，奠定了全新工业生态和新型应用模式的关键基础。智能制造、工业互联网的实质均是数据驱动的智能化，二者融合发展相得益彰。

对于智能制造，工业富联提出"三硬"和"三软"概念。所谓"三硬"，就是装备、工具和材料，这是制造业的基础，其中涵盖了很多的行业；而"三软"则是通过工业大数据、工业人工智能和工业软件，实现整个制造过程的可感知、可预测和可控制。

在智能制造的基础上，工业富联构建了跨行业跨领域的工业互联网应用平台——富士康工业云平台，它是集设计、制造、销售以及全产业链解决方案于一体的工业互联网平台。其中，同样提及了"三硬"和"三软"。工业互联网的"三硬"是指云、网、端，云主要是指服务器数据中心，网是指连接各种设备传感器的一些网络设备，端则是指智能化的终端，这都属于工业互联网的硬件；而工业互联网的"三软"与智能制造的"三软"是相同的。

数据采集是工业互联网的基础，当前工业领域所使用的通信协议种类多、各有不足且相对封闭，约80%以上的工厂设备无法联网，严重制约了设备数据上云,致使设备互联互通问题突出。工业富联通过将 5G 技术与工业 PON(无源光网络技术)、MEC(移动边缘计算技术)等相结合,有效降低工业场景协议转换和设备接入难度,提升工业互联网异构数据接入能力,有效解决"数据孤岛"的问题。

早在 2016 年,富士康还开始与德国公司进行技术合作开发第一台边缘运算器,称作"雾小脑",它是兼具 AI 分析能力的边缘运算器。2018 年,富士康正式将"雾小脑"大量导入富士康的全国厂区,正式开启了智能制造和无人工厂的新里程。现如今,富士康一方面以富士康工业云平台为基础,另一方面以雾小脑为支撑,为生产线就近提供边缘智能服务。

目前富士康工业云平台已连接了 16 类 68 万多台工业设备,拥有 7 类 400 多个工业机理模型 12 个专业场景解决方案,搭载了 7 类 1000 多个工业 App,同时,基于自主研发的"雾小脑"及富士康工业云平台,富士康构建了专业云(Micro Cloud)体系。由此,富士康的工业互联网科技服务产品体系正式成形。

在全球工业 4.0 底色下,一些制造企业率先依靠创新的科技应用走到了前列,打造出"世界上最先进的工厂"。同时,世界经济论坛(WEF)和麦肯锡近些年启动了全球"灯塔工厂"网络项目,每年在全球范围内寻找以及评选这样的一些先进制造项目。富士康位于深圳的集工业互联网与智能制造核心技术于一体的"柔性装配作业智能工厂"于 2019 年 1 月入选了世界经济论坛评选的"灯塔工厂"名单。世界经济论坛对富士康给予了较高评价,认为其在专门生产智能手机等电气设备组件的工厂中采用了全自动化制造流程,配备了机器学习和人工智能型设备自动优化系统、智能自我维护系统和智能生产实时状态监控系统,真正实现了"关灯工厂"。

作为全球制造业巨头,富士康有望凭借自身在工业制造领域的内生力量更好地引领全球,对外输出"灯塔工厂"整体数字化解决方案。首先,打造端到端的智能制造解决方案,实现流程优化的完整垂直应用场景,全面集成于一家"灯塔工厂"之内,并对外输出"灯塔工厂"整体解决方案。其次,推出"硬软结合"的场景化解决方案,提升应用推广和复制的速度。最后,推出"1+N"的工业互联网平台,联合产业伙伴打造行业应用和服务生态,提供面向产业的更加定制化和更有针对性的服务。

(二)半导体——发力芯片设计与封测领域

2018年,富士康创办人郭台铭先生到北京大学演讲时谈到,富士康开发工业物联网计划,需采购大量传感器、传统IC零部件等。富士康希望自己经营半导体工厂,进而能自行设计生产需要的芯片。近年来,中国大陆开始扶持半导体产业的发展,这也为深耕中国大陆市场的富士康带来了向半导体领域拓展的机会。

目前,富士康已布局包括半导体行业上游的制造设备、芯片设计,下游的封装测试产业等领域。在芯片设计上,8K电视系统单芯片整合、小芯片应用、设计电源芯片、面板驱动芯片以及小型控制芯片等都会是重点,富士康也预期会进入影像相关芯片设计领域。在封装测试领域,已包含半导体3D封装、面板级封装(PLP)、深耕系统级封装(SiP)。在中国青岛兴建的高阶封测厂,预计2021年投产,2025年达到全产能目标,其目标锁定5G通信和人工智能芯片封测项目。而在新一代封装技术领域,富士康则计划在成都建立一些具备先进封装能力的基地,目标是在2021年底到2022年,开始产出该类封装产品。除了封测项目,富士康还投资了半导体设备厂商京鼎精密科技、半导体模块封测厂商讯芯科技、LCD驱动器ICs设计企业天钰科技、半导体和LED制造设备厂商沛鑫能源科技、IC设计服务公司虹晶科技等相关企业。

就效果而言,富士康在半导体产业中的积极布局使其可以排入中国台湾半导体产业营收前10大公司。

（三）电动汽车——做电动车行业的"安卓"

2025～2027年，全球电动汽车市场规模预计达到3000万辆，面对这一庞大的未来市场，事实上，富士康早在十多年前就开始布局。2005年富士康收购了台湾安泰电业，后者是台湾主要的汽车线束企业之一，借助这次收购，富士康正式跨入了汽车产业。到了2013年，富士康成为特斯拉供应商，为特斯拉制造车内面板。

2020年，富士康推出"MIH开放平台"，新平台将通过软件定义、软硬分层与开放生态三大特色，解决现阶段电动车的发展痛点，并希望成为电动车界的"安卓"。众所周知，安卓是全球市场份额最大的移动操作系统，和苹果公司的iOS系统相比，安卓系统的最大特点就是开源性，即外部智能手机制造商可以在自身生产的手机上使用这套系统，也可以按需求进行定制。而富士康所推出的"MIH开放平台"本质上就是一套工具，可以允许外部公司设计电动汽车大型部件，然后由富士康来制作。在富士康的蓝图中，汽车制造商可以在平台上选择SUV、轿车等的底盘设计，并根据自己的意愿定制，定制范围包括车轮的距离、电池的大小等。富士康称其平台为"模块化"平台，这意味着一些组件可以在未来进行更换和升级。

富士康的开放平台将能够分享从电池到数据处理工具等产品的重要软硬件设计，开放的协作平台能够有助于减少新款汽车制造所需的时间和资金。同时，富士康研发的固态电池预计在2024年推出。固态电池被视为目前用于汽车的锂离子电池的下一代进化产品，它可以支持更长的出行里程，并拥有更高的电池效能。此外，富士康多年来致力于开发新材料，已经拥有高强度、高延展性、耐腐蚀、无须热处理、铸造成型性优良的独家高强度压铸材料，足以让富士康轻量化与模组化的开放底盘动力平台有超强竞争力。

2021年1月,富士康和吉利控股同时宣布,双方共同签署了战略合作协议,将成立合资公司,为全球汽车及出行企业提供设计、研发及定制化生产等全方位的服务,包括但不限于汽车整车或零部件、智能控制系统、汽车生态系统和电动车全产业链全流程等。富士康与吉利的合作,主要是造车厂与ICT产业的结合,凭借吉利在汽车领域的专业能力和体系化优势,加上富士康在供应链端的优势,将为电动车产业带来新的生产模式。

(四)机器人——从应用到自研

富士康在机器人领域的布局,则要从其应用开始说起。2007年起,富士康便开始计划用机器人提高生产效率,并成立了机器人子公司;2011年,提出百万机器人计划;2019年,提出5~10年内用机器人将产线工人从存在危险、体力繁重的岗位替换下来。经过近10余年的发展,富士康在机器人领域已经有了丰富的经验积累。

在自动化生产领域,多条生产线导入自动化分离式机械手生产线、机器人自动化焊接线等自动化设备,实现了生产效能的大幅提升;在智能化生产领域,依托富士康工业云平台,基于机器人+传感器的生产模式,开发出机器人AI的自感知、自诊断、自修复、自优化、自适应功能,实现了提高产品良品率、降低成本的阶段目标。以深圳"灯塔工厂"为例,通过改造,该生产线从318个工作人员降低到38个工作人员,生产效率提升30%,库存周期压缩15%。

在稳步推进生产自动化智能化的同时,移动机器人作为实现物流搬运环节自动化的关键设备,在富士康内部工厂的应用近几年也逐渐兴起。富士康的生产线极其丰富,仅手机产品领域便代工生产苹果、华为、小米和OPPO等国内外知名品牌。因此也导致生产线极其频繁变更,甚至每个月都要变更一次,重新拼装组合。而这种柔性化生产就要求传统制造业更灵活快速地转换工作流程、部署及操作成本低廉、高效可靠地运行等。因此，在富士康对无人搬运车的厂商选择过程中，满足这种柔性化需求的能力被放到了首要位置。

伴随内部应用的不断增多以及在工业机器人领域拥有丰富经验和深厚技术的基础之上，富士康也开始布局新一代移动机器人的生产研发以应对未来少量多样、人口结构改变、区域生产等带来的新挑战。

2020年，富士康与凌华科技合资成立法博智能移动股份有限公司，该公司研制出新一代无人搬运车（机器人）——FARobot及对应机群管理系统，该机群管理系统能让无人搬运车群具备协同感知的功能，每一台自主移动车的感知信息，都会被集合成全域观，从而产生最佳的协同决策。FARobot同时具备快速部署以及机队备援的特性，新加入的无人搬运车都能立即自主复制任务、协同作业；若有异常，机队也会立即备援，自动派出最适合的机器人来协助完成作业。

（五）数字健康——成为医生的强大助力

"数字健康"在近年全球各大医疗健康峰会上被广泛热议，其概念涵盖了从电子健康档案到健康应用程序，以及经过临床验证的数字化干预治疗措施，等等。有分析师认为，未来产业互联网领域最宽的跑道便是"数字健康"领域。

基于自身在工业AI、5G、云计算及其他数字化技术上的丰富累积，富士康期望将其关键技术凝练，并将核心的AI技术迁移至数字健康产业，为人类健康事业做出更多贡献。

要将AI导入数字健康、数字医疗，富士康认为有5个"C"的关键技术，分别是芯片（Chip）、运算（Computing）、传输（Communication）、连接（Connection）以及云计算（Cloud）。芯片包含各种设备的AI芯片；运算则涵盖边缘运算、云计算、高性能计算等；而传输则包括5G、光纤等传输方式；连接涵盖电子和光学技术；云计算则是共享各式资料。

除了"5C"技术之外，医疗 AI 和工业 AI 一样，也有"ABCDE"五大关键要素。A 便是分析技术（Analytics Technology or AI Technology），B 则是大数据技术（Big Data Technology），C 指的是云计算技术（Cloud and Cyber Technology），D 指的是产业知识（Domain Knowhow），E 则是证据（Evidence）。

A、B、C 三项要素，不论对工业、医疗产业来说，从技术上而言都很容易达到，最重要的是 E 和 D；要有专业的知识和科学的证据，才能将 AI 应用至临床医疗上；若没有 D 和 E，智能医疗等于不可行。

目前，富士康布局的数字健康领域，除了已有相关的边缘运算、云计算架构、大数据文件分析之外，相关实际研究案例也正在进行中。比如通过智能终端机边缘运算设备，结合云平台训练完成的 AI 模型，与医院端资讯流集成，满足医院即时的 AI 运算需求，提高人体医学影像识别的运算能力。

同时富士康也强调，将 AI 导入医疗需具备一个重要的观念，那就是运用 AI 解决可见的问题，同时利用新的知识、科技来增值、改善医疗产业，此外，则是通过新的方法、技术来解决未知的问题。AI 导入医疗，不是为了取代医生，而是为了协助医生更迅速、精准地做出专业判断，更妥善地处理病人病情，并让每个人对自身的健康能有更好的掌握，富士康的数字健康产业布局将重点致力于此。

五　结语

2020 年是富士康转型升级的关键之年，面对新冠肺炎疫情带来的挑战、外在的国际贸易纷争、内部的经营角色变动，富士康依然秉持"携手全球标杆客户，共同创造全方位智慧生活"的信念。

作为全球电子制造服务业的龙头企业，富士康运用过去 40 余年累积的核心制造技术基础，借助 5G、大数据、AI 和自动化发展成果，积极开拓工业互联网、电动汽车、半导体、数字健康等未来产业领域。预计在不远的将来，富士康将不断提高制造与营运能力，并将自身转型经验分享给整个供应链生态圈，为全球制造业同行提供数字化营运典范。

创维：发展智能人居产业，推动家电制造业转型

陈 戈

1988年创立的创维集团有限公司（以下简称"创维集团"或"创维"），发展三十余年来，经历了多次经济起伏和行业洗牌，已由传统品牌制造商逐步转型及成长为全球领先的智能终端和信息技术平台。从美国《财富》杂志调查数据看，美国中小企业群体的平均寿命已不到7年。而在一个世纪前，标准普尔500强公司的平均寿命为67年，到现在已降到了15年。如何跟上时代脉搏及市场变化节奏？如何延长一家企业的生命周期？在这个新兴技术飞速发展的时代，这已经成为传统制造业的共同命题。回顾与展望家电制造业大型骨干企业创维集团的转型之路，也将对制造业企业的改革实践和发展理念产生更多的启示。

一 战略引领推动创维转型发展

2016年以来，创维集团董事会着眼于新兴技术的快速发展和家电市场的变化趋势，加快推动实施创维转型升级总体战略，简称"一三三四"战略：以实现1000亿元营收为目标，全面实施智能化、精细化、国际化三大战略，推进总部基地、珠三角智能制造基地、长三角智能制造基地三大项目建设，打造多媒体、智能电器、智能系统技术与现代服务业四大业务板块。旨在通过实施上述战略，推动创维从制造业向现代服务业、从硬件业向软件业、从终端产品向智能系统的三大转型发展，把创维打造成为具有全球竞争力的智能终端和信息技术领军企业。

创维新战略充分认识到当下中国制造业已经进入数字化、科技化转型升级的创新时代，原有的资产模式、产业结构、人才结构都面临战略维度下的重塑和构建。新战略实施几年来，创维集团资产结构不断优化，业务结构不断改善，运营效率稳步提高，2019年报的数据显示，税前利润与净利润分别同比提升50.3%与22.9%，战略转型成效初现。透过创维核心业务板块（多媒体业务、智能系统技术业务、智能电器业务以及现代服务业务）来看，战略引领是推动公司转型升级、走向未来的重要前提。

（一）多媒体业务

创维多媒体业务包括智能电视及酷开系统的互联网增值服务。未来智能电视有望迎来更新换代良机，消费升级对高端市场的拉动效果明显，海外业务也将成为新的增长极。随着5G时代到来，8K超高清视频产业更被视作有望成为5G时代第一个实现万亿元规模的商用产业。作为电视行业的引领者，创维围绕"5G+8K"技术布局相关产品。2020年初推出首款量产8K电视Q91系列，该电视拥有8K IPS硬屏、8K分辨率及8K AI画质引擎等诸多优势。创维再次展现出自身的科技创新实力，并有望引领5G+8K智能电视的发展，深度掌控行业话语权。

当下智能电视机行业本身也正在发生深刻的变化，智能电视或许会是未来家电行业中最具想象力的赛道，智能电视等将不可避免地成为继手机之后最为重要的控制中心和信息交互中心。智能电视在家庭使用时长将大大超越其他智能终端，因而成为"兵家必争之地"。创维凭借已有的用户基础和渠道、产品及品牌力，继续维持国内市场销量，加大海外市场拓展。思路十分清晰，未来的成长有足够的想象空间。

在互联网增值服务当面，2019财年，酷开系统的互联网增值服务增长强劲，收入同比大增50.2%，酷开系统在中国市场累计智能终端机启动量达4430万，智能终端机月活跃量达2894万。酷开系统可归类为OTT行业，参考对比亚马逊OTT业务的分类方法，创维实际上把硬件端的智能电视和以流媒体为主的内容平台归属为一类，而把搭载OTT操作系统的机顶盒或其他设备归在了其智能系统技术业务，与互联网巨头业务分类的差异点在于，创维更强调终端入口所形成的体系性和协调性。

据国外专业媒体之前的预测，2018年投放OTT广告的中国广告主占广告主总量的比例或已超过65%，到2020年，中国OTT广告市场预计将达到120亿元以上的规模。市场潜力十分可观。OTT将连接家庭智能设备终端，为品牌客户匹配更为精细化的用户标签，精准触达用户。

从用户数量看，酷开系统将成为国内领先OTT系统，并已获得爱奇艺、腾讯及百度的战略性投资，据悉估值已逾百亿。伴随行业集中度提升，酷开系统还将充分受益于行业的成长机会，目前已经开始进行分拆上市，IPO加快推进，或将深刻地改变创维未来的盈利规模和盈利结构。

（二）智能系统技术业务

近年创维研发投入三年复合增速维持在20%，高于整体营收的复合增速。创维持续在研发方面发力，为智能系统技术业务发展提供了保障，确保了未来商业价值爆发的可能性。

2019年该业务的爆发性开始释放，创维携手三大通信运营商、广电运营商，加快智能家庭生态系统的建设，积极布局机顶盒+5G+AI等接入系统产品和第三方内容运营业务，产品销量呈倍数增长。2019年家庭智能系统业务实现营收70亿元人民币，同比增长14%；利润达6亿元，同比增长120%；其中，海外市场增长迅猛，实现营收38.99亿元，同比增长39.4%，海外智能系统技术业务表现抢眼，首次获得全球销量第一地位。

创维捕捉住了5G商用落地的机遇进行了多产品的5G技术开发及产品储备，推出了5G+8K超高清盒子，还重点研发Wi-Fi 6分布式路由器产品、升级分体式CPE设备，可以完成5G家庭组网Wi-Fi路由、5G CPE的产品储备。因此，在4G往5G快速切换的当前，其有望在超高清视频盒子、智能组网、IoT泛智能终端机等产品销量上获得呈倍数惊人快速增长。

近年来，创维集团致力于发展智能人居产业。只有当设备连接数达到一定量级之后，企业才有制定准则和标准的话语权，系统的价值和技术的迭代进化也需要量级的支撑和推动。由此而言，智能系统技术业务之所以能够成为创维围绕智能人居生态系统所打造的公司最有潜力的业务板块之一，主要系其卡位在创维长远价值的实现路径上最为重要的一环，以系统技术促进创维迅速实现在家庭用户中的普及。

（三）智能电器业务

据中国电子技术标准化研究院电子设备与系统研究中心公布数据，中国智慧家庭市场规模正以每年20%~30%速度增长，围绕家庭用户的家电产品的智能升级和更新需求正当其时。

智能电器作为未来家庭生活的必备产品，自然是物联网中连接的无数终端之一，当前创维的智能人居控制中心系统，以及围绕智能家庭生态建设的其他智能技术系统，均为智能电器业务发展打下了坚实基础。

（四）现代服务业务

创维现代服务业务的最大特色，是充分利用了创维32年实业经营积累的资源及网络，与其线上业务进行对接，实现线上线下的业务联动，并进一步探索互联网模式的延伸，比如说O2O本地生活平台、电子产品服务、消费电商平台、即时配送的新零售模式等。

由于公司的现代服务业务最先完成了智能物流业务和专业的电子维修网络整合，并与前三个业务所跟随的5G + AIoT风口形成配套，相关专业的配送安装和上门维修服务便顺理成章地成为可独立运营的第三方服务平台，进一步实现了该商业模式的数字化转型和升级。

创维在该项业务的想象空间大，力图成为中国规模最大的第三方电子消费后服务平台，涵盖了物流配送、调试安装、维修服务，并直接对接庞大的线上线下服务群体，围绕智能家庭生态系统进行二次销售，并以此为基础打造围绕家庭提供其他消费和服务的配套平台，这有助于创维获取更加"长尾"和稳定的收入,全方位、无死角挖掘用户对智能家庭生态系统的线下服务诉求,提升用户黏性,形成用户服务在线下的延续和拓展。

二 科技引领 创造第二增长曲线

2019年,创维公布的年报显示,推动创维转型发展的家庭智能生态系统业务(包括家庭智能系统技术业务、互联网增值业务),延续了过去的高速增长态势,业绩再创新高,创维的科技属性进一步凸显,家庭智能生态系统业务俨然已经成为"新创维"的增长驱动力。

自2017年正式提出五年转型升级发展战略以来,创维致力于打造多媒体、智能电器、智能系统技术和现代服务业四大业务板块,大力推进家庭智能生态系统业务发展,大力推动智能系统技术研发和应用,大力推动创维产业实现三大转变。

其一,从制造业向现代服务业的转变,构建了一个以制造业为基础、现代服务业为新优势的产业体系。

其二,从硬件业向软件业的转变,逐步赋能智能化家电产品,大幅提升内容及信息服务的业务占比。

其三,从终端产品向智能系统的转变,以智能系统技术研发为引领,打造以"家"为中心的现代智能人居产业。

在多媒体业务方面,主要包括智能电视系统及酷开系统的互联网增值服务等。2019年板块整体实现营收215.05亿元人民币,其中酷开系统的互联网增值服务增长强劲,实现收入达8.26亿元人民币,同比大增50.2%。2020年,创维针对国内彩电市场低迷的形势,深入挖掘大屏价值,加快新产品开发,相继推出超高清Q7、G71系列彩电新产品。公司一方面加强国内营销工作,实现营收持续增长;另一方面,积极推进国际化战略，依托印度、印尼工厂，大力开展 OEM 业务，海外业绩逆势大幅增长。

智能系统技术业务包括家庭接入系统、园区管理系统、智能制造系统、汽车电子系统及其他电子产品等。2020 年，创维加大 5G 应用和智能系统技术研发，推出 Wi-Fi 6 路由器、10GPON 智能网关、（5G＋8K）VR 一体机、智能系统技术云平台、车载显示平台等新产品，机顶盒销售量位居全球前列。

智能电器作为未来家庭生活的必备产品，是物联网中最重要的智能终端，而创维在这方面有先发优势。2019 年，创维智能电器业务在国内市场实现营收为 30.77 亿元，同比增长 10.4%，海外市场营收为 12.18 亿元，同比大幅增长 55.4%。2020 年，创维智能洗衣机产品被评为"十三五"期间全国十大洗衣机出口产品。此外，创维继续研发推出了新一代智能变频洗衣机、智能变频冰箱、美式冰箱等新产品，2020 年，滚筒洗衣机国内市场占有率名列前茅。同时，2020 年创维投资的滁州产业基地一期 27 万平方米的空调产业园落成，在 10 月底完成新生产线调试和搬迁任务，顺利实现 13 款新品空调在新基地下线。

在现代服务业方面，2019 年取得 18.52 亿元的收入。创维通过整合重组大物流服务业务已覆盖全国 622 个市 2833 个区县，建有 200 家服务中心；同时，在长三角、珠三角等地的科技园区建设陆续启动。智能电器及现代服务业两大业务板块尽管整体营收占比相对较低，不过作为创维转型的重要支撑，为完善智能生态业务布局和发展奠定了重要基础。

从四大业务板块的发展情况不难看出，当下的创维已成功奠定了第二曲线增长的基础：经营模式向家庭智能生态系统业务方向发展，通过智能硬件全面布局智能互联网、智能汽车等领域，同时结合自身的核心技术，向操作系统、云平台、AI 算法延伸，围绕智慧屏、智能家电、智能机顶盒、工业互联网等几大业务板块，以核心技术实现全方位的赋能和转型。第二增长曲线的确立，也使得创维摆脱了国内彩电市场低迷的影响，毛利率水平实现不断提升,2019年报显示,归母净利润更是逆势大幅上升22.9%。

总之,创维强化科技引领,技术创新为牵引的第二曲线增长属性突出,已形成了以智能硬件为基础,以互联网平台、云平台、AI算法为核心的家庭 AIoT 生态系统。在未来,"5G + AI + 应用终端"的发展定位将继续赋能创维,更丰富、更具活力的智能人居生态系统正逐步形成。报告认为,我们不能再以传统的眼光把创维视作一家传统制造企业,当下的创维,第二增长曲线已经形成,作为智能科技企业的投资价值凸显。相信随着市场认知的加深,创维各项事业的业绩潜力将得到持续挖掘和释放。

三 聚焦智能人居产业 踏上发展新赛道

生活和社会常识告诉了人们一个非常朴素的道理,个人消费最终会服从家庭消费,且个人消费支出的大部分占比最终指向的都是家庭。中产阶级的崛起,其背后实际上是中产阶级的家庭消费的升级,如何精准匹配及满足成长市场的"家"的整体诉求,才是当今商业竞争中经久不衰、持续增长的根本法则。按照发达国家经验,人均 GDP 跨越了 5000 美元后,中产阶级会迅速崛起并带动家庭收入实现持续增长,家庭收入的增长是服务业获取增长的长期核心驱动力,同时家庭消费也是服务业支出占比最大的地方。从国内看,2018 年服务业增加值已经占整个 GDP 的 52%,且还在持续增长。随着服务业的上升,家庭经营、医疗护理、休闲娱乐、交通运输、食品住宿、金融服务及保险等支出或消费的合计比例占据了服务业的绝大部分。

创维集团 2019 年报指出:创维要大力推动以"家"为中心的智能人居产业的发展。目前,创维的业务布局和战略方向,已紧紧围绕"智能人居"（绿色建筑＋智能系统＋内容服务）这一核心，并通过"连接、智能、生态"三大关键要素，有机地组织在一起。

（1）连接：对应万物互联，抓住 5G＋AI＋智能终端的风口，因广泛的内外与内内的连接形成强大的网络效应，面对万物互联的连接数将达到千亿级别，5G＋AI＋智能终端是未来智能社会发展的核心引擎。

（2）智能：从智能语音到人脸识别、智能测温等，物联网构建了未来美好生活的一切想象，伴随 5G、人工智能、大数据、半导体等新技术引领的智能时代的到来，中国企业及家庭的数字化渗透率即将迈入成长最快的阶段。

（3）生态：构建起具备闭环和赋能能力的流量平台（参照 T2B2C 模式），生态系统内（外）持续进行智能交互，智能交互的物联网能够促成生态流量的正循环、变现和服务，生态圈的丰富和扩张能够带来无限想象和发展空间。

伴随智能时代的到来，智能人居的场景有望被重塑。连接是基础，生态是枢纽，智能是底层逻辑或内涵，点线面体之间层层递进，日益强盛和丰盈，由此也会成为创维发生蝶变的内在驱动力，一幅面向智能人居的布局版图正徐徐打开。

2018 年 6 月，创维董事局主席赖伟德在第二十届浙洽会上提出，创维要致力于打造更加健康、更加安全、更加便捷、更加舒适、更加节能的智能人居产业，这是创维正式转型进入智能人居赛道的新起点。

2019 年 1 月和 3 月，创维集团分别在国际消费类电子产品展览会（CES2019）和中国家电及消费电子博览会（AWE2019）上展示了其全新升级的智能人居系统技术及全品类智能家电产品。在 CES2019 及 AWE2019 上，创维的智能人居系统技术以"SMARTHOME"为体验载体，展现了创维基于 AI 关于未来生活模式的构想。

创维的智能人居"SMARTHOME"系统，允许用户以创维智能系统中控产品，对洗衣机、冰箱、空气净化器、净水器、空调、窗帘、照明、吸油烟机、电扇、加湿器等智能家电进行全方位控制，并可在手机端、创维电视端实现无缝切换的智能交互。

2019年11月，创维又创造性地提出了"家电家具化"概念，率先发布了智能人居"新物种"智控中心产品——以茶几为平台的家庭控制系统，开创"家电家具化"的全新品类。可以说，它的到来让智能人居从传统的"私屏交互"实现了向"公屏为心"的跨越，对智能的"家"做出了全新诠释，确立了创维在智能人居产业的领先位置。创维还与越秀地产、保利国际生态、靓家居、香港皇朝家私、深圳左右家私、金紫荆装饰等来自房地产、家装、家居等领域的合作伙伴举行了战略合作协议签署仪式，并发布"智控屏台"这一全新战略。开辟5G时代下智能人居"中控屏"新赛道，并以"屏"为心实现万物互联，构建智能人居的开放"新生态"。此举旨在打通产业链的前后端，在业内率先形成完善、成熟的智能人居生态链模式。

在2019年，创维也推出了21英寸智能大屏语音冰箱、BLDC洗衣机系列和第六代i-DD滚筒式洗衣机及全新波轮式洗衣机等智能电器新品，引起了业内的关注。

2020年，创维充分把握5G与8K带来的快速传输和画质升级的爆发性增长需求的机会，重点研发出融合5G与8K、AIoT等技术的新品，包括超高清智能电视、数字机顶盒等，实现5G通信下的超高清内容分发与传输。

2020年以来，创维集团积极推进智能人居控制系统研发，创维智控系统产品被深圳市列为5G行业应用场景唯一入选产品。集团坚持"5G + AI + 终端"技术路线，加快智能人居控制系统产品研发，陆续开发了系列智控产品，相继建设了四个智能人居体验中心，颁布了家电产品智慧交互的协议和标准，完成了全品类产品统一设计。2020年10月，创维智能人居控制系统被深圳市评定为5G行业应用十大重点示范项目，在庆祝深圳特区成立40周年成就展上，得到好评。

据贝恩咨询提供的预测数据，预期2021年全球人工智能市场规模或升至5200亿元，其间的复合年均增长率约为22%。中国信通院测算，2018年我国人工智能总体产业规模或已超1.5万亿元；IDC数据指出，2019年中国的人工智能产业规模已经上升至45亿美元，占全球市场份额的12%。2019年该产业的增速高达64%，远高于美国（26%）和西欧（41%）。

我们相信，以家为中心、以人为本，需求的层面一般涉及"衣食住行、娱教医养"等领域，而结合新技术之后，智能人居产业是可以进化及衍生的，用近似的公式来表达就是，智能人居＝智慧家居＋智慧安防＋智慧消费＋智慧出行＋智慧养老＋智慧办公＋……＝在线教育/办公/娱乐/游戏＋车联网＋物联网＋人工智能＋远程医疗＋电子商务＋即时配送＋通信社交＋投资理财＋支付＋云服务＋……即实现一个超级互联网生态的雏形。

当前，智能人居产业是一个超级互联网生态的根基和起点。创维的智能人居，采取的是自上而下地透过软件创新、系统升级和技术变革反推智能终端和硬件的升级路线，通过连接来获得入口（特别是智控中心），通过推动家电智能化来奠定连接和网络化的基础，利用系统化、生态化来实现智能交互和科技赋能，通过外部智能人居产业链来反向包围构建智慧家庭生态体系，以家为中心，以闭环的智慧家庭生态取得开放的外延发展及边界扩张、跨界突破。可以预见，创维将继续发展以家庭为中心的智能人居控制系统和其他智能家庭生态建设技术系统，实现智慧家庭、办公、酒店应用场景落地；建立智能人居系统统一标准、统一协议；推出创维全品类产品统一设计方案，全面提升创维竞争力、整体形象和美誉度。

创维的智能人居理念，是对传统家电行业带来的颠覆性创新，也是我国新基建发展的新趋势，保持了持续性创新存在，是真正实现由0到1的实践，在新兴技术加持下，智能人居产业一定会成为一个朝阳产业，开辟一条新道路。

未来已来，创维在路上。

坎德拉科技：分体式机器人多场景赋能的发展路径

殷 切

一 企业背景

（一）服务机器人产业大发展趋势下，坎德拉科技开启服务机器人事业

2016年3月，国务院发布的《"十三五"规划纲要》提到，要大力发展服务机器人，推动人工智能技术在各领域商用。同年，工业和信息化部、国家发展和改革委员会、财政部三部委联合印发了《机器人产业发展规划（2016—2020年）》，为我国机器人产业发展描绘了清晰的蓝图。此后，为推进我国机器人产业技术创新与应用推广，政府出台多项政策鼓励行业整体发展。2020年，科技部发布国家重点研发计划，智能机器人再次被画上重点符号。

2016年，坎德拉（深圳）科技创新有限公司（以下简称"坎德拉"）响应国家政策，在服务机器人产业大发展时代成立。以自动驾驶技术为核心，以智能机器人为载体，为市场提供多场景一体化智能解决方案。

（二）市场需求强劲，坎德拉以技术革新重构场景服务模式

经济层面，劳动力成本上升和消费升级步伐加快，推动服务机器人行业需求增长。国家统计局数据显示，自2012年起，我国劳动年龄（16~59岁）人口的数量和比重连续8年出现双降。与此同时，用工成本逐年提高，人均可支配收入的不断提升，带动居民消费水平持续增长，消费升级加速，推动服务机器人行业需求增长。

社会层面，老龄化问题凸显、公共服务推高需求。第七次全国人口普查数据显示，截至2020年底，我国人口达到14.17亿人，其中60岁以上老年人口

2.64亿人，占比18.4%，即将进入中度老龄化社会。与此同时，信息化时代，人们对效率、生活品质的要求进一步提高，而服务机器人能够提升服务效率、改善用户体验，服务机器人作为社会劳动力的补充已是必然趋势。

行业保持高速增长，市场占比不断提高。《中国机器人产业发展报告（2019）》显示，2019年全球服务机器人市场规模预计将达到94.6亿美元，2021年将快速增长突破130亿美元。2014年以来全球服务机器人市场规模年均增速达21.9%，增速高于机器人整体市场，并在全球机器人市场中的结构占比逐年提高，预计2021年比重将达到36%。

市场需求逐渐凸显后，坎德拉发挥技术优势，以自动驾驶技术为核心，深度开展导航、算法、云端、软/硬件、驱动、控制方面的研究，积累了整车动力总成系统技术。首创分体式机器人，可以应对不同场景需求自动切换箱体，适用于外卖配送、空气消毒、垃圾转运、新零售、安全巡防等多种功能，真正实现了一机多用。以技术革新重构了场景服务模式，核心竞争力的"护城河"形成。

（三）在国家新基建战略中，坎德拉领先落地谋突破

2018年中央经济工作会议首次提出"新基建"，指出要发挥投资关键作用，加大制造业技术改造和设备更新力度，加快5G商用步伐，加强人工智能、工业互联网、物联网新型基础设施建设。以新一代人工智能为代表的科技和产业革命正在孕育兴起，数字化、网络化、智能化的信息基础设备加速构建，正在成为构建现代化的数字经济体系、推动经济社会高质量发展的重要驱动力量。国家发改委高技术司司长伍浩表示，"新基建"相当于智能时代的"水电煤"。在数字经济转型的大背景下，物联网、云计算、5G等技术不断成熟，这给商用服务机器人带来新的发展机会。

坎德拉在行业发展中领先落地，是全球首家室内外一体化综合智能服务机器人供应商，至今已完成多个场景项目落地签约及运营。其中，坎德

拉末端智能配送立体解决方案已经进驻大小医院、CBD、科技园区、企业总部大楼、高校园区、大型社区等，坎德拉也是国内企业中第一家实现室内、室外一体化配送真正落地运营的企业。

2020年3月，在世界机器人大会组委会秘书处组织的"无人配送"线上主题座谈会上，坎德拉曾提出，人工智能并不是一个独立产业，涉及上下游多个产业链，人工智能项目的应用落地需要各种政策的加持和持续的资金投入。可以预见，随着新基建浪潮来袭，行业发展即将迈入快车道，而坎德拉将持续扮演重要角色。为此，坎德拉将系统性地利用新基建所赋予的信息支撑力，加大研发力度，沉淀核心技术，继续发挥机器人的功能价值，持续提供高效可靠的解决方案。

二 发展历程

（一）核心技术双向发力，高速成长引关注

自成立后，坎德拉便确定了"重研发"的主基调，以硬实力为基础，在服务机器人与新能源领域双向发力。2018年初，由坎德拉研发的物流智能机器人开始进行小批量生产，并分别在深圳的高校、商业区和住宅区进行试验，并取得了良好效果。2018年7月，坎德拉智能机器人智慧驿站在前海梦工场试运营，全国政协副主席梁振英莅临参观；10月，新一代车载磁悬浮飞轮储能电池问世，坎德拉在新能源领域也实现重大突破。同期，公司完成A轮融资，估值10亿元。

（二）产研一体化布局完成，站稳服务机器人赛道

随着场景化探索成熟，大量资金齐备，坎德拉着手布局产研一体化。

2019年2月，坎德拉科技湖南常德基地正式落成，占地面积共计15000余平方米，功能涵盖模具制造、注塑、焊装及总成组装业务板块。具备批量提供稳定的、标准化产品的能力，自有供应链体系形成。并通过ISO9001：2015质量体系认证，工厂端从采购到物流再到存储、计划、生产、交付环节均打通，为订单的顺利交付提供有力保障。至此，坎德拉以领先者的姿态站稳服务机器人的赛道。

（三）多领域突破，项目落地跑出新速度

2019年，坎德拉机器人业务在多领域呈现增长态势，几大省份均有业务布局。而新冠肺炎疫情的到来，更是加速了服务机器人的需求增长。招工难、风险大、工作环境严峻，这些是社会需求的难点，也是坎德拉机器人的擅长点。坎德拉无人车与智能机器人可以广泛应用于医院、写字楼、广场、公园、产业园区、街区、机场高铁等众多场所，通过机器人的使用提高科技化的效率。目前，坎德拉已经很好地聚焦楼宇、医疗、市政三个场景。

公司累计已投入超8亿元研发资金，总人数超800人，研发团队整体占比超过67%，其中学位为硕士、博士及以上者占研发人员比重为65%，截至2020年12月，已深挖专利600余项，完成专利申请300余件。随着团队不断壮大，技术优势不断积累，未来坎德拉的产品创新与业务拓展将加速发展。

三 业务优势

（一）末端配送，开创行业新局面

近年来，物流领域跨楼栋的配送，是行业内无法绕开的难题，也是人

工智能企业关注的重点。坎德拉机器人搭载多模态传感器，同时深入开展导航算法、云端调度、软/硬件、驱动控制等方面的研究，积累了整车动力总成系统技术，实现 L4 级别自动驾驶。通过自研的云端调度系统，坎德拉实现了机器人之间的多机协同调动，室外阳光无人车和室内烛光机器人可以实现室内外联动接驳，进行跨楼栋运输；同时对电梯、闸机、门禁等进行物联网改造，烛光机器人能通过后台控制相关设备，轻松实现跨楼层配送。

针对小区、公园、校园等半封闭式场景，坎德拉实现了"仓、拣、配"一体化无人配送方案。即从仓储收集到区域化分拣，再到精细化一对一配送，全部由阳光无人车、烛光智能机器人与智能分拣系统协同完成。配送过程中，用户也可以通过手机客户端实时查看配送进程，在配送的最终阶段，机器人还会给用户发送取件信息和拨打语音电话，用户可凭借取件码或扫二维码取件。借此，坎德拉可提供末端配送室内外一体化解决方案。目前，坎德拉末端配送解决方案已有成熟的运营经验，在华润置地、深圳天安云谷、能源大厦、卓越前海壹号、佳兆业中心等多个园区落地运营。

（二）首创分体式机器人，实现多场景赋能

坎德拉的产品逻辑，基于严苛的"流程闭环"理念。以坎德拉"智慧环卫"方案为例，除了解决"垃圾清扫"问题外，还同步覆盖其上游环节中的"智能巡视识别"，及下游环节中的"垃圾运转"等多项环节。不单是提供一个设备，实现一个功能，而是切实根据场景需要，提供系统性解决方案。

坎德拉首创了独特的分体式设计机器人，通过机器人自主搭载不同功能的箱体，达到实现不同功能的目的，极大地提高了机器人的通用性及使用率，降低了整体解决方案成本。可以针对不同时间段配置不同任务，灵

活应对空气消毒、物资配送、垃圾清运、地面清洁等多种需求，自主回充，实现全天候不间断运行。

（三）车规级制造，打造行业高标准

坎德拉是首批采用车规测试标准来制造机器人的企业，确保产品达到ISO、IEC等行业标准，为产品的性能稳定性、工艺一致性和安全可靠性方面提供有力保证。基于制造机械电池的工业水准，实现传感器、电机、整车底盘全部自主研发。

（四）深耕三大"硬需求"场景，走出业务发展新路径

坎德拉重视市场需求程度，规避"伪需求""轻需求"，从市场痛点出发深入对比调研。现阶段确定了医院、市政以及楼宇三大场景为聚焦方向。

医院场景方面，重复、高频、低效工作环节较多，如送药、送耗材、送医疗器械等环节，接触的人越多出错率就越高，尤其在疫情下，从隔离区到非隔离区更是会增加一些感染的风险，这无疑凸显了行业需求。疫情期间，坎德拉机器人支援火神山、雷神山、金银潭、南方医科大学深圳医院等多家医院。目前，坎德拉机器人业务已在四川、北京、深圳、广州、杭州等多地运营。

市政场景方面，随着我国环卫从业者不断减少，老龄化、招人难问题日趋严峻，人才缺口持续扩大，而城镇化进程加快，环卫建设、维护的需求以每年3%~5%的速度稳定增长。此消彼长之下，人工智能和无人驾驶技术作为环卫行业的升级与补充，成为必然趋势。坎德拉抓住了这个行业的需求趋势，目前智能机器人已走进国家体育馆、常德市政府、深圳市民中心、深圳公园等地。

楼宇场景方面，坎德拉通过室外无人驾驶物流车、室内楼宇机器人以及 IoT 设备等，结合后台云端调度系统，构成了一个完全由机器人自主运作的智能社区，实现从复杂室外交通环境到人流密集的室内环境的一站式解决方案。目前，与华润、天安云谷、中海国际、万科、佳兆业等企业达成战略合作

四 行业趋势及战略布局

（一）科技抗疫助力复工复产，行业洗牌占据先机

疫情冲击之下，人们的生活与生产方式发生深刻改变，催生出许多新场景、新需求，主打"无接触"特点的服务机器人行业也涌现出一批抗疫的科技力量，坎德拉就因抗疫方面的突出成就而备受关注。

疫情初期，坎德拉注意到医护短缺问题突出，一线医护人员不仅从事高负荷的工作，而且由于长时间的职业暴露比普通人更容易感染。根据这一现状，坎德拉迅速组织评估设计，优化改造出满足医院需求的医疗配送及消毒机器人。2020 年 2 月初，首批捐赠的医疗机器人发往武汉，坎德拉成为首家将机器人送往武汉一线的深圳企业，这些机器人可以协助医务工作者完成日常的检查、消毒、施药等工作，24 小时不间断运行，不仅减轻了医务人员的工作量，而且能降低医护人员被传染的风险。

除此之外，坎德拉着力推动社会复工复产，主动服务写字楼、园区等半封闭场所，通过机器人配送，实现无接触、不聚集，既保障复工员工的就餐安全，也可以帮助物业科学管理，缓解疫情下"最后一公里"配送的矛盾，将"人传人"的风险降到最低。

"疫情大考"让整个服务机器人行业受到瞩目，也加速行业洗牌的步

伐。而坎德拉从创立以来，始终保持先发优势，不断积累技术经验，更能顺应趋势，抓住机遇。在灵活调整方向的同时，坎德拉也承担起企业应有的社会责任，赢得社会的认可、市场的青睐。

（二）模式创新，走出智慧医疗服务新路径

近年来，随着5G智慧医疗的巨大市场空间逐渐打开，不少企业、资本正多路布局抢占这一热门赛道。2020年11月，工信部、国家卫健委就曾发布关于组织开展5G+医疗健康应用试点项目申报工作的通知，圈定了医院管理、智能疾控、健康管理等8个重点。

坎德拉利用技术优势，充分发挥抗疫期间积累的经验，为医院场景打造多用途一体化模式的智慧医疗解决方案。

和同类机器人相比，坎德拉机器人采用独特的分体式设计，通过在机器人上匹配不同功能的箱体，可灵活应对空气消毒、物资配送、垃圾清运、地面清洁等需求，自动切换，一机多用。而正是这种独特的分体式设计，让机器人的多功能有了落地的可能性。当机器人搭载消毒箱时，可在无人干预下对医院患者、医护人员等高频活动区域进行全覆盖消毒；当机器人搭载配送箱时，能自由穿梭在医院各科室、化验室、药房、静配中心等地，对药品、医疗器械等物品进行按需配送。

未来，智慧医疗的市场将更加庞大，中国信息通信研究院2021年1月上旬发布的数据显示，2020年，中国智慧医疗行业规模已突破1000亿元大关，预计2021年规模将达1259亿元，行业将进入智能化、高效化、规模化发展的高速增长期。而智慧导诊、智慧院区管理、AI辅助诊疗、移动医护等方向将成为其中的重点。在这场火热的竞赛中，坎德拉从"抗疫救急"到"智慧升级"，从抗疫尖兵到科技普惠，走出了自己的发展路径。

华康同邦：科技引领，数据驱动，打造智慧医疗新型健康产业

盛 林

目前,"健康中国"已上升为国家战略。按照党中央、国务院部署,国务院医改领导小组组织开展了《"健康中国2030"规划纲要》(以下简称《纲要》)编制工作。《纲要》指出,到2030年将实现的目标包括:健康服务能力大幅提升,优质高效的整合型医疗卫生服务体系和完善的全民健身公共服务体系全面建立,健康保障体系进一步完善,健康科技创新整体实力位居世界前列,健康服务质量和水平明显提高;健康产业规模显著扩大,建立起体系完整、结构优化的健康产业体系,形成一批具有较强创新能力和国际竞争力的大型企业,成为国民经济支柱性产业。很多企业、机构与组织正在响应国家号召,努力推动实现健康中国。

2006年,源于航天二院207所与301医院精准微波热消融项目研究组的北京华康同邦科技有限公司(以下简称为"华康"或"华康同邦")成立。华康成立以来率先研发了微波热消融手术治疗装备,并开创了我国精准治疗肿瘤的先河,形成了以肿瘤微波热消融手术机器人为核心的高端医疗装备,以手术导航为基础的数字化手术室集成产品平台,以及以肿瘤治疗数据为支撑的智慧医疗产品及解决方案。华康依托于先进的信息化技术与强大的创新研发能力,利用纵横交互的平台技术实现资源整合、互联互通、信息共享与运营监管,为医院提供软件一体化解决方案与硬件一站式建设服务。为提高我国肿瘤治疗水平,推动我国医疗卫生事业迅速发展,北京华康同邦科技有限公司联合其他机构和企业构建基于肿瘤智能治疗、康养技术、肿瘤生物信息样本库的国家级实验室和EGCG现代中医药研发与智能医养平台,通过科技引领及数据驱动,提升国内重大疾病(肿瘤)防治及临床治疗水平,提高保健产品的科技含量和质量水平,引领大健康产业整体发展。

一 大健康市场发展面临巨大的机遇和挑战

基于我国庞大的人口基数和日益严峻的老龄化状况,依赖国家政策持续引导和大力支持，目前我国医疗大健康产业进入了高速发展期。"投资于健康"可以促进"人口红利"转化为"健康红利"，为经济发展注入新活力。肿瘤治疗和预防保健作为实现健康中国过程中的重要研究对象，从目前的市场表现来看，还存在一定的问题，但它们仍然有巨大的发展空间。

（一）肿瘤治疗市场发展现状

目前恶性肿瘤（癌症）已经成为严重威胁中国人群健康的主要公共卫生问题之一。近年来，恶性肿瘤发病率每年保持约 3.9 个百分点的增幅，死亡率每年保持约 2.5 个百分点的增幅，癌症负担呈持续上升态势。据统计，中国现存肿瘤患者约 750 万人，按人均每年治疗花费 10 万元、肿瘤治疗渗透率为 60% 测算，国内肿瘤医疗服务市场规模约为 4000 亿元，拥有很大的发展空间。

2015 年，由国家卫健委及发改委等 16 个部门牵头发布了《中国癌症防治三年行动计划（2015—2017 年）》，但直到今天很多目标尚未达成。国际智慧医疗领域的竞争已经进入白热化，全球各家医疗企业都在依托传统术式领域的优势构建自己的智慧医疗壁垒。然而在手术方面，多数企业只关注手术机器人的装备，却没看到核心其实是数据与算法的融合。近年来，国家将互联网医疗、医疗大数据以及三级诊疗等作为解决医疗资源不足、分配不均衡等问题的重要解决手段，创新性的智慧医疗模式将成为医疗领域探索的重要方向。

随着国内经济的发展，肿瘤治疗市场发展面临巨大的机遇和挑战。尽管市场上肿瘤治疗企业及医疗机构数量众多，但真正具备复杂疾病诊治的平台却非常缺乏，肿瘤专科医生严重不足，恶性肿瘤治愈率不高。通过临床信息资源的优势快速构建以肿瘤智能治疗技术为核心的国家医疗大数据创新平台，将使企业在短时间内占领医学领域的制高点。北京华康同邦科技有限公司将在构建国家理疗大数据创新平台方面做出贡献。

目前，我国医药卫生事业在设备的研制生产方面取得了一定进展，但高投入以及高端装备的低国产化率不足以应对我国庞大的人口，如何自主替代、融合创新是改变我国目前肿瘤防治的关键。

2018年，我国生物产业规模再创新高，达到近5万亿元。医药工业规模以上企业主营业务收入和利润同比增长分别为13.34%和10.82%，其中"基因工程药物和疫苗制造"与"医疗仪器设备及器械制造"的上述指标分别达到34.4%和24.1%。同时生物医学创新产品不断涌现，但临床应用的水平及规模仍属于初级阶段，医疗器械产业在仿造和抄袭中艰难前行。

新冠肺炎疫情的暴发使生物板块的热度在资本市场寒冬的大背景下不降反升。2018年生物医药产业融资金额和案例数量分别为704.5亿元和639件，同比上升101.7%和13.1%，单个项目平均融资额上涨78%。国内生物领域领军企业利用资本优势和行业知识优势，在兼并重组中极度活跃，促进形成更合理的行业集中度，竞争实力显著增强。

尽管很多企业及医疗机构都在资本市场取得了不错的增长业绩，但其大都没有抓住医疗产业的本质。北京华康同邦科技有限公司依托清华大学、北京大学、301医院，是率先进入肿瘤智能治疗领域的领军企业，在肿瘤智能手术机器人、咽拭子采样机器人、中医药筛智能平台、质子重离子智能装备等领域居国内领先地位。华康将依托临床资源快速构建基于健康数据的防火墙，打通科研、临床、制造领域的壁垒，构建以患者为中心的医疗体系，这才是未来医疗健康产业发展的关键。

（二）预防保健市场发展现状

随着社会进步和经济发展，人类对自身的健康日益关注。20世纪90年代以来，全球居民的健康消费逐年攀升，对营养保健品的需求十分旺盛。在按国际标准划分的 15 类国际化产业中，医药保健是近年来世界贸易增长最快的五个行业之一，保健食品的销售额每年以约 13% 的速度增长。

而从 20 世纪 80 年代起步的中国保健品行业，已经迅速发展成为一个独特的产业。经过我国保健品行业多年的发展，如今我国已成为全球保健品大国。近年来，随着中国经济的发展、居民收入的增长、生活节奏的加快以及老龄化社会的来临，保健品的消费也日趋大众化，保健品从过去的可选消费品转为必选消费品，中国保健品市场的发展进入了快车道。

Euromonitor 数据显示，2018 年中国大陆保健品市场规模为 2575 亿元，同比增长 8.4%，成为全球第二大保健品消费市场，其市场规模仅次于美国，营养与保健食品产业呈现稳步增长和良好发展态势。伴随中国居民收入的增长，保健品成为健康投资的一种，居民对其需求不断提高。

中国拥有上千年的健康养生文化和中医中药历史，借助品类齐全的成熟制造技术、较高的生产能力，中国正在掀起新一轮的健康养生热潮。从专业的医药产品到传统滋补保健品、营养食品，从医疗器械、休闲养生到健康管理、健康咨询，与人类健康福祉紧密相关的专业生产和服务，正在不断丰富这个市场，这充分说明中国保健品市场的发展潜能是相当大的。

2011 年 12 月，国家发展和改革委员会、工业和信息化部共同发布了《食品工业"十二五"发展规划》，首次将"营养与保健食品制造业"列入国家发展规划。根据该规划，到 2015 年，我国营养与保健食品产业产值将达到 10000 亿元，年均增长 20%；形成 10 家以上产品销售收入在 100 亿元以上的企业。下一步，国家将重点推动研发和生产优质蛋白食品、膳食纤维食品、新功能保健食品等。这些政策无疑为健康产业发展注入了新的动力，提供了机制性保障。

全球新冠肺炎疫情的暴发，让用户对于健康的重视和国家对于疫情预警和防控的重视得到加强。数字化健康平台的建设，不仅能够帮助用户及时了解自己的健康状况，及时增强体质、增强抵抗力，而且能通过大数据的分析，对疫情提前预警，在疫情防控方面起到积极的作用。

二 肿瘤治疗：建立肿瘤智能治疗装备为引领的数据驱动的肿瘤防治模式

为推动我国医疗卫生事业迅速发展，北京华康同邦科技有限公司与中国医科大学附属盛京医院、天津市肿瘤医院和清华大学天津高端装备研究院在国内第一批手术机器人智能化手术室基础上，拟引入北京大学医学信息学中心的研究资源，由国内信息、医疗领域多位院士牵头，以天津市肿瘤医院及中国医科大学附属盛京医院为临床依托，设立肿瘤智能治疗机器人及临床手术机器人临床医疗体系。整合肿瘤患者诊治全流程数据，在汇集京、津、冀与东北地区临床大数据的基础上，结合北京大学医学信息学中心基于肿瘤数据分析的 MDT 临床生物信息智能决策体系，依托区域软件人才优势，构建基于肿瘤智能治疗、康养技术、肿瘤生物信息样本库的国家级肿瘤智能治疗技术平台。基于医疗数据与生物样本孪生模型的物联网医疗架构，建立 CIS 数字医疗及智慧医疗 2.0 版本的先进肿瘤智能治疗、康养技术临床实验中心，信息结构突破临床医疗应用层面，进入以生物医疗为基础的生命信息数字孪生体系。利用以 5G 技术为基础的物联网构建从底层平台、处置决策到引领健康产业升级的架构，见图 1。通过该实验室的科技引领及数据驱动，以医院为中心辐射全国，提升国内重大疾病（肿瘤）防治及临床治疗水平，引领大健康产业整体发展。

（一）基础临床核心引领

以肿瘤智能机器人治疗系统为核心，以数字化手术室为数据整合平台，引领工业装备制造端、软件集成及人工智能发展，引领工业制造业升级、医疗软件开发、建筑设计及工程开发等。

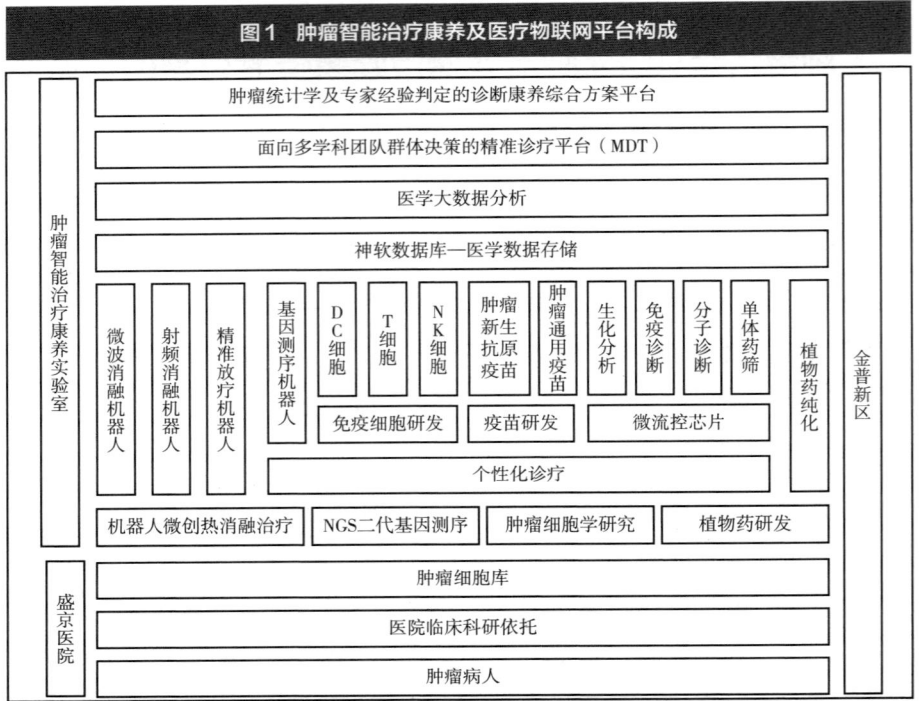

图1 肿瘤智能治疗康养及医疗物联网平台构成

（二）基于真实世界的数据采集与构建

肿瘤信息数据采集的标准化、结构化与连续化是数据驱动与智能决策的基础。这些数据涉及生物样本的细胞学、组织学、病理学、基因测序，基于关键生物靶点微流控芯片技术的快速检测与药筛，以及产业肿瘤检测微芯片、高端植物药提取装备制造产业，等等。实时而连续的生物生理数据以及循证医学数据将构成真实世界数据的研究基础。不断发展的传感器技术将进一步提升人类对生命世界的感知能力。

（三）肿瘤信息数据整理平台

通过基础肿瘤信息收集手段构建肿瘤信息拆分平台，构建数据的表观层、基因层、群体层，构建从临床诊断到社会应用数据的框架。基于医疗健康数据推动大健康领域发展，包括但不限于高端软件设计行业、5G、可穿戴设备乃至以生活为核心的传统产业升级，即实现"科技健康、时尚生活"。

（四）统计分析架构

构建肿瘤数据的统计分析架构，为构建肿瘤医学临床应用数据模型提供研究决策。

（五）肿瘤临床专家决策及培训模型构建

从模糊经验决策到肿瘤数据信息科学决策的转变，将带来肿瘤综合治疗体系的根本革命。个性化肿瘤治疗将真正做到对生命的尊重，并为肿瘤未病预防提供临床及康养方面最精准的支持。

（六）临床构建决策机制

通过有效的 MDT 实践逐步构建肿瘤科研的标准决策机制，为肿瘤治疗提供基本思想指导。成立肿瘤智能诊疗康养国家工程中心。

（七）核心技术

表 1 为肿瘤智能治疗康养实验室技术构成。

表1 肿瘤智能治疗康养实验室技术构成

大类	子类				
软件集成	决策机制	肿瘤临床决策机制（机器人）			
	临床肿瘤判定	外科专家	介入治疗专家	心理专家	药理专家
		内科专家	MDT	专家团队诊疗	物理放射专家
		临床专家	健康营养专家	生物细胞专家	病理专家
		肿瘤统计学及专家经验判定的诊断康养综合方案平台			
	肿瘤数据统计方法	肿瘤数据统计方法整理平台			
	肿瘤医学信息分类技术	临床肿瘤有效信息归类平台			
软硬件结合	肿瘤信息学	临床生物信息	健康生物信息	群体生物信息	
		个性化表征信息			
	肿瘤信息平台	肿瘤细胞生物信息			
		病理数据	基因及蛋白质组数据	表观及药物信息筛选	生物芯片及细胞微流控
高端装备制造业	肿瘤智能诊疗设备	智能肿瘤治疗机器人手术室			
		基于5G的智能机器人手术室，智能肿瘤治疗机器人（介入手术机器人、热消融手术机器人）			

1. 手术机器人智能数字化手术室

手术机器人数字化手术室是结合了机器人技术的杂交手术室，可以同时进行外科手术、介入治疗和影像检查，是近几年兴起的介入手术领域的前沿技术，在心内介入、肿瘤介入及外科领域都已经得到广泛应用，将外科手术与术中影像相结合，在影像引导下进行微创手术。这类手术影像精度极高，病人不需要在手术室与影像科室之间多次转移和麻醉，大大降低了手术风险和术后并发症发病率。通过计算机辅助导航技术的融合可以进一步提升手术的精度，减少手术损伤。

依托杂交手术室可以安装消融手术机器人、介入手术机器人、精准放疗手术机器人、内窥镜手术机器人（达芬奇手术机器人）等装备，其中消融手术、介入手术、内窥镜手术的机器人早已得到临床应用，其他装备在未来三年将逐步落地临床。目前，热消融手术机器人可广泛应用于肝癌、肺癌、胃癌、子宫肌瘤等多种良性、恶性实体脏器肿瘤治疗，远期临床效果优于传统治疗方法。

手术机器人技术是集医学、生物力学、机械学、材料学、数学分析、机器人等诸多学科于一体的新型交叉领域，已经成为国际高科技领域的一个研究热点。

2. 基于热消融技术的全过程精准治疗

对于非小细胞肺癌的初期检查、中期治疗、术后康养都有相应布局，在初期通过 NGS 二代测序技术对肺癌进行基因分型，通过机器人热消融技术对肿瘤进行消融手术，通过微流控芯片进行快速药筛，选出对应患者的个性化治疗方案，在术后康养中辅以单体植物药进行治疗。整个治疗体系跟传统病理分型、外科手术、放化疗相比，降低了患者治疗过程中的痛苦，有助于更好地有针对性地选取对患者有效的药物，提高患者 5 年生存率。

3. 基于物联网的医疗大数据平台

5G 时代到来，物联网让远程手术成为现实。基于术中临床数据的手术导航数字化手术室，是现代影像信息技术与尖端微创肿瘤治疗技术的结晶，集合了精准医疗、三维影像立体融合、手术规划系统和 3D 打印等国际前沿医疗技术，开创了以热消融手术机器人为核心的肿瘤微创智能手术术式平台。依托先进的技术装备与互联网平台打造有别于传统轻问诊医疗模式的智能医疗物联网平台，见图 2。

本项目对工业制造、医学诊疗、全民康养、国家公共卫生事业管理等政策的制定具有一定的引领及带动作用，有助于促进大健康产业发展，带动引领全国大健康治疗康养新模式。

三 康养保健：搭建 EGCG 现代中医药研发与智能医养平台

中国科学家屠呦呦在研究黄花蒿抗疟效果的过程中，受葛洪《肘后备

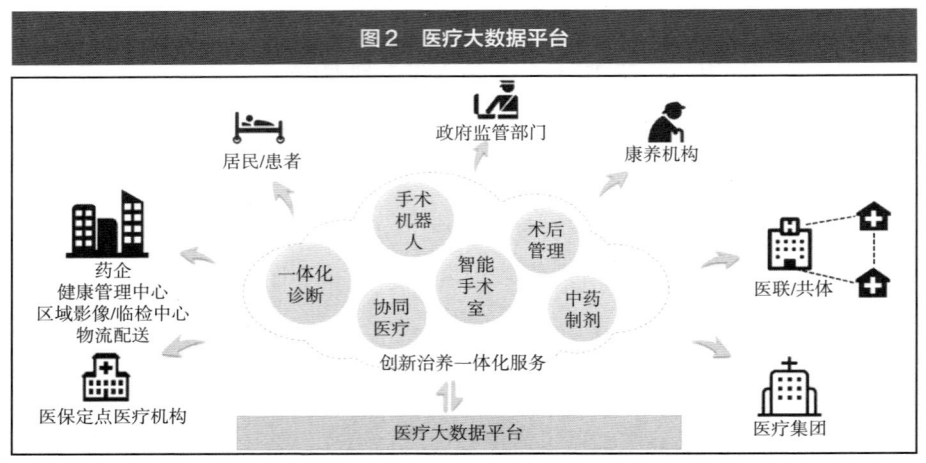

图 2　医疗大数据平台

急方》的启发，改换了提取方式，从而成功获得了有活性的青蒿素，并于 2015 年获得诺贝尔奖。这证明古老的中药在今天仍然有益，传统中还沉睡着尚未开发的、可能进一步改善人类健康状况的潜力；尊重传统医药的价值，但需要现代科学技术的配合。

表没食子儿茶素没食子酸酯（EGCG）是源于绿茶的核心提取物，2019 年诺贝尔医学奖更是明确了 EGCG 调控人体细胞内氧代谢的机制，为肿瘤代理治疗奠定了理论基础。华康 EGCG 研发团队，从临床应用、食品发酵、工业提纯以及剂型设计等多个技术出发，经过十余年的开发先后研发了 EGCG 微囊粉、EGCG 电子茶等系列产品，应用于基础研究和产品开发，并通过产品开发和销售结合现代互联网医疗的发展，形成数字化健康平台。

四　助力健康中国国家战略

在政策、市场、技术等共同作用下，我国医疗大健康产业进入了高速发展期。健康中国建设主要指标显示，2020 年我国医疗大健康产业市场规模超过 8 万亿元，产业将进入黄金 10 年。华康各个项目的实施，将助力健康中国国家战略实现"3 个提升、2 个引领"：提升医疗实力；提升康养水平；提升软件研发水平；引领肿瘤信息学，构建肿瘤临床专家决策及培训模型；引领高端制造业，打造科技引领、数据驱动的健康产业新模型。从模糊经验决策到肿瘤数据信息科学决策应用的转变，将带来肿瘤综合治疗体系的根本革命。一方面，将高端生物制药技术开发为可以广泛应用的民用型高科技保健及药食同源产品，可以防病于未然，减少普通群众病患的风险，有助于提高国民整体健康水平；另一方面，茶叶的核心提取物作为民族医药的代表具有巨大的社会基础和经济价值，将推动中医药及民族文化的复兴。

（一）打造以智慧医疗为核心的新型健康产业

以北京华康同邦科技有限公司为核心的智慧医疗体系的建立，离不开工业制造、化工制药、信息工程以及人工智能等产业的支持，将推动以智慧医疗为核心的新型健康产业协调发展。

（二）助力成就"中国医疗"新生态

华康计划打造的独立运营的机器人手术室，通过向区域内医疗机构及患者开放对接，实现人才、设备、资金、患者等资源的共享与均衡；完全数字化的"机器人手术室"能够与信息平台深度融合，进而与区域医共体立体联动，实现信息共享与业务流转；与三甲医院的合作模式为患者提供更专业的医疗、更优质的服务，并收取更低廉的费用；通过信息化平台进行疾病的分析及预防，助力国家医疗水平大跨步飞跃。

(三)积极筹建国家级医学重点实验室

习近平总书记曾提出,要高标准建设国家实验室,要抓紧布局国家实验室,重组国家重点实验室体系。国家实验室是体现国家意志、实现国家使命、代表国家水平的大型综合性研发机构,是国家自主创新能力和竞争力的核心载体。依托临床资源构建新型大健康产业数据引擎,解决重大疾病治疗问题是政府、科学家与服务企业的共同使命。

(四)精准医疗提高癌症患者的生存率与生存质量

消融治疗具有微创、安全、可操作性强、重复性好、术后恢复快等优点,无论是作为根治性治疗还是姑息性治疗手段,消融治疗在肿瘤的综合治疗中都取得了良好的疗效,尤其是以射频、微波、冷冻消融为代表的消融治疗技术越来越受到临床医生的认可。同时结合远程医疗,可实现国内外专家的共同会诊。

(五)发扬中国传统医药文化

传统中医药在原料来源、药效机理、靶向原理等方面长期缺乏循证依据,增大了中国中药走向世界的难度。华康将通过现代高科技对传统中医进行研究,借助茶的应用使国人对茶和茶文化产业拥有全新的认知,希望通过对最高含量 EGCG 的应用成功,可以让中国在天然植物提取最高纯度应用方面走在世界前列,通过现代医学的研究对中医药学进行完善。

"十三五"期间,中国财政实力持续增强,对教育、科技、医疗、养老等领域的投入不断攀升。中国已经基本建立了多层次、广覆盖的全民医疗保障体系,建立起世界上最大的医疗保障网。截至 2019 年底,基本医保参保人数超过 13 亿人，参保率稳定在 95% 以上。在健康中国已上升为国家战略的背景下，政策驱动中国大健康产业的发展，为经济发展注入新活力，治疗和预防必须双管齐下。在全球肿瘤治疗支出成为医疗主要支出的今天，将科学的工程学控制机制应用于肿瘤治疗显得很有必要。而面对中国正步入老龄化社会，通过提高保健品的科技含量和质量水平来提高居民的健康意识和健康水平，也尤为重要，刻不容缓。

图书在版编目(CIP)数据

中国工业制造投资发展报告.2021/建投投资有限责任公司主编.——北京：社会科学文献出版社，2021.6
（中国建投研究丛书.报告系列）
ISBN 978-7-5201-8602-5

Ⅰ.①中… Ⅱ.①建… Ⅲ.①制造工业-工业投资-研究报告-中国-2021 Ⅳ.①F426.4

中国版本图书馆CIP数据核字（2021）第124973号

中国建投研究丛书·报告系列
中国工业制造投资发展报告（2021）

主　　编 / 建投投资有限责任公司

出 版 人 / 王利民
组稿编辑 / 恽　薇
责任编辑 / 孔庆梅　胡　楠

出　　版 / 社会科学文献出版社·经济与管理分社（010）59367226
　　　　　　地址：北京市北三环中路甲29号院华龙大厦　邮编：100029
　　　　　　网址：www.ssap.com.cn
发　　行 / 市场营销中心（010）59367081　59367083
印　　装 / 三河市尚艺印装有限公司
规　　格 / 开　本：787mm×1092mm　1/16
　　　　　　印　张：18　字　数：241千字
版　　次 / 2021年6月第1版　2021年6月第1次印刷
书　　号 / ISBN 978-7-5201-8602-5
定　　价 / 118.00元

本书如有印装质量问题，请与读者服务中心（010-59367028）联系

▲ 版权所有 翻印必究